Liz Bijnsdorp

Die 147 Personen, die ich bin

Liz Bijnsdorp

Die 147 Personen, die ich bin

Drama und Heilung einer multiplen Persönlichkeit

Urachhaus

Aus dem Niederländischen von Marlene Müller-Haas
Titel der niederländischen Originalausgabe:
De 147 personen die ik ben,
Leven met een meervoudige persoonlijkheidsstoornis

ISBN 3- 8251-7065-9

Einbandgestaltung: Graphik-Büro Böttcher & Bayer, Stuttgart
unter Verwendung eines Fotos von Michiel Wijnberg
Druck: WB-Druck, Rieden

Inhalt

Vorwort (*Dr. Marko van Gerven*) 6
Einleitung 10

Darf ich mich zuerst einmal kurz vorstellen? 20
Der Lebensgefährte 49
Der Wahnsinn der Normalität 67
Mutter 95
Geld, Klamotten und der Rest 119
Die schwarze Seite 126
Therapien und das »Shopping« 144
Zu Hause! 177
Die Anthroposophie in unserem Alltag 201
Krankheit, Opfer und Tod 233
Die Gefahr bei der Hypnose 249
Gott, der Teufel und alles, was schwebt 260
Integrieren, die Teilnahme und die Ruhe 272

Nachwort der Autorin 293
Zaïres Kampflied 300
Ein Wort zum Schluß 302
Nachwort des Lebensgefährten 303
Liste der namentlich genannten Alterpersonen 304

Vorwort

Während meiner psychotherapeutischen Ausbildung hatte ich nie von einer dissoziativen Störung namens MPS (Multiple Persönlichkeitsstörung) gehört, ganz zu schweigen davon, daß sie zum Thema gemacht worden wäre.

Meine erste MPS-Patientin kam mit Beschwerden zu mir, mit denen ich zunächst wenig anfangen konnte. Neben allen möglichen anderen Symptomen klagte sie darüber, sie habe »Zeit verloren«. Später fand ich heraus, daß es sich um Anzeichen einer multiplen Persönlichkeitsstörung handelte.

Der Psychologe und Psychotherapeut Professor Onno van der Hart, ein Pionier auf dem Gebiet der Forschung über Multiple Persönlichkeitsstörung, war damals mein Supervisor. Von ihm lernte ich, daß Nachfragen, Verhandeln und Zuhören wichtige Elemente in der Behandlung Multipler sind, und ich begann mich immer eingehender mit dieser Krankheit auseinanderzusetzen.

Als ich mich ungefähr drei Jahre damit beschäftigt hatte, lernte ich zufällig Liz Bijnsdorp kennen. Onno van der Hart hatte den Kontakt hergestellt. Er charakterisierte sie folgendermaßen: »Sie hat die Diagnose akzeptiert. Sie macht einen starken Eindruck und könnte durchaus nach einer kurzen Behandlung integriert sein.«

Im vorliegenden Buch beschreibt Liz Bijnsdorp mit ihren Worten unsere erste telefonische Kontaktaufnahme. Die

Stärke und Klarheit ihrer Stimme vermittelten mir das Gefühl, ein weiteres Gespräch könne fruchtbar sein.

Seither haben ziemlich viele Begegnungen und Gespräche stattgefunden, denn das liegt mehr als vier Jahre zurück, und die Behandlung ist noch nicht abgeschlossen. Man kann allerdings schon sagen, daß sich eine intensive therapeutische Beziehung entwickelt hat, die tiefen Einfluß auf unser beider Leben genommen hat.

Ich selbst habe das Gefühl, daß erst durch sie meine psychotherapeutischen Fähigkeiten als Psychiater die Feuertaufe erhalten haben.

MPS ist eine Krankheit, die mit Amnesie (Erinnerungslosigkeit) und einer derart massiven Spaltung der Persönlichkeit einhergeht, daß Teile der Persönlichkeit (die sogenannten »Alterpersonen«) eigene Verhaltensformen entwickeln. Diese Aufspaltung ist fast immer die Folge von sexuellem Mißbrauch und von schwerwiegender emotionaler Vernachlässigung in der frühen Kindheit.

Auch heute noch ist MPS als Diagnose in der Psychiatrie nicht allgemein akzeptiert. Meiner Ansicht nach stellt MPS die heutige Psychiatrie vor die schwierige, aber notwendige Aufgabe, tradierte Ausgangspunkte und Diagnosen bei bekannten Krankheitsbildern einmal in Frage zu stellen.

Vielleicht besteht das »andere« bei der Therapie von MPS darin, daß der behandelnde Arzt dazu bereit sein muß, zunächst seine eigenen Grenzen zu erkennen, um sie dann später neu zu ziehen. Das gilt nicht nur für seine professionelle Haltung, sondern bezieht sich auch darauf, etwaige ernste, in manchen Fällen rituelle Arten von Mißbrauch als Möglichkeit einzubeziehen und gegebenenfalls zu erkennen. MPS zwingt den Therapeuten, sich mit dem Verhalten Erwachsener, die ihnen anvertraute Kinder in gravierender Weise mißbraucht haben, auseinanderzusetzen.

Es werden auch die Grenzen der »Realität« in Frage gestellt; so spricht Liz über spirituelle Erfahrungen. Und ich bin froh darüber, daß dieses Buch die Diskussion über Seelen, Geistwesen und Übersinnliches wieder in Gang bringt. Wenn ein Therapeut nicht in der Lage ist, ohne Vorurteile zuzuhören, kann dies das Verhältnis von Arzt und Patient stark beeinträchtigen.

Eine weitere »Lehre« aus der Arbeit mit Liz besteht darin, daß die Bereiche von Gut und Böse nicht klar voneinander abgegrenzt werden können. Das gilt nicht nur für die Beurteilung der Handlungen der »Mißbrauchsopfer«, sondern auch für die Beurteilung der »Täter«.

Auch muß deutlich sein, daß es nicht nur wichtig ist, wer diese Person »war«. Genauso bedeutsam ist die Frage, ob man lernen kann, aus Liebe und Achtung vor dem Ringen eines Menschen herauszufinden, wer dieser Mensch »werden« möchte. Und in diesem Sinne ist das vorliegende Buch auch ein Dokument von Wärme und Menschlichkeit.

Ich bin davon überzeugt, daß ein Psychiater nur dann auf dem richtigen Weg ist, wenn er seine Arbeit, seine Diagnose jederzeit einem Außenstehenden gegenüber verantworten kann, der ihm über die Schulter blicken darf.

Zu meinem Erstaunen fragte Liz bereits ziemlich am Anfang der Therapie, ob ich etwas einzuwenden hätte, wenn sie ein Buch über ihre Behandlung veröffentlichen würde. Ich hatte nichts dagegen, und wir vereinbarten schon bald schriftliche Berichte über die Sitzungen. Diese Notizen wurden von der »Autorin« verfaßt, einer der Alterpersonen. Sie wurden mit großer Genauigkeit gemacht und mir vorgelegt.

Diese Berichte gaben auch Auskunft darüber, wie Liz' Leben nach der Sitzung weiterging. Dadurch war ich immer auf dem laufenden, wenn Liz zur nächsten Sitzung kam. Diese zusätzliche Möglichkeit der Zusammenarbeit habe ich als sinnvoll, effizient und wichtig erfahren. Eines Tages hörte ich, daß die »Autorin« einen Koffer voller Dokumente über die früheren Therapien von Liz besaß. Das konnte ich mir gut vorstellen. Schließlich besaß ich selbst ein dickes Dossier mit allen Berichten von Liz' Therapie u. a. m., aufgeschrieben von »Autorin« und anderen Alterpersonen.

Im Herbst 1993 fand in Loosduinen ein Patiententag für Multiple statt, auf den ich Liz aufmerksam gemacht hatte. Er gab ihr den Anstoß, ihre Begabung in den Dienst anderer »Alterpersonen« von Menschen in Not zu stellen. Die bereits geschriebenen Texte wurden in kurzer Zeit zusammengestellt und publikationsreif gemacht.

Den Kern dieses Buches formen meines Erachtens Liz' Worte: »Trau dich, der Mensch zu sein, der du bist.« Voller Freude begrüße ich die Veröffentlichung dieses Buches, das so unmittelbar von dieser Botschaft Zeugnis ablegt.

Eine relativierende Bemerkung muß noch gemacht werden: Weder die Bernard-Lievegoed-Klinik noch die Gesamtheit aller Therapeuten in den Niederlanden wird ohne weiteres dazu in der Lage sein, der Nachfrage nach Hilfe und Therapie zu entsprechen, die Menschen mit einer komplexen posttraumatischen Störung nötig hätten. Hier werden Selbsthilfegruppen und noch zu entwickelnde Formen von therapeutischer Unterstützung zum Einsatz kommen müssen.

Ich hoffe sehr, daß dieses Buch zu einer Mentalitätsveränderung beiträgt, die den nachfolgenden Generationen zugute kommen wird.

Bilthoven, im April 1994

Marko van Gerven,
Psychiater an der
Bernard-Lievegoed-Klinik

Einleitung

Worauf habe ich nur gewartet?
– Daß die Zeit reif würde!

Am heutigen Tag, dem 3. Oktober 1993, beschließe ich, *Autorin*, mit Zustimmung und der Zusage zur Mitarbeit aller, mit denen ich zusammenlebe, mein Buch zu beenden, es drucken zu lassen und der Öffentlichkeit vorzustellen.

Ich habe lange mit den Fragen gerungen: Für wen schreibe ich? Welches Ziel habe ich? Was beabsichtige ich damit? Bis auf den heutigen Tag bin ich immer wieder beim Schreiben über uns steckengeblieben. Ich hatte mit dem Schreiben alle Hände voll zu tun und verlor so den Bezug zu meiner Umwelt.

Damit möchte ich sagen, daß ich die Aufgabe, für uns alle Mittler zur Gesellschaft zu sein, nicht einfach erfüllen konnte. Das liegt an der Krankheit, an der wir alle leiden: an der multiplen Persönlichkeitsstörung (im folgenden MPS genannt). Mit »uns« meine ich »Liz«. Das ist der gemeinsame Name, der Basisname, der zu einem Menschen gehört, der zwar nur einen Körper hat, aber dennoch gleichzeitig aus vielen anderen Namen, Körpern und Leben besteht. *Liz* führt ein ausgefülltes und intensives Leben, mit einer ganzen Skala von Möglichkeiten, als Mensch glücklich zu sein, die Zerrissenheit der Welt hinter sich zu lassen in der Hoffnung, eines Tages die Krankheit überwinden zu können.

Die Krankheit MPS entsteht als Folge traumatischer psychischer und physischer Mißhandlungen; dazu gehört auch Inzest. Auf Inzest werde ich in diesem Buch noch ausführlicher eingehen. Ein Kind kann sich häufig schon sehr früh in mehrere Personen aufspalten. Er oder sie tut das, um dem Druck, der Erpressung, dem Mißbrauch durch Blutsverwandte standhalten zu können. Das Leid wird dadurch auf mehrere Personen verteilt. Und so entwickelt sich auf die Dauer aus den Abspaltungen ein stabiles System, mit dessen Hilfe der Mensch überleben kann.

So erging es auch uns. Ich schreibe darüber für uns selbst, aber auch für die Öffentlichkeit und hoffe, daß dann kein Leugnen mehr möglich ist, nicht nur des Inzests als Faktum, sondern auch dessen, daß Inzest tiefgehende Auswirkungen hat. Ich hoffe, daß der Graben zwischen kranken und »gesunden« Menschen zugeschüttet werden kann, der durch Unwissenheit entstanden ist.

Weshalb habe ich gerade an diesem 3. Oktober den Entschluß gefaßt, meinen Stapel Papiere zu ordnen und publizieren zu lassen? – Es geschah nach einem beeindruckenden »Tag der offenen Tür« für Multiple.

An diesem Tag trafen sich zahlreiche multiple Menschen; dort gab es viel Leid, aber es war auch ein starker Wille zu erkennen, gesund zu werden. Die Menschen waren voller Fragen, sie hatten ein ungeheures Bedürfnis, sich in gemeinsamen Erfahrungen wiederzuerkennen, Anerkennung zu finden, und sie waren auf der Suche nach Literatur über MPS. Um diesen Menschen die Möglichkeit zu geben zu erkennen, daß sie mit ihrem Schicksal nicht allein stehen, und um unserer Krankheit gesellschaftliche Anerkennung zu verschaffen, habe ich mich entschlossen, dieses Buch der Öffentlichkeit vorzulegen.

Ich möchte den Lesern, die das Buch in die Hand nehmen

und zuvor noch nie das Wort MPS gehört oder etwas darüber gelesen haben, zunächst ein paar Informationen zur Krankheit MPS geben.

Man sieht uns an, wie man alle Menschen anschaut, denen man begegnet. Kurzum, wir sehen total normal aus. Mit »wir« meine ich alle Personen die in diesem einen Körper leben, der den Namen *Liz* trägt. *Liz* ist der Kern, und sie strebt danach, dies in Zukunft noch stärker zu sein, mit Hilfe einer guten medizinischen Behandlung und – am allerwichtigsten – durch ihr eigenes Engagement. Sie wird alle Teilpersonen in sich »aufnehmen«, sie empfangen, um auf diese Weise zu erreichen, was wir »Integration« nennen. Die verschiedenen Personen nennen wir »Alterpersonen«. Dieser Begriff ist Insidern geläufig, Außenstehenden jedoch unbekannt. Daher werde ich ihn erklären.

Diese Alterpersonen – ich, die *Autorin*, bin auch eine von ihnen – denken und handeln jede für sich ganz charakteristisch, und alle unterscheiden sich in ihrem Aussehen deutlich voneinander. Sie haben ihren eigenen »Körper«, der lang oder schlank sein kann, klein oder dick ... Sie haben blonde, braune oder rote Haare, und auch ihre Augenfarbe ist verschieden. Ihr Lebensalter variiert vom Krabbelkind bis zum Menschen in den »besten Jahren«; und natürlich unterscheiden sich auch die Charaktere sehr voneinander.

Multiple haben unterschiedlich viele Personen. Um bei uns zu bleiben: Wir haben im Laufe der Jahre insgesamt etwa 147 Alterpersonen gehabt. Die Zahl wird einem übrigens erst bewußt, wenn der behandelnde Therapeut eine Art Übersicht zusammenstellt, gemeinsam und in Zusammenarbeit mit den Personen, die bereit sind, sich vorzustellen.

Alterpersonen werden aus der Not geboren. Jede hat ihre eigene Lebensgeschichte, und jede Geschichte birgt einen Anteil Schmerz in sich. Weil der Schmerz aufgeteilt werden mußte, besteht zwischen den Alterpersonen eine »Amnesie«, d. h. ein Gedächtnisverlust. Die Personen haben keine Ahnung von der jeweiligen Lebensgeschichte der anderen, vor allem dann nicht, wenn es ums Überleben geht. Die eine Alterperson weiß und erinnert nicht dasselbe wie die anderen.

Für das Auftreten der Alterpersonen gilt: Wer zuerst kommt, malt zuerst! Eine Alterperson »stiehlt« den Körper von *Liz* und verschwindet damit in der Hoffnung, eine unsichere Situation wieder sicher zu machen. Im Gehirn führt das unwiderruflich zu einer Einschränkung des Bewußtseins, zu einer »Dissoziation« oder auch zu einem völligen Verlust bestimmter Erinnerungen, einer »Amnesie«. Minuten, Stunden, Tage, Wochen oder Monate können alle anderen Alterpersonen verbannt sein, sich in einem Zustand von Nicht-Leben, Nicht-Fühlen, Nicht-Denken befinden. Das einzige, was zählt, sind die Absichten desjenigen, der mit dem Körper unterwegs ist und der erlebt, was er oder sie erleben möchte und erleben muß, um am Leben zu bleiben.

Wenn ein Multipler nicht gut therapiert wird oder sich seiner Krankheit noch nicht bewußt ist, führt das zu angstvollen und verwirrenden Erregungszuständen, und zwar sowohl für die Person selbst wie auch für ihre nächste Umgebung. Dieser Zustand verschärft sich noch einmal, wenn versucht wird, »normal« weiterzuleben, als ob kein Problem vorläge. Sobald es mit Hilfe einer guten Therapie gelingt, die Alterpersonen miteinander in Kontakt zu bringen, und sich daraus eine wechselseitige Zusammenarbeit entwickelt, wird das Leben viel einfacher. Darauf werde ich in späteren Kapiteln noch ausführlicher eingehen.

Wie stiehlt nun eine Alterperson den Körper? Das muß man sich so vorstellen: Wir wachen auf, und ich merke sofort: der Tag fängt schlecht an! Noch ehe ich etwas dagegen tun kann, steht schon eine stärkere Alterperson vor mir. In so einer Situation kann man sich fragen, wer wird da eigentlich wach? Und warum nun gerade der oder die? Er oder sie? Alterpersonen können Frauen sein, Männer oder Kinder.

Wenn die Nacht voller schlechter Träume war und wir zerschlagen sind, noch ehe der Tag angefangen hat, wissen wir, daß es heißt: aufgepaßt! Durch Schwächezustände entstehen rasch unsichere Situationen. Wenn schon am frühen Morgen schnell gehandelt werden muß und wir nicht die Zeit finden, unsere Kräfte zu bündeln, stehen wir mit dem verkehrten Fuß auf. Das passiert natürlich jedem einmal. Trotzdem ist die Situation eine andere, wenn man aus mehreren Personen besteht.

Nehmen wir einmal *Klazina*. Sie ist unsere »Nachtperson«. Sie träumt, und sie deutet die Träume – irren tut sie sich selten. Aber sie kann nicht schnell handeln. Ihr fehlt das Zeitgefühl, und sie kann nur schwer mitteilen, was in ihr vorgeht. Sie ist jedoch eine starke »Innen-« oder »Alterperson«: sie ist sehr präsent, und die anderen Alterpersonen ziehen dadurch häufig den kürzeren. Dann geht alles schief. Wir können uns nicht von ihrer Kraft lösen, sondern hasten mit *Mutter* im alltäglichen Trott mit. *Klazina* steckt noch mitten in ihrem Alptraum und nimmt überhaupt nichts von dem wahr, was konkret um sie herum geschieht. Da fällt uns alles aus der Hand; wir können uns nicht entscheiden, was wir anziehen sollen, und dann liegen die Kleider in einem großen Haufen auf dem Boden. Je stärker das Gefühl der Machtlosigkeit wird, desto mehr wächst auch die Wut. Der Lebensgefährte (unser Partner und der Vater unserer Kinder) und die Kinder mischen sich ein; das weckt Schuldgefühle und Unzufriedenheit. Man will es anders machen, will anders miteinander umgehen, aber weder der eine noch der andere schafft es. Die Folge ist – und das meine ich mit »unsichere Situation« –, daß die bösen Alterpersonen kommen: Wir betrachten die völlig unmögliche Zusammenstellung der Kleidung, die wir inzwischen angezogen haben, sehen die Scherben auf dem Boden und werden damit konfrontiert, daß wir den Zeitplan der Kinder nicht einhalten können, die in die Schule müssen. Es ist noch so viel zu tun, und die Uhr tickt weiter, während bei uns die Zeit stillsteht. *Klazina* möchte dem Traum in ihrem Innern Raum geben, während die Umstände bestimmte Handlungen nötig machen. Wir werden jetzt gebraucht, aber wir können nicht in Gang kommen. Deshalb kommt auf einmal *Niels*, der Jäger, heraus, der früher gelernt hat, mit dem Gewehr umzugehen, und greift ein. Er stellt sich hin, das »Gewehr« im Anschlag, und schießt. Peng! So erzwingt er eine Lösung. Und danach kommt *Karel*, der Rausschmeißer, der den Körper übernimmt und *Klazina* mit roher Gewalt »rausschmeißt«. Da hast du's!

Karel ist kein Denker, sondern ein Mann der Tat. Schnell streicht er wie ein wutschnaubender Löwe durchs Haus. Er schnappt sich alles, was er finden kann – er glaubt, daß einige Dinge nicht hierhergehören –, und wirft sie auf einen Haufen. Darüber können wir froh sein, denn früher landete das ganze Zeug in einem Müllcontainer. Wir beobachten die Situation, bis sie eskaliert. Dann sehen und hören wir gar nichts mehr. Amnesie – erinnerst du dich? Darauf tritt eine weitere Gruppe von Alterpersonen in Erscheinung, und zwar die Beschützer der Kinder. Das sind *Mutter, Zusta, Vivian, Mirthe, Thirza* ... Sie wissen, daß den Kindern kein Leid zugefügt werden darf.

Wenn es diesen Alterpersonen nicht gelingt, von *Karel* den Körper zu übernehmen, kommt es zur Flucht. *Hol* und *Dool* sind Alterpersonen, die sich, ohne mit der Wimper zu zukken, mit *Liz'* Körper auf und davon machen können. »Fluchtpersonen« verschwinden einfach, um Schlimmeres zu verhüten. Sie geben damit wiederum *Karel* die Gelegenheit, sich auszutoben. Das kann im Haus sein, wo sie sich in ein Nebenzimmer zurückziehen, um die Menschen, die mit uns leben, zu schützen; aber meist halten sie es für besser, mit dem Auto in den Wald zu fahren. Dort toben sich dann *Karel* und die anderen aus, aus Wut über die Vergangenheit, die furchtbaren Träume und das Verfluchte, vor dem uns graust und das uns in unseren Träumen noch immer verfolgt. Alles kommt an die Reihe. Die Bäume hören zu, und die Blätter geben Antwort; und wenn das noch nicht hilft, kommt es zu einem großen Streit zwischen den Alterpersonen, der mit dem Versengen des Körpers endet.

Dieser Körper, diese vergewaltigte Hülle, dieser Apparat mit seinen Knöpfen, dieser Panzer, diese Marionettenbühne ... Ohne Zögern wird das Bügeleisen auf die Haut gestellt. Es mag verrückt klingen, aber gerade diese Handlung hat uns oft das Leben gerettet. Die Gemüter werden so zur Ruhe gebracht; durch den Schmerz finden die Alterpersonen wieder zueinander. Das Bügeleisen gibt das Signal, daß die Retter kommen müssen, daß es zu Ende ist: dieses Verlangen nach dem Tod, die Flucht, weg von allem, weg von diesen Träumen ... Je bewußter uns das wird, je näher wir der Heilung kommen, desto mehr nähern wir uns auch unserem Ende, weil wir anfangen gemeinsam zu fühlen.

Nachdem der Körper versengt wurde, ist die darauf folgende Ruhe eine Wohltat.

Ruhe! Das Haus wird sauber und gemütlich gemacht; Blumen werden gekauft; der Kaffee duftet durchs Haus; wir legen eine Platte auf, und die Träume sind wieder normal. Die Brandwunde wird nicht behandelt. Ihr Pochen bestätigt uns, daß wir leben und fühlen und daß die Strafe verbüßt ist. Für den Augenblick ist alles gut.

Und der Lebensgefährte und die Kinder? – Die großen, sie wissen und sehen. Die kleinen, sie wissen nichts, aber sie fühlen es. Der Lebensgefährte ist traurig und böse und fühlt sich ohnmächtig.

Das Familienleben leidet unter all dem, garantiert. Aber der Feind? Der bleibt ungreifbar. Die Übeltäter gehen frei aus. Ich meine jetzt nicht die bösen Alterpersonen, sondern die Täter, die damals ... Sie sagen, daß nie etwas passiert sei. Sie leugnen, weil sie wissen, daß es keine Zeugen gibt. Sie lügen, daß sich die Balken biegen, aber sie sind unangreifbar, und das wissen sie auch. Bettgeschichten ereignen sich immer hinter geschlossenen Türen; das wissen die Täter, genau wie jeder andere auf der Welt.

Jahre gehen ins Land, und niemand ahnt etwas davon. Also bleibt dir keine andere Möglichkeit, als gemeinsam mit allen Alterpersonen eine Lösung zu suchen. Was heißt Lösung? Was bedeutet das? Heute, nach fünfundzwanzig Ehejahren, nachdem eine Familie gegründet wurde, neun prächtige Kinder da sind, zeigt sich, Wunder über Wunder, daß die Liebe es immer wieder vermag, jedes Problem durchzustehen und zu überwinden. Nie hat uns die Ohnmacht auseinandertreiben können. Denn Alterpersonen sind richtige Personen, sind nicht nur Wut, Kummer, Angst und Krankheit; sie kennen auch Freude und Fröhlichkeit, Liebe und Zärtlichkeit, die sie sich haben bewahren können, gerade weil sie sich gespalten haben. Unser Leben ist kreativ und voller Hoffnung und Verlangen nach Heilung. In diesem Wunsch konnten sich der Lebensgefährte, die Kinder und wir selbst uns immer wieder finden.

Die Zeit mag Zeugnis davon ablegen, daß ich, die *Autorin*, dies alles ganz gewissenhaft und wie ein stilles Wunder aufgeschrieben habe: das Wunder, daß das Alte in diesem Leben immer in etwas Neuem aufgeht.

Deshalb widme ich dieses Buch zuallererst unserem Lebensgefährten Antonio und unseren neun Kindern. Ich danke ihnen, daß sie mir den Raum gegeben haben, dieses Buch zu schreiben. Ich danke auch Marko van Gerven, unserem Therapeuten, der uns jetzt bereits seit gut vier Jahren mit Geduld, Liebe und Zuverlässigkeit beigestanden hat und nicht einmal die »allerschlimmsten Schlingel« unter den Alterpersonen zurückgewiesen hat. Dank auch allen Mitarbeitern der Bernard-Lievegoed-Klinik, die mir wie Hände und Füße waren. Dank unserem Hausarzt Willem, der im Hintergrund mitgedacht hat und alles im Auge behielt. Dank allen Freunden und Bekannten, die uns unterstützt haben, weil sie wußten, daß jeder Schritt ein Schritt auf dem Weg zum ganzen Menschsein war. Schließlich danke ich *Liz*, die als unser gemeinsamer Kern den Mut hatte, das Leben zu erhalten, die allen Alterpersonen den nötigen Raum gegeben hat und die der Todessehnsucht widerstehen konnte – unsere Befreiung vor Augen.

Ich gebe meine Geschichte in der Hoffnung preis, daß die Leser darin etwas erkennen und wiedererkennen und in ihr den Beweis dafür finden, daß alles von dem Willen abhängt, einen neuen Weg zu finden, gleichgültig was einem früher angetan wurde. In unserem Leben, hier und heute, gibt es die Möglichkeit, noch einmal von vorn anzufangen!

Welche Leser möchte ich ansprechen? – Alle Menschen, und ganz besonders die Menschen, die meinen, MPS sei eigentlich keine Krankheit. Ich hoffe, daß dieses Buch bei ihnen Verständnis für die Lebenswelt Multipler weckt und sie Liebe, Einsicht und Geduld aufbringen können, wenn sie mit dieser Krankheit konfrontiert werden.

Das Buch ist auch für die Menschen geschrieben, die sich im Anfangsstadium von MPS befinden und denen man die Diagnose Dissoziation und/oder Multiple Persönlichkeitsstörung gestellt hat. Sie fragen sich voller Angst, was denn um Himmels willen mit ihnen los ist. Sie haben Angst, weil das, was in ihrem Innersten und um sie herum vorgeht, noch keinen Namen hat.

Und dann gibt es noch Multiple, die sich zwar schon seit einer Weile auf den Weg gemacht haben, aber von der harten Arbeit erschöpft sind, und daran zweifeln, ob sie ihr Ziel wohl je erreichen werden. Außerdem spreche ich zu den Therapeuten. Es hat sich herausgestellt, daß bei weitem nicht alle Therapeuten die Existenz von MPS erkennen und anerkennen. Es gibt Ärzte und Therapeuten, die es ablehnen, die Diagnose MPS zu stellen, die das für ein »Hobby« oder Hirngespinst ihres Patienten halten. Ich hoffe, daß auch Therapeuten durch dieses Buch die Augen aufgehen, damit Multiple nicht länger Opfer einer falschen Diagnose werden. Denn dadurch werden sie unweigerlich falsch behandelt und müssen auf die Hilfe verzichten, die sie dringend brauchen. Der Patient muß in erster Linie das Gefühl haben, dem Therapeuten gegenüber gleichberechtigt zu sein; dieses Gefühl wird verletzt, wenn der Therapeut von einem »Hobby« spricht. Um etwas Neues aufbauen zu können, muß ein Vertrauensverhältnis hergestellt werden.

Schließlich wurde dieses Buch vor allem auch für die Partner, die Freunde und Freundinnen geschrieben, die mit Multiplen zusammenleben. Für sie ist es hart, ständig mit ansehen zu müssen, wie ein geliebter Mensch an etwas leidet, das man nicht in den Griff bekommen kann. Die Ohnmacht führt oft zu unhaltbaren Situationen.

Dein Therapeut ist der Dirigent,
das Leben um dich herum das Orchester,
dein Partner tanzt mit dir,
und du tanzt mit den Deinen.

Autorin

Darf ich mich zuerst einmal kurz vorstellen?

Unser Grundname ist *Liz.* Wir sind viele, und wenn Sie wissen möchten, wieviele, dann werden sie die Antwort verrückt finden: Zu Beginn der Therapie waren wir 147.

Vermutlich erschrecken Sie jetzt. Hoffentlich schütteln Sie nicht ungläubig den Kopf, aber davon gehe ich eigentlich nicht aus, zumindest nicht im Kreis der Multiplen, denn für sie ist ja fast alles denkbar, oder nicht? Unsere Mitmenschen können es meist nicht fassen, daß wir so viele sind. Trotzdem ist es einfach zu erklären.

In unserem Fall sind die Alterpersonen faktisch in drei Lebensphasen entstanden. Jede dieser Phasen hat eine Gruppe von Personen hervorgebracht, die miteinander zusammenhängen und anfangs die anderen Personen aus den übrigen Gruppen nicht gekannt haben müssen.

Die erste Phase hängt mit Inzest zusammen, die zweite mit dem Tod einer Schwester und die dritte mit sexuellem Mißbrauch durch einen Therapeuten. (Später mehr über jede dieser drei Phasen.) Die Anzahl der Alterpersonen ist so hoch, weil es drei fundamentale Ursachen gibt.

Inzwischen sind wir nicht mehr 147, sondern weniger. Durch eine erfolgreiche Therapie sind schon ziemlich viele Alterpersonen integriert, aber eine Reihe von ihnen ist auch gestorben. Ein besonderes Kapitel ist deshalb jeweils der Integration und dem Tod der Alterpersonen gewidmet.

Ich habe immer die Namen und das Alter einer jeden Alterperson gekannt und wußte auch, wie sie aussahen. Gleichzeitig aber kannte ich keine Namen, und das jeweilige Alter war mir unbekannt. – Ich will damit folgendes sagen:

Meldete sich eine Alterperson und nannte er oder sie ihren Namen, war das zwar immer eine Überraschung, aber ich hatte dabei kein Gefühl von Fremdheit. *Mutter* sitzt einfach friedlich mit den Kindern am Tisch und zeichnet und malt. Auf einmal erscheint ein Kleines, eine »Kindperson« und macht auch mit. *Mutters* feste Hand wird steif, und auf dem Papier sieht man Gekrakel. Aber *Mutter* fällt es nicht auf, weil sie dieses Kleine noch nie zuvor gesehen hat. Sie fragt, wie das Kind heißt und bekommt sofort die Antwort: »*Noortje.*« »Also, *Noortje*«, denkt *Mutter*, »sei willkommen!«

Noortje zeichnet und bastelt mit, und alles ist in Ordnung. Die anderen Alterpersonen hören, daß es die Kleine gibt, und sie wissen: auch *Noortje* hat etwas zu berichten, auch sie hat etwas gesehen oder mitgemacht. Dann fragt *Noortje* plötzlich die Kinder, ob sie auch so eine komische Nonne in der Schule haben, die so gemein ist und sagt, *Noortje* wäre ein Junge, weil sie Hosen trägt. »Nein, haben wir nicht«, antworten die Kinder, als wäre es eine ganz normale Sache.

Mutter nimmt wieder das Heft in die Hand, weil sie spürt, daß *Noortje* Schutz braucht. Sie weiß, daß *Noortje* bei der nächsten Therapiesitzung von Marko, unserem Therapeuten, freundlich empfangen werden wird. Sie wird dann spielen, reden, lachen und weinen dürfen. Sie wird sich entwickeln, und man wird sich auch um die gemeine Nonne kümmern. Die Nonne hat sie damals zurückgestoßen und Freude daran gehabt, sie ständig vor der Klasse schlecht zu machen.

Wenn eine Kindperson zu erzählen anfängt, werden die erwachsenen Alterpersonen sehr traurig, und zwar viel mehr, als wenn sie »Erwachsenen« zuhören. Wenn eine Kindperson beklemmende Geschichten über Sachen erzählt, die passiert sind, reagieren die bösen Alterpersonen sehr schnell und heftig darauf. Sie müssen immer noch lernen, ihre ohnmächtige Wut und überschäumende Kraft zu beherrschen, sonst wird die Klinik zu klein.

Ich selbst, die *Autorin*, weiß, daß ich schon als sehr kleines Kind in der Gruppe der Alterpersonen mitgehüpft bin, daß ich mit Stöckchen und Streichhölzern viel in den Sand zwischen den Grashalmen geschrieben habe. Die Zeichnungen und später die Buchstaben, Wörter und Sätze waren ein Versuch, trotz allem mitzuteilen, was ich nicht aussprechen durfte. Ich erfand eine Geheimsprache, die keiner verstand. Wenn ich meinte, das Papier müßte in Sicherheit gebracht werden, verschluckte ich es. Ich wuchs heran und wurde älter; ich sah, daß andere Alterpersonen Kinder blieben.

Vloske, unser Pfiffikus, hat sich dadurch ihre Fröhlichkeit und Unschuld erhalten. Die »Großen« stellten sich um sie herum und beschützten sie, damit sie nichts sah und fühlte und fröhlich bleiben konnte. Wenn Papa böse war, legte sie ihm etwas Nettes hin und hoffte, er würde es finden, und alles wäre wieder gut. Daumenlutschen war verboten; dafür sei sie schon viel zu groß, sagte der Vater. – Und wehe, wenn er einen feuchten Daumen sah … Aber sobald *Vloske* seine Schritte hörte, zog sie den Daumen aus dem Mund des einen oder anderen, trocknete ihn schnell ab und steckte beide Daumen in die Ohren, so hups, fertig!

In Wirklichkeit geschieht dann folgendes: In dem Moment, in dem *Vloske* den Daumen aus dem Mund eines anderen zieht, der sich keiner Schuld bewußt ist und einfach genüßlich nuckelt, findet ein Positionswechsel statt. Es gibt einen Reiz, der ankündigt, daß die Sicherheit erhalten werden muß, und das System der Alterpersonen sorgt dann dafür, daß das ruhige, daumenlutschende Kind *Vloske*, die pfiffig und aufgeweckt ist, Platz macht. *Vloske* schafft es durchaus, die kommende Bedrohung abzubiegen. Sie kommt dem erwarteten Angriff zuvor, indem sie entsprechend handelt.

Der Körper reagiert auf den Reiz, der lautet: »Daumen aus dem Mund. Mach sie trocken und steck sie demonstrativ in die Ohren, damit der Vater sieht, daß nicht am Daumen gelutscht wird!«

Jedes Kind kennt diese Taktik, dafür muß man nicht multipel sein. Aber bei einem Kind, das mehrere Personen in sich birgt, besteht eine Trennung zwischen Denken, Fühlen und Wollen. Die Handlung verschwindet sozusagen hinter der Mauer des Bewußtseins. Der Grund ist eine heftige und unerträgliche Angst, die das Kind über die Grenze vom Bewußten zum Unbewußten führt. Wir nennen das: »Aus dem Kopf verschwinden …«

Es ist noch früh am Morgen, und die Tür des Schlafzimmers wird leise, aber nachdrücklich geöffnet. Es ist zu hören: »Papa wartet …« Sofort geraten die Alterpersonen in Zwiespalt. Die eine schläft ruhig weiter, die andere stellt sich schlafend, noch eine andere denkt sofort: Nicht denken! … Die vierte sagt zu den anderen, daß alles in Ordnung sei …

Eine große Verwirrung entsteht, und die Not ist groß. Es ist, als würden wir uns nie daran gewöhnen, obwohl doch die Tatsache, daß der Vater uns erwartet, einfach dazugehört.

Sein Bett ist warm. Das wissen einige Alterpersonen, auch wenn sie die Wärme nicht spüren können. Ihr Verstand ist ja vom Kinderkörper getrennt. Langsam und gedankenlos ziehen sie sich hoch, wie eine Frau, obwohl sie erst sieben Jahre alt sind. Das letzte, was die Zurückbleibenden hören, ist, daß sie wieder brav schlafen sollen, schließlich sei ja alles in Ordnung. Wenn man diese Alterpersonen fragen würde, was von dem Moment an geschehen ist, würden sie antworten: »Wir haben uns nochmal umgedreht und haben uns die

Decke über die Ohren gezogen. Die Tür ging wieder zu, das wissen wir genau.«

Die anderen gehen weiter. Sie fassen Mut und gehen erhobenen Hauptes auf den Vater zu, *Kittie* voran. Der Vater winkt. Da sind sie, gehorsam ... Sie verlieren sich in den Augen des Vaters, machen sich breit und groß, genauso groß wie die großen Menschen um sie herum.

Sie hören das Ticken einer Uhr, die stetig die Zeiger weiterschiebt. Die Zeit: angetrieben von dem Mechanismus, der die Ordnung und Regeln aufstellt, nach denen sich die Welt zu richten hat, die Regeln, die auch in diesem Zimmer gelten ... Die Zeit: der Rhythmus, in dem alles seinen Platz hat, was Gott verbietet ... Die Macht des großen Täters, die Ohnmacht des Kindes.

Im Lauf der Zeit entwickelten sich die alten Personen weiter. Aber mit neuen Lebensstufen kamen andere hinzu. Für Neuankömmlinge gab es immer einen Grund. Sie kamen, um gemeinsam etwas zu ertragen, gemeinsam die Sachen zu zerschneiden, um gemeinsam nicht zu fühlen, um wenigstens fifty-fifty zu fühlen. In der Schule waren unsere verschiedenen Handschriften das reine Verbrechen; nie war es gut, alles mußte neu geschrieben werden. Die Stimmen klangen immer wieder anders, und die Erwachsenen glaubten oft, wir würden sie zum Narren halten.

Im Bettnässen waren wir Weltmeister.

Die Erkenntnis, daß wir existierten, daß wir so viele waren, kam durch das harte Leben, das Inzest heißt.

Unsere Zeit, unsere »Uhr« stimmte nicht mit der Uhr der Erwachsenen überein. Deren Uhr tickte schneller. Was man nicht gehört hatte, war doch gesagt, und was man erzählte, wurde nicht geglaubt.

»Wie kannst du dich in deiner eigenen Umgebung verlaufen, du Lügenbeutel!«

»Eben hattest du noch das an, warum jetzt auf einmal was anderes, du eitler Fratz!«

Ich konnte mir nicht vorstellen, daß ich das wirklich gewesen sein sollte; ich wußte ja nicht mal, daß ich mich umgezogen hatte! Damals gab es noch so gut wie keine Kommunikation zwischen den Alterpersonen. Heute gibt es sie schon! Wie unser Gespräch in Gang gekommen ist, darüber werde ich in einem späteren Kapitel berichten.

Nachdem wir mit den therapeutischen Sitzungen angefangen hatten, verhaspelten wir uns in den zahlreichen Alterpersonen. Der Therapeut gab uns einen guten Tip: Wir teilten unsere Personen in Gruppen, und jede Gruppe hatte ihren eigenen Sprecher. Dadurch entstand Übersicht. Wurden bei der Suche nach einem Wortführer die Ellenbogen eingesetzt? Nein, im großen und ganzen nicht. Aus der Praxis ergab sich von selbst, wer für die Leitung einer Gruppe geeignet war.

Es war der Therapeut, der die Alterpersonen einlud, mit ihm Kontakt aufzunehmen. Man konnte ihm vertrauen, und dadurch kamen die Alterpersonen mit ihm ins Gespräch. Zuvor hatten sie noch nie »persönlich« mit anderen Menschen gesprochen. *Vloske* zum Beispiel hatte noch nie ihren Namen genannt. Sie hatte sich zwar manchmal gezeigt, aber niemand wußte, daß es sich dabei um *Vloske* handelte. Das ist ein für die Heilung wichtiges Geheimnis: Erst wenn die Alterpersonen unter ihrem eigenen Namen auftreten können und explizit Verantwortung übernehmen, ist der Kontakt zu anderen Menschen ehrlich. Wenn man von den Mitmenschen beim Namen genannt wird, hat man als Alterperson die Gewißheit: es gibt mich!

Während des ersten Jahres wurde der Therapeut getestet und auf die Probe gestellt. Kam eine junge Frau mit einem Blumenstrauß zur Sitzung in die Praxis, konnte sich darin durchaus eine Bombe verbergen. Schließlich kann man keinem Arzt trauen; Ärzte mißbrauchen und vergewaltigen. Das Vertrauen in Ärzte war leider durch schmerzhafte Erfahrungen zerstört worden. Wenn jemand mit einer harmlos erscheinenden Handtasche hereinkam, in der man nur Lippenstift und Puderdose vermutet, dann schimmerte dort ein Dolch, scharf und gnadenlos. Für den Therapeuten war das eine bedrohliche Situation; aber auch für uns hieß das jede Menge Streß, vor allem, weil keiner von uns wußte, welche verborgene Drohung über uns hing und wie die Sitzung verlaufen würde. Zum Beispiel war absolut nicht klar, welche der Alterpersonen das Messer eigentlich mitgenommen hatte und aus welchem Grund.

Ich werde jetzt versuchen, eine Übersicht über die Alterpersonen zu geben. Ich sagte bereits, daß *Liz* der eigentliche Kern ist. Sie besteht aus drei Seiten; wir nennen sie die »*Elisabeth*-Seite«, die »*Better*-Seite« und die »*Stef*-Seite«. *Better* und *Stef* sind in *Elisabeth* integriert, die für die Liebe steht. *Better* ist die Unerreichbare und *Stef* die Frau mit dem Überblick. Es sind diese drei Personen, die als »Ich« auftreten und die anderen Alterpersonen »empfangen«.

Elisabeth, die auch *Mutter* ganz nahe ist, gebar neun Kinder. Sie spricht immer ausdrücklich von »gebären« und sagt nie: »Ich habe neun Kinder bekommen.« Dafür gibt es einen einfachen Grund: Kaum einer glaubt, daß es stimmt. Neun Kinder? So was kann niemand glauben, daß so viele Kinder aus einer einzigen Ehe stammen können, denn schließlich leben wir am Ende des 20. Jahrhunderts. Da muß es zumindest ein paar Ex-Männer geben.

In der Welt der Multiplen glaubt man, *Elisabeth* spreche von neun »Kindpersonen«, und die »normalen« Leute stellen sich ein altes Weib vor mit ausgeleiertem Bauch und Hängebrüsten. Da das keineswegs der Fall ist, klingt es also sehr unglaubwürdig. Wenn *Elisabeth* ausdrücklich von »gebären« spricht, möchte sie klarstellen, daß es sich bei den neunen um völlig normale irdische Kinder handelt.

Die meisten Alterpersonen glauben, man solle am besten schweigen, am besten ganz den Mund halten. Denn wer glaubt uns schon? Aber langsam vertrauen wir darauf, daß wir miteinander und mit dem Therapeuten reden können. Man kann sich zum Beispiel schwer vorstellen, daß eine Kindperson oder ein Mann in einem weiblichen Körper wohnt. Die Leute sehen mit ihren Augen weder ein Kind noch einen Mann, sondern eine Frau. So ist es immer wieder schwierig und frustrierend als Alterperson zu sagen, wer man ist. Menschen, die mit uns vertraut sind, wie die Kinder und der Lebensgefährte, haben im Lauf der Zeit die charakteristischen Haltungen und Verhaltensweisen kennengelernt, die typisch für bestimmte Alterpersonen sind. Sie können inzwischen auch erkennen, mit wem sie es zu tun haben. Ausschlaggebend für das, was wir selbst erkennen, wenn wir in den Spiegel sehen, ist, wer von den Alterpersonen hineinblickt.

Die Meßlatte zeigt: 176 cm.

Die Waage: 59 Kilo.

Die Schuhgröße: 40.

Die Taille: 70 cm.

Aber uns sagen diese Daten gar nichts. Längst noch nicht alle Alterpersonen erkennen sich in diesen objektiven Fakten wieder. Aber wir arbeiten hart daran, auch diesen realen Körper zu akzeptieren und ihn in die praktische Therapiearbeit und das tägliche Leben zu integrieren. Es kann passieren, daß wir uns in den Möglichkeiten des Körpers täuschen. Ein Mann zum Beispiel will etwas Schweres heben oder sich raufen ... Das müssen dann die Muskeln büßen, oder es entstehen Prellungen. Hoffentlich lernen wir in Zukunft die

Grenzen unseres Körpers besser zu empfinden, damit Überbelastungen nicht mehr so häufig vorkommen.

Ich, *Autorin*, habe eine Reihe von Alterpersonen gebeten, sich vorzustellen. Stellvertretend für jede Gruppe will sich je eine Alterperson dem Leser nun vorstellen.

Hallo, ich bin *Lava*, die Tänzerin, eine Alterperson aus der Musikantengruppe. Meine ersten Auftritte fanden schon vor langer Zeit statt und begeisterten Kinder und Erwachsene.

»Tanz, tanz, tanz, *Lava*!«

Mir wurde warm vom Tanzen. So half ich den kindlichen Alterpersonen, die meist verfroren und steif waren; ihre Finger waren blau vor Kälte, weil das Blut nicht durchströmen konnte. Außerdem ist tanzen gut für die Alterpersonen, die noch immer davon überzeugt sind, keinen Leib, keine Hände und keine Füße zu haben. Ich versuche, jeden warm zu tanzen. Außer *Moria* und *Joy* hat aber nie eine der Alterpersonen mitgetanzt. Ich war schon froh, wenn sie mitklatschten.

Tanzen macht mir gar keine Mühe, und ich tanze mit und ohne Kleider. Musik ist herrlich, Musik lenkt ab, Musik trägt einen mit in die Höhe, hebt einen hoch, bringt einen dazu, sich zu bewegen. Musik klingt, Musik ist in den Ohren. Auch wenn außen keine Musik zu hören ist, kann ich tanzen, auf Musik, die von innen kommt. Auf ruhige Musik, klassische oder aufputschende Musik, ich kann mich auf alles bewegen. Sogar die Nägel tanzen mit, die Haare, die Ohren … Später, als der Lebensgefährte in unser Leben trat, tanzte ich auch für ihn und er für mich. Bei Marko habe ich auch getanzt. Wißt ihr, das ist so phantastisch! Ich habe gehört, daß wir zu einem Arzt kommen sollten, der uns alle höchstpersönlich treffen wollte. Ich dachte noch: Was hab' ich dort zu suchen? Muß ich dort auf so einem bescheuerten

Stuhl sitzen und erzählen, warum ich tanze? Er kann doch nur sehen, wer ich bin, wenn ich tanze; ich bin der Tanz! *Zaïre* erzählt doch auch nicht, wie sie singt? Sie singt einfach, denn das ist sie.

Neu war für mich, daß ich bei Marko nicht zu tanzen brauchte, um ihn zu unterhalten, sondern damit wir uns kennenlernen konnten.

Die Kleider blieben an, denn es mußte anständig zugehen. Am Schluß lud er mich ein, doch etwas über das Wie und Warum zu sagen, und komischerweise ging das auch. Wir quatschten über alles mögliche, aber ich dachte dauernd, er würde mich bitten, noch einmal für ihn zu tanzen. Aber nein, im Gegenteil, er blieb dabei, daß ich zu bestimmen hätte.

»Ich bin für dich da!«

Ich kapierte überhaupt nichts und wurde traurig. Nicht wegen des Schwätzchens mit ihm, sondern einfach so. Inzwischen verstehe ich das besser. Man wird nicht grundlos traurig, nein, der Kummer war schon in mir, aber ich hab' ihn weggetanzt. Langsam begreife ich auch, daß ich viel mehr wert bin. Auch ich hab' ein Herz, Gefühle und noch viel mehr Wertvolles.

Ich bin *Sarah,* die Gläubige. Die Gutgläubige. Alles, was gut klingt, glaube ich. Mein Herz ist weit und steht offen für Friedfertigkeit und Güte der Menschen. Ich glaube, daß es Gott gibt, Christus und den Heiligen Geist. Gott ist der oberste Chef der Geister, Christus die Liebe, und der Heilige Geist kann uns Menschen aus unserem Herzen heraus leiten und uns helfen, in Bereiche zu gelangen, wo sich alle Menschen vereinen können, wo die Seelen Ruhe finden oder sich neu entscheiden können. In diesen Bereichen herrscht Ehrlichkeit, und die unterschiedlichen Meinungen und Gedanken werden respektiert.

Dort herrscht nicht Macht, sondern Gleichheit. Dort wird Kraft gegeben und das Schwache nicht plattgewalzt. Hochmut kommt zu Fall, und der Erniedrigte darf sich aufrichten.

Oh, ich sehe die Gegensätze von Gut und Böse in uns und um uns. Trotzdem habe ich schon in sehr jungen Jahren geglaubt, daß das Gute die stärkste Kraft hat. Wenn ich es in meiner Umgebung auch nicht finden konnte, ich habe daran geglaubt! Ich glaube an die Liebe, an das Christentum, an viele Kräfte und Wirklichkeiten, die zu mächtig für ein kleines Gehirn sind. Wir dürfen uns nicht an unsere Überzeugungen festklammern. Die beständige Suche, das ist es, woran ich glaube.

Ich glaube auch an Therapien. Es gibt Gruppen, die ärztliche Hilfe ablehnen; etwa, weil sie meinen, daß nur Jesus helfen kann. Das eine schließt jedoch das andere nicht aus, weil die Liebe alles durchdringt, das Gute und das Böse. Das Ehrlichste, was ein Mensch erreichen kann, ist, Gut und Böse unterscheiden zu können und es auch zuzulassen. Vielleicht habe ich ein kindliches Gemüt, aber ich habe bisher versucht, das Gute zu wahren und dem Bösen ins Auge zu sehen. Das gelingt nicht immer, aber ... ich glaube!

Ich bin *Tolk*, der Übersetzer. Ich gehöre zur Gruppe der Helfer. Wenn eine Alterperson sich nicht mehr ausdrücken kann, bin ich da, um weiterzuhelfen. Es kann auch vorkommen, daß ich für jemanden spreche, der, aus welchem Grund auch immer, anonym bleiben möchte. Ich helfe, indem ich den Abstand zwischen Fühlen und Denken vergrößere, damit die Emotionen nicht so deutlich zu sehen sind und die Wahrheit einer Geschichte leichter ertragen werden kann. Ich habe ganz eng mit *Zuil*, der Erklärerin, zusammengearbeitet; sie ist inzwischen gestorben. Ihr Tod hat mich tief beeindruckt und mich eine Zeitlang zur Verzweiflung gebracht. Ich wußte nicht, was ich ohne ihre Erklärungen noch übersetzen sollte. Die Menschen hörten doch nicht zu, und sie verletzten uns durch ihre Ungläubigkeit. Wenn die Erwachsenen, zu denen wir aufblickten, uns keinen Glauben schenkten, wenn wir uns optimistisch über die Zukunft äußerten, welche Basis hatte unsere Hoffnung dann noch? In solchen Augenblicken erschien ich auf der Bildfläche und war der letzte Strohhalm.

Aber wer bin ich? Das ist eine gute Frage, die ich mir auch schon oft gestellt habe. Ich kenne noch immer keine genaue Antwort darauf, und meine Zeit in der Therapie muß erst noch kommen; dann kann ich mich offenbaren und mit den Ereignissen beschäftigen, durch die ich entstanden bin. Dann werde ich auch eine Antwort darauf bekommen, warum ich mich wie zum Tode verurteilt fühle, wenn ich etwas sagen soll. Selbst wenn ich die Antwort auf die Frage noch nicht kenne, habe ich mich doch schon weitgehend von dieser Angst befreien können. Ich habe mich als Kapitän gesehen, der als letzter das sinkende Schiff verläßt.

So sind die Regeln des ungeschriebenen Gesetzes.

Ich arbeite jetzt wieder hart daran, mit *Filter* zusammen, der all unsere Stimmen so gut wie möglich auf die gleiche Höhe bringt, damit die Außenwelt nicht durch eine Vielfalt von Tonhöhen verwirrt wird. *Filter* ist entstanden, weil immer wieder Bemerkungen über die verschiedenen Stimmlagen gemacht wurden, die man von uns hörte: tief – höher – am höchsten. Ihm gelang es, die Töne zu filtern. Wir zusammen sind ziemlich objektiv und bereitwillig.

Ich bin *Rama*. Ich bin bei allem dabei, was passiert. Ich mache für mich selbst und für die anderen Alterpersonen innerlich »Fotos«, das heißt: ich bilde sorgfältig die Ereignisse ab. Ich kann meine Fotos den anderen nur zeigen, wenn wir in Sicherheit sind. Ich tue es längst nicht immer, nur wenn man mich darum bittet. Manchmal finde ich es auch nötig, Alterpersonen mit dem Ablauf von Ereignissen zu konfrontieren. Es kann auch vorkommen, daß ich die Fotos zu schnell aus der Hand gebe. Eigentlich habe ich selbst nichts erlebt: Ich bin eine Dunkelkammer, in der die Negative entwickelt werden, und gleichzeitig ein Archiv, in dem die Fotos aufbewahrt werden.

Ich bin einer der Kundschafter, *Niels*, der Jäger. Ich weiß, daß *Autorin* in diesem Buch das eine oder andere über mich geschrieben hat, und es stimmt, daß ich ohne Pardon auf das »schieße«, was uns bedroht. Aber nur, wenn es nötig ist. Denn, wer auch immer als unser Anführer auftritt, es gibt immer eine Ursache, die eine solche Reaktion auslöst.

Von der ersten Sekunde meines Auftretens in dieser Welt an war ich ein Jäger. Das kam so: Ich sah ein Mädchen, eine Alterperson, die in ihren viel zu kleinen Händen ein Gewehr hielt. Der Vater hatte ihr das Gewehr gegeben, und sie versuchte mit ihren dünnen Ärmchen ihr Bestes, um zu tun, was der Vater von ihr verlangte. Das viel zu schwere Gewehr durfte nicht sinken, sondern mußte in der Geraden bleiben. In der Ferne hörte ich den Vater rufen: »Schieß!« Aber das Mädchen konnte es nicht.

Was hatte ich mit diesem Kind zu tun? Kannte ich es? Und kannte ich den Vater? Kannte ich die Welt, in der ich gelandet war?

Ich sah und lauschte. Mein Blick ging vom Kind zum Gewehr, zu diesem großen Mann und schließlich zu mir ... Das Mädchen zog den Hahn durch, aber mit zu wenig Kraft. Sie hielt das Gewehr nicht gut: zu niedrig, zu hoch, zu weit nach rechts, zu weit nach links. So konnte sie kein Ziel treffen.

Ohne zu wissen, wer ich war und wo ich herkam, übernahm ich langsam aber sicher ihre Position. Ich war deutlich größer und kräftiger als das Mädchen und hörte in meinen Ohren eine Stimme, die sagte: »*Niels*, hilf!«

Ich schaute mich nach *Niels* um, dem rettenden Engel. Aber die Augen des Mädchens waren auf mich gerichtet, und da hab' ich schnell kapiert, daß sie mich meinte.

Ich gehe einen Schritt auf sie zu, berühre sie flüchtig – und in dem Augenblick entscheide ich über den Sinn meines Lebens. Mein Körper wird hart. Meine Muskeln spannen sich, und ich übernehme das Gewehr. Ich halte es kerzengerade und schieße.

Getroffen.

Im Kind ist Frieden. In mir auch. Auf der ganzen Welt ist Frieden. »Gut gemacht«, sagte einer, und darum geht es.

So wurde ich zum Jäger. Das Gewehr, das ich zur Zeit verwende, besteht aus Wörtern. In bedrohlichen Situationen schieße ich: Wenn wir verletzt oder angegriffen werden, wenn sich tödliche Blicke auf uns richten ... dann schieße ich den Angriff oder die Blicke in Scherben, so daß *Liz* und die Alterpersonen davon befreit werden.

Bei Dorffesten, bei denen man aus Jux schießt, habe ich mich buchstäblich ausleben können. Ich erinnere mich, daß bei solchen Schießereien die Kindpersonen unter uns zuerst von *Liz* in ihre Obhut genommen werden mußten, um zu verhindern, daß eine bestimmte Situation noch einmal durchlebt wird. Bei solchen Wettkämpfen gewann ich immer eine Medaille an einem Band.

Dann dachte ich bei mir, ich hab's immer noch nicht verlernt.

Ich glaube übrigens, daß jede Alterperson den Frieden sucht. Aber weil wir auch beschützt werden müssen, ist es manchmal notwendig, daß einer eine Grenze überschreitet. Derjenige, der das tut, muß dann innerhalb des beschützenden Systems den Kopf hinhalten.

Wir sind alle dazu da, einander zu beschützen. Wird also einer von uns überrumpelt oder wird ihm die Pistole auf die Brust gesetzt, dann flammt die Angst auf, und *Ijen* gibt das

Signal. Dann nehme ich das Gewehr und schieße. Oder *Karel, Harrie* oder andere übernehmen das. Welche Aktionen das sind, ist nie vorherzusagen. Früher gehörte *Boudewijn* noch zu uns, der Verräter, so daß ab und zu ein Plan verraten wurde, noch ehe er ausgeführt war. Aber meist kommen die Aktionen überraschend, für uns wie für die Außenwelt.

Höre ich meinen Namen? Ich, *Ijen*, der Wächter, gehöre zur Kundschaftertruppe und lebe wie ein Bauer auf dem Schachbrett: vorn in der ersten Reihe. Ich gebe als erster ein Warnsignal, wenn Gefahr lauert. Sonst bin ich wenig wert.

Ich wache. Ich spähe. Ich lauere. Ich schaue. Ich warte. Ich ziele nie und schieße nicht auf ein Ziel los.

Ich warne, trete einen Schritt zur Seite und lasse die anderen vortreten, die dann ihrerseits handeln.

Es geht nicht nur um harte Aktionen, oh nein! Auch wenn mit den Kindern geschmust werden muß, gebe ich ein Signal. In diesem Fall schießt *Mutter* an mir vorbei. Es kann auch vorkommen, daß das Signal den Gläubigen, den Sexuellen oder wem auch immer gilt. Ich habe in meinem Leben schon ziemlich viele Alterpersonen an mir vorbeischießen sehen. Ich möchte ein Beispiel bringen, wie so etwas vor sich geht.

Eva – die Ratlose, eine Kindperson – war jung und unerfahren, und der Vater brachte ihr das Angeln bei. Ich war dabei und hielt Wache. Sie ist klein, und ich kann sehen, daß ihre Beine zu kurz sind, um sich vom Steg aus auf dem Boot abstützen zu können. Ich höre, wie sie denkt und betet: »Lieber Gott, mach doch bitte, daß kein Fisch anbeißt, bitte, bitte!« Sie guckt, wendet die Augen ab und hofft, daß der Vater auch nicht so gut aufpaßt. Aber der sagt: »Paß auf und achte auf deinen Schwimmer!« Denn: »*Du* angelst.«

Der Schwimmer bewegt sich, und noch hofft sie, daß es die Wellen sind, aber nein, plötzlich wird der Schwimmer in rasender Geschwindigkeit unter Wasser gezogen.

Ich wache und sehe die Angst vor dem Fisch und dem Haken und diesem Wurm, der daran festgemacht ist ...

»Gefangen!« ruft der Vater. Und *Eva* denkt: »O Gott, warum hast du nicht dafür gesorgt, daß ...«

Aber dann fällt *Eva* ein, daß Gott sich nicht um alles kümmern kann. Und außerdem weiß sie, daß es Schlimmeres im Leben gibt als einen kleinen Fisch an der Angel. Das weiß sie, aber sie empfindet es doch ganz anders. Trotzdem hört *Eva* den Vater noch nicht richtig, denn sie ist viel zu sehr mit dem Fisch und mit Gott beschäftigt und damit, wie es doch in der Welt der Großen zugeht.

Aber es gibt keinen Ausweg, und die Angel muß raus. Ich sehe, daß es *Eva* übel wird und sie versucht, tapfer zu bleiben. Aber sie ist es nicht. *Karel* und *Niels*, ja, die schon, und auch noch viele andere. Wo bleiben sie nur, diese anderen! *Eva* zieht inzwischen die Angel hoch, und da zappelt dieser silbern glänzende Fisch am Haken. *Eva* zittert und will weinen.

Der Vater beobachtet alles, aber sie angelt, und wie soll der arme Fisch vom Haken kommen? »Gott, du hilfst mir doch, bitte?« Ich sehe den spiegelglatten Fisch zappeln; unmöglich für die kleinen Finger, ihn festzuhalten. *Eva* fummelt ein bißchen herum und weiß, daß der Vater sie genau beobachtet. Sie möchte gern seine große Tochter sein, vor ihm bestehen, ihm eine Freude machen ... Aber dann sieht sie die herausquellenden Augen des Fisches und daß sich der Haken genau durch das eine Auge bohrt.

Der Arme.

Ich warne jetzt *Karel* und *Niels*.

Aber sie sind noch zu weit weg, um toben zu können. *Wieke*, die bei uns die Fragen stellt, ruft um Hilfe. Aber gerade durch *Eva* werden alle träge und benommen. Denn *Eva*, die Ratlose, lähmt uns immer dadurch, daß sie ist, wie sie ist.

»Papa«, sagt *Wieke*, »der Haken ist dem Fisch durchs Auge gegangen. Bitte hilf mir doch!«

»*Du* angelst!«

Eva weiß, daß der Haken raus muß. Der Vater hat es zigmal vorgemacht, aber aus Widerwillen hat sie dabei nie richtig hingeschaut.

Jetzt ist es soweit. Als sie den Haken vorsichtig bewegt, bewegt sich auch das Auge. Der Fisch gleitet ihr aus den Händen. Oh, Gott.

Es erfolgt ein Wechsel, ein »Switch«. So nennt man das, wenn eine andere Alterperson übernimmt.

»Papa, hilf mir, das Auge bewegt sich!« ruft *Wieke* bittend. Sie stellt die Fragen, ohne eine Antwort abzuwarten. Sie verschwindet auch gleich wieder.

»*Du* angelst!« sagt der Vater.

Mit dem Mut der Verzweiflung friemelt *Eva* wieder am Haken, und das Auge löst sich … »Gott, hilf mir!«

Aber Gott hilft nicht; er ist weit weg. Reißt sie jetzt das Auge heraus?

Das Auge wird größer und größer, und es scheint, als ob *Eva* von seinem Blick verschlungen würde. Ich sehe sie kämpfen und höre, wie der Vater schweigt. Das Schweigen ist am allerschlimmsten. Auswringen nenne ich das. *Eva* sieht Sterne, und dann kommt endlich *Niels.* Ich trete einen Schritt zur Seite. Es ist allerhöchste Zeit, und *Eva* macht sich davon. *Niels* kommt leise näher, sein Gewehr hebt sich langsam, wie der Vater es ihm beigebracht hat. Er richtet es auf das Ziel – und Penggg! *Eva* schreckt aus ihrer Benommenheit hoch und wirft als Reaktion darauf den Fisch weg.

Ihr bleibt nur der Gedanke, daß der Fisch vielleicht sterben wird, weil niemand sein krankes Auge versorgen kann, und daß die anderen Alterpersonen die Schläge schon auffangen werden.

Der Vater mißbilligt dieses kindische Verhalten. Jetzt kann

alles in ihm hochkommen: Zorn, Totenstille, Zerstörungswut … wer weiß. Viele Alterpersonen wissen jetzt, daß *Eva* ihn tief enttäuscht hat. Und das muß einmal, tagsüber oder in der Nacht, gutgemacht werden.

Und ich? Ich beziehe wieder meinen Posten und wache bis zu der Zeit, in der *Liz* mich nicht mehr braucht.

Ellie, die Schuldige, kann selbst nichts berichten, weil die Schuld sie stumm gemacht hat. Aber ich, *Autorin*, werde zusammen mit *Tolk* für sie übersetzen:

Ich bin ein Sündenbock und fühle mich schuldig, und ich weiß, daß ich auch an allem schuld bin, was schiefgeht. Die Schuld liegt schon vor meiner Geburt. Meine Schuld.

Das hatte ich nicht gesehen …

Entschuldigung, ich habe nicht zugehört …

Tut mir leid, ich habe nicht gewußt …

Schon Atem zu holen heißt, einem anderen etwas wegnehmen …

Ihre Schuld! Wegen ihr geht alles schief. Deshalb ist der Streit ausgebrochen. Wegen ihr, wegen ihr und immer nur wegen ihr gehen uns die Täter an die Wäsche. Wir haben uns schnell daran gewöhnt, so zu denken und auch geglaubt, daß sie für alles den Anlaß gibt. Deshalb fanden wir ihre Anwesenheit ganz unerfreulich, als wir in den Therapiesitzungen voneinander Kenntnis nahmen; wir wollten ihr so viel wie möglich aus dem Weg gehen. Aber Marko, unser Therapeut, lud sie ständig ein, weil er hoffte, sie würde sich auch wohl fühlen. Wir dachten wirklich oft: Oh je, sie soll verschwinden!

Ellie wuchs mit dem beständigen Wunsch auf, tot zu sein, aber selbst dieser Wunsch brachte ihr heftige Schuldgefühle ein. Wenn sie den Körper übernahm, irrten wir ziellos herum und mußten immer weiterirren. Später stand sie oft auf den Schienen zwischen den Gleisen. Am liebsten ging sie zu diesen breiten Zwischenräumen zwischen den Gleisen, wo die Züge aneinander vorbeirasen. Donnerndes Getöse, darin ging sie auf. Stellte sie sich mit dem Auto auf die Schienen dann steckte sie sich Kopfhörer in die Ohren, hörte wunderbare Musik von Chopin und Mozart, hörte laut ihre Lieblingsstücke, die in ihre Ohren die herrlichsten Klänge zauberten, so daß sie nicht hören konnte, wie der Zug näher kam.

Ijen mußte ordentlich Wache schieben, wenn sie da war! *Ellie* forderte von den anderen Alterpersonen viel Kraft; sie mußten ihr helfen, am Leben zu bleiben. Die meisten Alterpersonen wollten auch, daß *Ellie* bliebe. Großes Lob für *Ijen*, den Wächter, und all die anderen, die bisher das Schlimmste verhütet haben.

Eva und *Ellie* sind übrigens inzwischen nach zahlreichen Behandlungen integriert, Gott sei Dank.

Hier ist *Mutter*.

Diesen Teil werde ich kurz halten. Mir ist immerhin ein ganzes Kapitel gewidmet. Ich habe neun Kinder empfangen dürfen, und ich gebe zu, daß ich dadurch von den anderen Alterpersonen viel Zeit gefordert habe.

Im nachhinein sage ich ganz ehrlich: durch meine Haltung habe ich die Entwicklung von so manchem Talent einer Alterperson aufgehalten. Aber die Zeit ist noch nicht um, eigentlich ist sie nie um. Es gibt also noch viel Hoffnung auf neue Entwicklungen. Was das Großziehen der Kinder angeht, und das gilt für alle neun, darauf bin ich stolz. Ich weiß jetzt auch, daß ich mehr bin als nur eine Mutter, aber ich überlasse es anderen, miteinander auszufechten, welche Richtung wir in Zukunft einschlagen werden.

Ich, *Diana*, gehöre zu den Gerechten, und wir arbeiten eng mit *Daddy, Wieke, Trudy, Dina* und *Pin* zusammen, die Verteidiger, Fragenstellerin, Staatsanwältin, Koordinator und Sammler sind. Ich spreche am Ende Recht über einen Fall. Ich klopfe mit dem Hammer – damit will ich sagen, daß ich das letzte Wort habe. Wir waren immer ein gutes Team, wenn uns das auch erst später aufging. Durch unser Handeln wurde viel Verwirrung beseitigt; wir haben allen Parteien die Möglichkeit gegeben, sich der Reihe nach zu äußern:

Warum wurde das getan? Wie konnte es geschehen? Was sagt die Gegenpartei dazu? Wie können wir alle Parteien anhören, damit das Problem von allen Seiten betrachtet werden kann?

Wir sind, bis auf *Trudy* und *Wieke*, integriert.

Mirthe, *Thirza* und *Lucia*. – Wir sind die Friedensstifterinnen, und wir werfen uns gern zwischen die Parteien, wenn es Streit gibt, wenn Uneinigkeit und Unfrieden herrschen und gerauft wird. *Mirthe*, die Starke, tut das ganz wortwörtlich: Rummms – dazwischen, und dann hoffen, daß sich die Gemüter dadurch beruhigen. Ich muß sagen, wir wurden nie sehr enttäuscht, denn, abgesehen vom Resultat unseres Einsatzes, ist das Handeln selbst eine Aufhebung der Ohnmacht.

Sind wir Beschützer? Ja, und das haben wir noch nie bedauert. Man weiß schon im voraus, daß man ein Risiko eingeht, also muß man nicht jammern, wenn man eins auf den Deckel bekommt.

Ich wurde gebeten, etwas über mich zu erzählen. Ich bin *Anita* und gehöre zur Gruppe der Sexuellen. Das ist für manch eine Alterperson ein heikles Thema. Für mich aber nicht.

Ich finde, daß Sex einfach zum Leben gehört. Zum harten Leben, zum angenehmen Leben, zum egoistischen und zum zärtlichen Leben. Sex ist etwas, das man genießen können muß.

Was ich von mir selbst, von Männern und Frauen denke?

Ich will erst mal bei mir anfangen. Schon sehr jung habe ich gelernt, was es heißt, einem anderen gefällig zu sein und sogar davon zu profitieren.

Wenn ich mich ganz besonders angestrengt habe, war der Tag gut, und die Sonne lachte. Was das sagen will? Daß man immer heftiger versucht, sein Bestes zu geben, so lange, bis es einem in Fleisch und Blut übergegangen ist. Aufträge ausführen, ohne sie in irgendeiner Form in Frage zu stellen.

Man muß nicht glauben, ich spräche über eine Art Robotersex. Nein, man lernt zuerst zu geben, geben und noch einmal geben, und am Ende bleibt dann auch für einen selbst noch was übrig. Vor allem das Gefühl, gebraucht zu werden. Daß man eine Art Superfrau ist, die alles kann, was Männer sich wünschen. Sie werden dann ganz ruhig und still, und man weiß, man hat seine Sache gut gemacht und fährt dadurch eine reiche Ernte ein. Ich rede nicht vom schmutzigen Geld, sondern von meiner Ruhe und dem Frieden und der Stille, die ich sehr genießen kann.

Männer halte ich im allgemeinen für Schnellzünder, die rasch auf das eingehen, was man ihnen bietet, und schon wieder bei ihren Geschäften sind, während sie sich noch die Hose hochziehen. Sie haben nichts gegen ein Ohr, das ihnen lauscht, dicht an ihrem Mund, denn Aufmerksamkeit streichelt ihr Ego. Also hört man weiter zu, auch wenn man die Geschichten schon ein dutzendmal gehört hat.

Frauen haben im allgemeinen mehr Gefühl, aber sie sind auch härter. Wenn sie etwas wirklich haben wollen, muß man sich vorsehen, denn sie verlieren ihr Ziel nicht aus den Augen. Sie entziehen sich häufig dem Sex. Ich meine: sie tun es zwar, weil es nun mal dazugehört, aber sie sind nicht wirklich bei der Sache. Sie trauen sich nicht zu sagen, was ihnen Spaß macht, und schon gar nicht, was sie ekelhaft finden. Sie hätten gern ein bißchen mehr Romantik.

Sie gehen in ihrer Phantasiewelt auf und behaupten, ihre Männer gingen nie fremd, und das sagen sie sich so oft vor, daß sie es schließlich selbst glauben. Frauen sind treuer als Männer. Ein Mann gönnt sich ein kleines Vergnügen. Aber, gütiger Himmel! Das Haus wird viel zu klein, sobald die Frau, sein Herzblatt, einen Seitensprung wagt!

Ich habe schon so oft von Frauen gehört, daß sie es nicht genießen, daß sie einen Orgasmus bloß vortäuschen und beim Keuchen und Stöhnen denken: Wenn es nur vorbei wäre! – Schade.

Ich genieße es. Ist Genießen die Kunst, einen Orgasmus zu erleben? Oder heißt es noch mehr? Wer weiß, vielleicht habe ich auch eine falsche Vorstellung von dem, was Genießen ist.

Langsam, ganz langsam öffnen sich meine Augen für andere Alterpersonen. Wenn ich im Bett liege und mit dem Lebensgefährten schlafen will, kann es vorkommen, daß mir eine Alterperson einen großen Kuschelbär zwischen die Beine stopft. Das will dann sagen: Jetzt lieber nicht. Ich muß darauf vertrauen, die Wünsche der Alterpersonen langsam besser verstehen zu lernen.

Mein Lebensgefährte? Der ist jetzt soweit, daß er dem Kuschelbär über den Kopf streichelt und Geduld aufbringen kann. Zum Lernen ist man nie zu alt, oder? Durch die Therapie wird mir bewußt, daß wir alle existieren und nicht nur ich. Mir wird klar, daß wir in diesem Körper zu mehreren sind. Marko, unser Arzt, bringt mir bei, daß ich viel mehr bin als nur Sex allein. Ich muß lernen, das zu empfinden. Zuerst habe ich gedacht: Der spinnt jetzt total! Als ob ich nichts empfinden würde! Aber er hat gemeint, das habe ich später begriffen, von innen heraus zu fühlen, im Herzen zu fühlen, in der Seele ... Uffff!

Na gut, sie sagen, daß ich mir große Mühe gebe, und dabei lasse ich es halt. Tschüs, schöne Grüße von *Anita.*

Zum Schluß dieses Kapitels will ich eine kurze Übersicht darüber geben, wie sich die Gruppen zusammensetzen, welche Aufgaben sie noch vor sich haben, und wie versucht wird, eine Zusammenarbeit zu organisieren.

Die Gruppen

Die Bildung von Gruppen erwies sich zu Beginn der Therapie als enorme Hilfe. Durch die Gruppen entstand eine Übersicht, die sich auch stimulierend auf die Zusammenarbeit der Alterpersonen untereinander auswirkte. Darüber mehr im Therapie-Kapitel.

Die Namen der Alterpersonen sind für uns völlig selbstverständlich; sie gehören zu der Person, um die es sich handelt, und niemand wird je an ihnen zweifeln. Wir haben keine Ahnung, wer sie sich ausgedacht hat. Wenn eine Alterperson sich meldet, ist immer schon ein Name da, der dann auch genannt wird. So ist es immer gewesen. Der Name existiert vermutlich von dem Augenblick an, in dem die Alterpersonen gezeugt oder geboren wurden.

Jede Alterperson kennt exakt ihre Funktion im gemeinsamen System. Terminkalender und Tagebücher gibt es im Überfluß. Sie zeigen, was alles mit jedem von uns geschieht und wie wir uns in etwa entwickeln.

Viele Alterpersonen sind inzwischen in die Gesamtheit, in den Kern integriert: Sie haben den Mut gefunden, sich mit ihrer Geschichte auseinanderzusetzen, Empfindungen zuzulassen und sie zu akzeptieren ... Und sie haben diese Geschichte mit den anderen Alterpersonen geteilt; und so wurden sie wiedererkannt und anerkannt. Die Integration gelingt nur, wenn der Betreffende dazu reif ist.

Bei der Integration spielt unser Kern *Liz* eine große Rolle, die, wie schon gesagt, aus *Stef, Better* und *Elisabeth* besteht. Letztere ist das Herz: liebevoll empfängt sie die Alterpersonen. Wir verehren sie wegen der Art, wie sie das tut. Warm und ohne Einschränkung öffnet sie jedem ihr Herz, ohne Ansehen der Person, ungeachtet der Geschichte, die sie zu erzählen haben.

Integration ist nur auf der Basis freier Entscheidung möglich. Einige Alterpersonen entscheiden sich dafür, sich eine Weile im Kern zu verbergen, etwa, wenn sie krank oder völlig erschöpft sind. Sie integrieren sich also nicht, sondern kommen nur eine Weile zur Ruhe und können danach wieder heraustreten. Für *Liz* bedeutet das eine zusätzliche Belastung, denn in ihr geht es dann so stark um, daß sie selbst nur wenig Ruhe finden kann.

Die Musikanten

Die Gruppe der Musikanten, Dichter und Tänzer ist ein fröhlicher und geselliger Club von Alterpersonen, die das Leben wunderbar finden.

Sie lieben Rhythmen und Klänge, Farben und Gerüche, und durch sie lernen auch die anderen Alterpersonen zu genießen. Zur Zeit liegen die Musikinstrumente ein bißchen verwaist herum und warten sehnsüchtig auf Melodien. Wir befinden uns in einer Phase, in der wir gerade Traumata verarbeiten. Dadurch wird der Druck auf den Kessel stärker. Dann erklingt für eine Weile keine Musik im Raum. Das ist schade, aber ich weiß, daß das Musizieren bestimmt wieder aufgenommen wird.

Die Gläubigen

Sie haben einfach durch ihr tägliches Leben einen starken Knacks bekommen. Sie sind durch das, was man das Sektenleben nennt, aus der Bahn geworfen worden: durch Irrlehren und Mißhandlungen. Trotzdem hat keiner von ihnen den Glauben an das Höhere verloren, an Gott, der sie liebt, der über, bei und in den Menschen wohnen möchte, der den Menschen hilft, wenn sie es wirklich wollen. Sie glauben an Gut und Böse; es gibt beides, und beide müssen den richtigen Platz im Leben bekommen. Sie glauben an die Heilung, auch ohne vorangegangenen »Beweis«; denn wer anklopft, dem wird aufgetan. Wenn etwas schiefgeht, glauben sie an neue Möglichkeiten, immer wieder aufs neue. Sie glauben an Christus, der gezeigt hat, wie man durch das Tal des Lebens gehen kann, wie man durch die Tiefen schreitet und in diesen Tiefen das Höhere finden darf.

Die Helfer

Die Helfer eilen treu zu Hilfe, sobald sie Hilferufe hören. Sie sind kreativ in der Planung bestimmter Aktionen. Schnell und entschlossen denken sie sich Ablenkungsmanöver aus und finden Seitenwege, um einer drohenden Gefahr zu entkommen. Sie führen uns weg vom Ort des Unheils; Notlügen sind dabei ein ausgezeichnetes Mittel. Die Helfer übernehmen auch die Nachsorge, weil sie sichergehen wollen, daß sie alles gut versorgt zurückgelassen haben. Die Helfer bilden eine Gruppe von Alterpersonen, die man einfach gern haben muß.

Die Vorhut

Sie stehen vorn, an der Front und wissen: jede Handlung kann den Tod bedeuten.

Sie können ihren glasigen Blick ins Unendliche richten und stur weitergehen, ohne sich umzusehen. Die Vorhut arbeitet eng mit den Kundschaftern zusammen, die wie die Bauern auf einem Schachbrett sind. Mit ihren empfindlichen Sensoren können sie in bedrohlichen Situationen Auswege finden. Sie können zielbewußt kämpfen. Seltsamerweise halten sie nur wenig von sich. Wir wissen jedoch inzwischen, daß keine Alterperson wichtiger ist als eine andere; keiner darf sich über den anderen erheben.

Die Bösen

Sie sind diejenigen, die in blinder Wut am Ort des Unheils zuschlagen. Sie sind diejenigen, die darauf losgehen, auf den Ort des Unheils, auf das, was unabwendbar geschehen muß. Sie rasen durch geschlossene Türen, toben und fluchen und sind für Argumente kaum zugänglich. Ich werde ein Beispiel erzählen:

Eine Alterperson geht nach einer Therapiesitzung betroffen nach Hause. Die Sitzung zwischen ihm oder ihr und dem Arzt hat keinen guten Abschluß gefunden. Die Sache entwickelt sich weiter, und Kundschafter geben ein Signal, daß die Sache zu eskalieren droht. Daraufhin treten die Aufklärer einen Schritt zur Seite und machen der Vorhut Platz, die versucht einzuschätzen, ob die betroffene Alterperson uns in die Krankheit oder schlimmstenfalls in den Tod führen wird.

Wenn die Situation wirklich auf des Messers Schneide steht, trifft die Vorhut Maßnahmen. Die Bösen werden zu Hilfe gerufen und tauchen tobend auf, um ihre Aufgabe zu erfüllen. In der Praxis heißt das, daß sie – um beim Beispiel des Arztes zu bleiben – ohne Umschweife zum Ort des Unheils, zum Arzt zurückkehren. Dort toben und schreien sie, um die anderen Alterpersonen zu retten. Das ist eine unwürdige Art, um Hilfe zu bitten, die auch für den Arzt schrecklich ist, denn er ist ja bereits mitten im Gespräch mit dem nächsten Patienten.

Durch die gute Therapie, durch die Geduld und Klugheit des Therapeuten, geht es inzwischen schon viel besser. Das kann ich mit großer Freude berichten.

Die Opfer

Es klingt vielleicht verrückt, aber vor dieser Gruppe müssen wir uns am meisten in acht nehmen. Sie sind die Opfer, das stimmt. Aber noch ehe man Verdacht geschöpft hat, reißen sie einen mit in die Tiefe, in den Sumpf, aus dem die Luftblasen hochgeblasen werden, die danach wieder zerplatzen. Die Dunkelheit, die dort herrscht, lähmt einen; das Stöhnen und Wimmern ist Ausdruck der Ratlosigkeit und macht einen schwer und phlegmatisch. Es erfordert viel Klugheit, mit diesen Innenpersonen umzugehen, ohne sich mitreißen zu lassen.

Mutter

Mutter ist ein Fels. Sie gehört zwar nicht zu einer Gruppe, sei hier aber doch kurz beschrieben. Auch allein ist sie sehr stark. Sie steht zwischen uns allen. Sie ist überall und hat ihre Augen und Ohren stets auf ihre wichtigste Aufgabe gerichtet: die Erziehung der Kinder. Sie hat ein Ohr für die kleinen Kindersorgen, die Sportgeschichten, Schulstreiche und Liebesabenteuer.

Sie tröstet, und mit ihr kann man nach Herzenslust schmusen. *Mutter* ist inzwischen glücklicherweise integriert, was für die anderen Alterpersonen wichtig ist. Sie brauchen sich jetzt nicht mehr ganz so oft von *Mutters* Aufgaben überschütten zu lassen. Nicht, daß es absichtlich gewesen wäre; aber durch die neun Kinder, die sie geboren hat, und die Aufgaben, die deren Erziehung mit sich brachte, wurden die Begabungen der anderen in den Hintergrund gedrängt.

Ihr Körper ist wie der einer Löwin, weich, stark und voller Geduld. Sie arbeitet wie ein Pferd immerzu. Schade nur, daß es unter den anderen Alterpersonen keine Haushälterin gibt, die sie bei ihrer Aufgabe unterstützen könnte. Immer abwechselnd übernehmen die Alterpersonen das

Saubermachen, das, was keiner gern macht und was sie auf die anderen abzuschieben versuchen.

Die Gerechten

Die Gerechten sind nicht gerecht, sondern streben danach, gerecht zu sein. Sie gehören zu den Allround-Figuren, die Interessen und Wünsche aller Parteien überblicken können. Sie sind die Gegenspieler der Angreifer und der Opfer.

Sie versuchen, objektiv zu sein und haben gelernt, ihre Stellung zwischen den Alterpersonen zu halten.

Ich habe große Hochachtung vor dieser Gruppe. Sie lassen sich nicht von Emotionen oder Gefühlen aufhalten und fahren stur fort, weiter zu überlegen und abzuwägen. Schließlich teilen sie uns ihre definitive Schlußfolgerung mit. Danach ziehen sie sich zurück und überlassen die Sache anderen Personen, die damit hoffentlich etwas Sinnvolles anfangen.

Die Friedensstifter

Mirthe, Thirza, Lucia und andere sind Alterpersonen, die es gewohnt sind, sich zwischen streitende Menschen zu werfen. Wenn beispielsweise auf der Straße zwei Leute raufen oder sich streiten, gehen sie dazwischen, um Schlimmeres zu verhindern. Sie wissen natürlich, daß sie sich einem Risiko aussetzen, aber das ist in ihren Augen besser, als duldend zuzusehen. Sie haben die Begabung, Menschen dazu zu bringen, einander zuzuhören. Es ist oft rührend zu beobachten, was sie mit ihren Händen zustande bringen. Sie können das Band zerreißen, das die Streithähne miteinander verbindet. Friedenstiften nennt man so was.

Die Sexuellen

Diese Damen sind vom Fach. Sie kennen alle Wünsche. Sie können mit Sexualität umgehen, voller Vergnügen oder – wenn es nötig ist – auch völlig gefühllos. Ich selbst verstehe das nicht, wenn man sich ihre Erfahrungen ansieht. Sie haben sich mit ihrem Körper schon häufig in die Höhle des Löwen gewagt und Angriffen standgehalten. Ich glaube, daß sie den Körper vom Verstand trennen können.

Sexualität gehört zum Leben. Leben gehört zur Sexualität.

Diese Alterpersonen werden noch ihre Grenzen kennenlernen, genau wie die vielen, die ihnen vorausgingen. In anstrengenden Therapiesitzungen haben sie langsam eingesehen, daß sie noch nicht viel darüber wissen, was ein Mensch ist und was sie selbst sind. Sie haben aber langsam erkannt, daß es zwischen dem Menschlichen und dem Animalischen einen Unterschied gibt.

Die Abhängigen

Sie sind die Kinder. Sie können nicht selbst sprechen, deshalb spreche ich für sie. Sie sind die Humpty-dumpties, die Däumlinge, die Gebückten, die sich verstecken, die Spielkameraden, die Entertainer, die Heranwachsenden, die Mundtot-Gemachten, die Daumenlutscher, die Bettnässer. Sie bringen einem das Spielen bei oder wie man auf einem Bein hüpft. Sie lassen sich gern Geschichten vorlesen. In letzter Zeit haben sie den Mut gefunden, sich freier zwischen den neun Kindern zu bewegen, die im Haus herumtollen. Wir nennen das Befreiung.

Der Lebensgefährte

Miteinander reden, miteinander lachen, miteinander essen, miteinander fühlen (oder auch nicht), miteinander laufen, rennen und stillstehen, miteinander schmusen, miteinander …

Miteinander weinen.

Wir – die Alterpersonen – sehen jetzt braune Augen, ganz andere Augen als die, die wir früher vor uns sahen und die noch immer in unser Gedächtnis eingebrannt sind. Die Augen von früher, die Augen des Vaters, sind fordernd und bodenlos, aber die des Lebensgefährten sind aufmerksam und sanft. Sie strahlen Zuverlässigkeit aus.

Er sieht auch unsere Augen.

»Sie faszinieren mich noch immer«, sagt er, »auch nach fünfundzwanzig Jahren Ehe.«

Augen sind die Lichter der Seele. Wir hatten kein Auge für den Körper uns gegenüber, für den Körper des Geliebten. Wir glaubten, der Körper sei ein Ding, eine Art Maschine, ein Roboter. Ein Knopfdruck, und der Körper führt den Auftrag aus. Der Körper, glaubten wir, sei eine Hülle, die in genialer Weise die Aufgaben der Seele übernehmen kann, wenn diese den zu hohen Anforderungen nicht entsprechen kann. Die Forderung kann lauten: »Ausziehen!« oder »Hinlegen!« oder »Öffnen!« oder »Schließen!«

Eine Bitte hatten wir bisher nur selten gehört. Wir brauchten die Forderung; sie war vertraut und bekannt und deshalb sicher und praktikabel. Als wir uns dann auf unbekanntes Gebiet wagten und eine Beziehung zum Lebensgefährten aufzubauen versuchten, stießen wir dauernd auf unser Unvermögen, auf Einladungen einzugehen.

Dem anderen ebenbürtig sein, davon wußten wir nicht das geringste. Also waren wir sehr unterwürfig und sagten zum Lebensgefährten: »Was hättest du denn gern?« Und wenn der Lebensgefährte darauf nicht antwortete, gerieten wir in Panik.

Machen wir etwas falsch?

Worauf will er hinaus? Wie ist das gemeint? Warum schaut er so? Solche Fragen gingen uns ständig in den Köpfen herum. Und so wurde nach Lösungen für Probleme gesucht, die noch gar nicht aufgetaucht waren. Wenn der Lebensgefährte dann Aufträge erteilte und so eine vertraute Situation entstand, war wieder ein Leben nach bekanntem Muster möglich. Denn genießen darf man doch erst, wenn man es sich verdient hat, wenn der Auftrag ausgeführt ist?

Sich auf den Auftrag zu konzentrieren, bedeutet, auf den Mund zu achten, der gerade spricht oder schweigt. Und auf den Auftrag konzentriert sein heißt auch, auf den Ausdruck der Augen zu achten.

Stimmen die Augen mit dem überein, was der Mund sagt? Stimmen die Worte überein mit dem, was die Augen zeigen? Was tun die Hände? Bewegen sie sich langsam wie Spinnenbeine, und springen sie plötzlich auf ihre Beute los? Was ist mit den Füßen? Bewegen sie sich unruhig über den Boden? Was ist mit der Wölbung in der Hose?

Was erwartet man von uns? Wer ist das denn, der uns da gegenübersitzt, der lacht und redet? Wer ist dieser Lebensgefährte, der sich scheinbar dauerhaft in unserem Leben eingenistet hat? Worauf ist er aus, was will er von uns? Wiegt er uns in einer falschen Ruhe, an die wir eigentlich schon lange nicht mehr glauben können? Wenn er jetzt etwas Liebes sagt, holen wir uns dann später eine Abfuhr? Nach dem Prinzip: Die eine Hand gibt, die andere Hand nimmt?

Wir wollen Antworten auf all die Fragen, denn nichts ist so schlimm wie Ungewißheit. Also provozieren wir eine Reaktion, ziehen dabei alle Register und erwarten, daß er Dinge sagen wird, die uns vertraut sind, etwa in der Art:

»Ich will mit dir bumsen.«

»Kehr die Straße!«

»Du sollst nicht so kleckern.«

»Komm her!«

»Sieh mir in die Augen!«

»Sitz gerade!«

»Iß deinen Teller leer, und zwar schnell!«

Statt dessen macht er den Vorschlag: »Sollen wir irgendwohin essen gehen?«

In unserem Kopf dreht sich das Rad: Er denkt vielleicht …? Aber höchstwahrscheinlich denkt er nicht, was wir denken, daß er denkt. Nur, was denkt er denn sonst? Und unsere Antwort bleibt aus.

Im Kopf dreht sich das Rad immer weiter. Viele Innenpersonen reden durcheinander. Es ist zum Verrücktwerden. Sie sprechen sehr überzeugend und alle gleichzeitig. Es mag unbedeutend klingen, aber ihre Ansichten sind begründet, und für jedes Argument spricht etwas. In neun von zehn Fällen haben oder bekommen sie recht. Deshalb sind die Innenpersonen auch so bereit, aufeinander zu hören.

Wozu *wir* Lust haben? Zu vielem, denn wir sind sehr viele. Aber gerade dadurch ist es kaum möglich, Entscheidungen zu treffen. Also ist es der Lebensgefährte, der schließlich entscheidet.

Um gut beschreiben zu können, wie unsere Beziehung anfing, brauche ich – *Autorin* – die Hilfe vieler Alterpersonen.

Mir allein gelingt es nicht zu skizzieren, was wir gesehen haben, wovor wir Angst hatten und was uns klar wurde. Es gibt jedoch aus dieser allerersten Zeit ein ganz bestimmtes Ereignis, von dem ich selbst berichten kann.

Wir gingen eines Abends essen und waren etwas aufgeregt. Würde alles gut und angenehm verlaufen? Es war Winter und eiskalt, und zu der Zeit standen viele Personen, die wir »die Bettnässer« nennen, ganz weit vorn. Es sind Teenies.

In jeder idiotischen Sekunde hatten wir das Bedürfnis zu pinkeln, frag nur nicht, wo der ganze Urin herkam. Wir gingen ins Restaurant ... Wir gingen und gingen, und nirgends war eine Toilette, und es fror, daß es krachte. Ich dachte noch bei mir: Gleich werden Eiszapfen an meinem Slip hängen.

In solchen Situationen empfinde ich als *Autorin* nichts; ich betrachte die Situation objektiv und bin eigentlich nur damit beschäftigt, sie zu beschreiben. Das ist ja meine Aufgabe: beschreiben! Aber die anderen saßen schrecklich in der Klemme und zerbrachen sich den Kopf, wie die Situation noch zu retten wäre.

Boudewijn, der damals noch lebte, verriet die Sache. Er flüsterte dem Lebensgefährten heldenhaft ins Ohr, was los war. Die Scham war bei einigen der Alterpersonen groß, aber der Lebensgefährte antwortete, das könne jedem passieren.

Das ist nicht wahr, dachte der Verstand.

Aber es ist lieb gemeint, sagte *Thirza*.

Die Geschäfte hatten noch auf, und der Lebensgefährte schlug vor, einen neuen Schlüpfer zu kaufen. Eine Notlüge sollte helfen: Wir würden sagen, der Gummizug sei gerissen. Wir würden den Slip in der Umkleidekabine wechseln, den nassen in die Tasche stecken und danach schön essen gehen.

Die meisten Alterpersonen wollten nach Hause, um über diesen unwürdigen Start mit dem neuen Lebensgefährten zu heulen. Aber ich schloß in dem Augenblick den Lebensgefährten schon ein bißchen ins Herz wegen seiner pfiffigen Ausrede, die er ohne Spott und mit der größten Selbstverständlichkeit der Welt vorgeschlagen hatte. Wir gingen also ins erstbeste Geschäft.

Pita sagte zu einer ungeheuer netten Verkäuferin: »Mein Hosengummi ist gerissen, dürfen wir hier kurz den Slip wechseln?«

»Aber ja«, antwortete die Frau. Sie gab uns aber ein Stück Gummiband und sagte: »Das kostet nur zwei Groschen. Sie brauchen es nur mit einer Sicherheitsnadel durchzufädeln und fertig!«

Von wegen fertig! Jetzt standen wird da. Unsere knallroten Wangen glühten und der *Rooie*, unsere lustige Alterperson, brach in schallendes Gelächter aus. Er war nicht zu bremsen. Dadurch mußte noch mehr gepinkelt werden. Einige der Alterpersonen fingen zu weinen an, aber der *Rooie* fand alles immer noch komisch. Durch diese verwirrende Situation wurden dann die bösen Alterpersonen aktiviert. Ich notiere in aller Eile in Gedanken alles, um später in den Tagebüchern genau beschreiben zu können, was da vor sich gegangen ist.

Und der Lebensgefährte? Der haut den Knoten durch und verlangt einfach einen Slip. Die Lage wird noch komplizierter. Die Verkäuferin fühlt sich nämlich völlig mißverstanden, was verschiedene Alterpersonen merken, und denen tut sie leid. Außerdem wissen wir aus Erfahrung, daß Frauen, die sich mißverstanden fühlen, eine Erklärung verlangen. Bleibt diese Erklärung aus, werden sie zum Feind. Natürlich sagt einem der Verstand, daß das lange nicht für alle Frauen gilt, aber die Erfahrungen der Alterpersonen flößen nun einmal diese Überzeugung ein. Und daher bereiten sie sich darauf vor, eine Erklärung abzugeben.

Ich weiß nicht mehr, wie es ausgegangen ist. Es kommt oft vor, daß wir verwirrende Ereignisse nicht nacherzählen können, sondern in unserer Erinnerung in einer Art großem schwarzen Loch enden. Aber ich vermute, daß wir einen trockenen Slip angezogen haben und danach schön essen gegangen sind.

Wie war denn dieser Lebensgefährte, und welchen Eindruck hat er auf uns gemacht? Er war freundlich und verlegen, sagt *Zusta.*

Er macht viele Späße und Witze und hat einen trockenen und aufrechten Humor, meint der *Rooie.*

Er ist introvertiert und konfliktscheu, sagt *Roberto.*

Er hat unendlich viel Geduld und ist manchmal fast phlegmatisch, meint *Dina.* Wenn wir miteinander etwas gründlicher besprechen wollen, scheint er manchmal ziemlich bequem.

Trut sagt: Er hat einen sinnlichen Mund und große Hände mit langen, sinnlichen Fingern. Er hat Schuhgröße 47, und vor solchen Leuten muß man sich in acht nehmen.

Er zeigt Interesse, stellt aber wenig Fragen, meint *Wieke.*

Lola meint, er sei lang und mager.

So widersprüchlich waren die Meinungen der Alterpersonen. Im Diskutieren aber versuchten sie, eine Beziehung zum Lebensgefährten aufzubauen.

Inzwischen, nach fünfundzwanzig Jahren Ehe, sind wir soweit, daß er fragt: Wer von euch hat eigentlich das Ja-Wort gegeben? Die Ehrlichkeit und Offenheit sind durch die Therapien so stark angewachsen, daß fast alle Innenpersonen tatsächlich Kontakt mit ihm haben können. Anfangs mußte aus Sicherheitsgründen eine klare Auswahl getroffen werden. Um die Ruhe zu gewährleisten, durften ihn nur ganz bestimmte Alterpersonen treffen.

Sich nahezukommen war ein Tabu. Die Art mancher Innenperson paßte jedoch so gut zu der Art des Lebensgefährten, daß er sich einbildete, es gäbe einen optimalen Kontakt. Diese Taktik, daß sich Alterpersonen in den Vordergrund schieben, die sich gut mit dem Lebensgefährten vertragen, ist meiner Ansicht nach kennzeichnend für Inzestopfer.

Eine fröhliche und unbefangene Atmosphäre zu schaffen, den Lebensgefährten kreativ zu beschäftigen ist in Wirklichkeit die Taktik, Abstand zu schaffen, alles, was einem zu nahe zu kommen droht, weit von sich entfernt zu halten. An allen Fronten parat stehen und ihm immer zuvorkommen, damit er keine Fragen stellen kann …

So lebten wir also mit uns und dem Lebensgefährten weiter: in zwei völlig unterschiedlichen Welten, die dennoch ineinander übergingen. Indem wir Tag und Nacht miteinander verbrachten, stellten sich Veränderungen in den Beziehungen zwischen den Alterpersonen ein. Natürlich wurde uns klar, daß eine neue Periode angebrochen war, aber wir wollten uns trotzdem am Vertrauten festklammern. Die tödliche Angst vor dem Unbekannten, die sich in den hirnerweichenden Stimmen der Innenpersonen äußerte, spielte uns immer wieder Streiche.

Einer, der lieb zu einem ist, muß was von einem wollen, das ist völlig klar. Trotzdem geht man fröhlich pfeifend darauf ein und denkt: »Ran an die Buletten!« oder: »Wir werden das Kind schon schaukeln.« Es gibt einen immensen Willen zu überleben, etwas, das der andere nicht begreifen kann. Das kann man auch von seinem Lebensgefährten nicht erwarten. Wenn man es aber erwartet, dann fällt eine Multiple in ein schwarzes Loch, und die Beziehung geht in die Brüche und die Liebe dazu.

Die Alterpersonen konnten sich jahrein, jahraus nicht aussprechen. Wenn einen das krank gemacht hat und man dann einen Lebensgefährten trifft, der einen zum Reden ermutigt, hungert man danach, sich auszusprechen. Aber man droht auch an den Unmengen von Wörtern zu ersticken, die alle gleichzeitig herausdrängen.

Kein Mensch kann das alles auffangen. Der Lebensgefährte konnte es auch nicht. Daraus ergaben sich vertrackte Situationen: Wir hörten seine Aufforderung und fingen an zu reden; er bemühte sich zwar ebenfalls, alles zu verstehen, warf aber schließlich das Handtuch.

Das hörte sich an wie: »Komm, komm, ruhig …« Und wenn du dann ankamst, bekamst du einen Tritt in den Hintern.

Die Augensprache war am allerdeutlichsten. Der Lebensgefährte – oder wer auch immer – saß, äußerlich gesehen, scheinbar völlig ruhig da und hörte zu, aber seine Augen verrieten, was er wirklich dachte. Die sagten zum Beispiel: Ich hab' überhaupt keine Lust, mir das alles anzuhören. Aber um des lieben Friedens willen stellte er uns doch eine Frage, und wir versuchten dann eine Antwort zu finden. In Wirklichkeit focht man dann einen Kampf miteinander aus. Welchen Kampf? Den Kampf um die Wahrheit!

Wenn *Wieke*, unsere Fragestellerin, fragt, ob der Lebensgefährte denn noch Interesse habe, und er sagt ja, meint aber eigentlich nein, wird die Situation völlig unsicher. Läßt er sich hingegen in den Sessel sinken und sagt, er wolle zwar, sei aber todmüde oder ihm stünde der Kopf nicht danach oder jetzt habe er genug davon – dann muß man zwar erst einmal schlucken, aber da in dem Augenblick doch die Ehrlichkeit da ist, öffnen sich Türen, und neue Wege können eingeschlagen werden. Dann sind wir froh, weil die Wirklichkeit, die wir spüren, mit der Wirklichkeit übereinstimmt, die wir sehen.

Diese Ehrlichkeit, liebe Leute, brauchen wir in unserem Leben wie die Luft zum Atmen. Die Ehrlichkeit ist das Fundament, auf dem eine neue Existenz aufgebaut werden kann. Je besser unser Lebensgefährte das einsehen lernte, desto besser wurde sein Kontakt zu den Alterpersonen. Heute sind wir so weit, daß sogar die Personen herauskommen, die zuvor noch keine Bindung mit ihm eingegangen waren. Offenbar fängt eine Zeit wirklicher Nähe an.

Wie läßt man einen Menschen an seinem Leben teilhaben? Wie verhindert man, daß man sich an einen Menschen hängt, um dann wieder von ihm wegzulaufen?

Wo legt man im Leben etwas Wertvolles hin, ohne daß es gleich gestohlen wird? Wenn man weiß, daß sogar der eigene Körper gestohlen werden kann, wie beschützt man dann all das andere Kostbare im Leben?

Ereignisse werden zu Geschichten, und Geschichten werden zu Ereignissen ... Was du erzählst, ist wirklich vorgefallen, aber die anderen glauben dir kein Wort. Also macht man selbst aus der Wahrheit eine Lüge, und die Alterpersonen sagen zueinander: Es ist nichts gewesen. Der andere sagt das auch, und der muß es wissen. Du entscheidest dich für den einen weisen Weg und bleibst ruhig und still.

Zurück ins Körbchen und *Schluß*!!!

Aber der Lebensgefährte blieb standhaft, er wollte zu uns stehen und wir zu ihm. Wir gingen miteinander durch dick und dünn, rieben uns aneinander, bis zum heutigen Tag.

Schon in einem frühen Stadium – wir erinnern uns noch sehr gut – rief er so regelmäßig wie das Amen in der Kirche verzweifelt aus, daß er anscheinend mit achtzig Frauen verheiratet sei! Er war der Wahrheit ziemlich nahegekommen!

Und dennoch: achtzig Frauen ... hatte der 'ne Ahnung. Es waren noch viel mehr. Das wußte er nicht. Wir auch nicht, wir hatten »uns« noch nie gezählt.

Mit achtzig Frauen verheiratet sein! Dieser Ausruf des Lebensgefährten war natürlich ein Ausdruck der Ratlosigkeit. Kein Mann könnte eine solche Situation überblicken. Für achtzig Frauen zu sorgen, ihnen zu geben, was sie brauchen und im Gegenzug zu bekommen, was sie alles bieten.

Der Lebensgefährte ist kein Träumer, sondern ein nüchterner Mensch, der aus der Situation eben etwas machen wollte. Langsam lernte er, mit den Alterpersonen zu »tanzen«.

Das ist es: Der Lebensgefährte tanzt mit den Alterpersonen.

Ganz bestimmt traf das auf den Beginn der Therapien zu, als wir völlig verwirrt von dort zurückkehrten und vom Lebensgefährten getröstet werden mußten. – Seine Sorge und Verzweiflung über das alles ist groß, und er fragt sich immer wieder, was wohl morgen wieder auf ihn zukommen wird.

Die Musik spielt, und wir tanzen für den Lebensgefährten. Es ist ein warmer, gemütlicher Abend.

Er tanzt auch für uns. Dann gibt es das Liebesspiel, und die Sexuellen stehen im Vordergrund. Alles ist gut.

Dann wird auf einmal »einfach so« geweint.

Der Lebensgefährte: »Aber wir haben doch getanzt?«

Die Frau: »Jetzt nicht mehr.«

Lebensgefährte: »Möchtest du darüber reden?«

Die Frau: »Nein.«

Es folgt ein Switch. (So nennen wir, wie ich schon sagte, den Wechsel der Alterpersonen.)

Eine andere Frau erscheint. Ich will schon mit dir reden, sagt sie. Aber der Lebensgefährte ist müde – er sagt es nicht, aber es ist ihm deutlich anzumerken. Wenn er es nur aussprechen würde! Doch er sagt, es sei schon spät.

Die Frau sagt: »Laß nur« und denkt: »Er hat doch gefragt, ob ich reden will?«

Unverständnis unter den Alterpersonen.

Switch.

Er tut einer anderen Frau leid. Sie zieht sich wieder aus und fängt an zu tanzen, tanzen und tanzen, nach Herzenslust.

»He, mein knackiger Po«, sagt sie.

Der Lebensgefährte springt auf.

Die Frau fragt: »Sollen wir tanzen?«

»Aber sicher!« sagt der Lebensgefährte.

Und sie tanzen und tanzen, und sie tanzen den Kummer weg und was weiß ich noch, einfach alles. Dann, von einer Sekunde zur anderen, ist die Redefrau weg. Alle sind weg, bis auf eine Person: ein »Mann«.

Aus dieser männlichen Alterperson bricht es heraus: Warst du nicht müde? Du wolltest nicht reden, weil du müde bist, aber tanzen kannst du wohl. *Dann sag das auch!*

Lebensgefährte: »Ja, wer möchte denn *jetzt* nicht tanzen?«

»*Ich nicht*, verdammt noch mal!«

Der Lebensgefährte ist auch wütend und erschrocken. Diese gräßlichen Kontraste machen einen auch verrückt.

»Nein«, sagt der Lebensgefährte, »ich hab' keine Lust zum Reden.«

Der Mann: »Dann hättest du es auch nicht anbieten sollen.«

Der Lebensgefährte: »Das rückt dir wohl alles zu dicht auf die Haut?«

Und so versuchen die beiden Männer einander zuzuhören und zu verstehen, aber beide sind zu weit voneinander entfernt. Man neigt dazu, Partei zu ergreifen, und gerade das sollte man lassen. Beide haben recht.

Kommt es zum Kampf? Nein, eine weibliche Alterperson springt dazwischen, zieht sich wieder an, lächelt dem Lebensgefährten freundlich zu und stellt Teewasser auf. Die Sache scheint aus der Welt zu sein.

Inzwischen ist es spät in der Nacht, und der Lebensgefährte möchte schlafen. Das Licht wird ausgeknipst und dann wird gefummelt. Da schießt der Mann wieder hervor und springt aus dem Bett. Er wirft sich Kleider über und steigt ins Auto. Nichts wie weg! Alle Alterpersonen, die noch in der Nähe sind, treten zur Seite.

Nachtpersonen können die Müdigkeit des Tages vergessen und sich frisch und munter ihrer nächtlichen Existenz hingeben. Der Lebensgefährte – das muß ich ihm lassen – sorgt immer dafür, daß der Tank in beiden Autos gefüllt ist, und das garantiert in Zeiten, wenn Alterpersonen keine Lust haben, im Bett zu liegen.

So braust der Mann davon; er sucht sich Autobahnen und rast durch die Nacht. Er schaltet Musik ein und denkt an früher, als er noch träumte, in der Nacht ausfliegen zu können – was aber nie gelang.

Fahren, fahren, immer weiter fahren. Er fährt sich selbst weg bis zum nächsten Switch.

Eine Frau übernimmt das Steuer. Sie ist todmüde und will nach Hause und ins Bett. Dort liegt der Lebensgefährte, der inzwischen geschlafen und sich wieder erholt hat, und heißt sie willkommen. Sie gibt sich ihm hin, und er gibt sich ihr.

Und einer Kleinen.

Eine Kindperson sieht ihn liegen und denkt an einen großen, warmen Bär, in dessen Höhle sie liegt; warm, trocken und daumennuckelnd schläft sie ein. Aber sie weiß nicht, daß es schon hell wird und *Mutter* übernehmen muß, weil die Schritte der neun Kinder ihre Aufmerksamkeit wecken.

Eine Tasse Tee im Bett und versuchen, den Tag ruhig anzufangen. Es ist nichts los, aber der Mann taucht wieder auf. Und er macht dort weiter, wo er aufgehört hat, und setzt einfach mit dem Lebensgefährten das nächtliche Gespräch fort, ohne sich bewußt zu sein, daß weder Ort noch Zeitpunkt dafür geeignet sind.

So etwas sind Katastrophen für alle Beteiligten. Was nun? Es ist Morgen, und die Kinder müssen zur Schule. Der Lebensgefährte wechselt mit, von einer Alterperson zur nächsten. Alles switcht und dreht sich, und der Lebensgefährte sieht es vor seinen Augen geschehen, aber er weiß nicht, was los ist, und auch uns wird schwindlig, weil sich jetzt viele

Personen einmischen. Das wechselseitige System arbeitet auf Hochtouren.

Der Lebensgefährte muß nicht von der Existenz der Alterpersonen überzeugt werden. Die Befreiung von der Suche nach Anerkennung macht dem Lebensgefährten und auch uns Mut weiterzugehen. Das ist eben die Krankheit mit dem Namen MPS. Wenn man sich all dessen bewußt wird, kann die erforderliche Hilfe gewährt und angenommen werden.

Der Lebensgefährte handelt nach Gutdünken. Manchmal wirft er sich zum Retter auf, manchmal flüchtet er, schweigt oder schaut zu, oder er wird wütend. Aber er sieht die Alterpersonen, auch wenn er sie längst nicht alle akzeptieren kann.

Und wir versuchen, es ihm recht zu machen, denn einen Retter hatten wir bisher noch nie. Wir sind ihm dankbar, daß er nicht aufgibt, und wir machen die größten Verrenkungen, um uns anzupassen und das Kinder-Küche-Kirche-System durchzuhalten. Wir wollen nicht verrückt werden und bauen in der Ehe Sperrgitter auf, um alle Alterpersonen abzudrängen, die nach Gleichberechtigung streben.

Eines ist gewiß: Kameradschaft – das ist das zutreffendste Wort für das, was zwischen uns und dem Lebensgefährten standhalten konnte. Liebe, Treue und Kameradschaft: mit diesen drei Fäden haben wir uns immer enger ineinander verflochten. Die Lücken haben wir mit der Sehnsucht nach Frieden aufgefüllt.

Keine Konfrontationen, keine harten Worte, keine Gewalt, nur liebevoll zueinander sein.

Langsam gleiten diese Fäden wie Schlingen um die Stricknadeln, und die Nadel sticht in die Maschen, und die gestrickten Fäden bekommen Farbe und zeigen regelmäßige Muster. Sie gehen quer durch den Hexenkessel und bilden die Basis für ein harmonisches Zusammenleben. Bei den

Maschen, die heruntergefallen sind, sagst du, »Oh, tut mir leid«, und machst den Fehler gut, indem du es noch einmal neu strickst.

In der Beziehung, das wußten wir, waren wir schwach und trotzdem die Stärkeren. Wahrscheinlich deshalb, weil wir so viele sind und er nur einer. Andererseits sind wir aber auch oft abhängig, denn er weiß immer, was er gesagt hat, wir aber nicht. Gedächtnisverlust macht schwach und abhängig, jedenfalls, wenn man sich dessen bewußt ist. Man weiß, daß man ganze Passagen aus dem Alltag verloren haben kann, während er alles genau behält.

Aber der eiserne Wille, gesund zu werden, läßt uns durchhalten.

Ich habe gerade über die drei schönen Fäden gesprochen. Im Lauf der Zeit entstand langsam aber stetig auch jener schwarze Faden. Er gehört zu den Alterpersonen, die hinter den Sperrgittern hervorkamen.

Der Faden der Vernichtung.

Diese Alterpersonen waren wegen der tatsächlichen Geschehnisse wegrangiert worden. Sie durften nicht dichter herankommen, weil die Wahrheit alles zerstören würde. Aber seit sie sich in der Klinik zeigen durften und sogar herzlich dazu aufgefordert wurden, rütteln sie auch beim Lebensgefährten an den Gittern.

Friede, Friede? *Falscher Friede!*

Sie machten sich immer lauter in uns und in der Beziehung zum Lebensgefährten bemerkbar. So entstanden schließlich vier Parteien:

Der Lebensgefährte.

Die Alterpersonen, die den Frieden wahren wollten.

Die Alterpersonen, die die Wahrheit verkünden wollten.

Die Alterpersonen, die sich gegenüber der Außenwelt normal verhalten mußten.

Flucht scheint immer die einfachste Methode zu sein, ist aber sinnlos.

Und dann der Test. Herausfinden, was der andere möchte, ist nicht so schwer. Aber herausfinden, was wir selbst wollen, ist oft schwierig.

Es ist Freitagabend, und die ganze elfköpfige Familie sitzt zusammen und überlegt, was wir am Wochenende unternehmen sollen. Jeder hat Pläne, und es werden phantasievolle Vorschläge im Überfluß vorgebracht. Auch wir machen einen Versuch, und zwar schnell und dringlich.

Das ist wieder so ein komischer Schlenker, denn man sollte ja erwarten, daß wir uns im Hintergrund halten. Aber im Gegenteil: Wir plädieren mit Nachdruck für einen bestimmten Plan. Gleichzeitig meinen wir jedoch, daß unsere Pläne nicht ausgeführt werden dürfen. Ohne Mitleid zu heischen: so funktioniert das System. Wir müssen unsere Pläne erst »verdienen«.

Es sind also nicht die Menschen um uns, die unsere Pläne zum Scheitern bringen, sondern in erster Linie wir selbst.

Gut, die Pläne sind geschmiedet und das freie Wochenende kann anfangen. Unsere Pläne werden erst einmal aufgeschoben, denn zuerst müssen die Kleiderschränke aufgeräumt werden.

Das geht nicht Schrank für Schrank. Nein, alles wird auf einmal herausgezerrt. Das System bringt uns dazu, damit wir uns nicht mehr davor drücken können. Jetzt liegt ja alles auf dem Boden, also müssen wir uns an die Arbeit machen.

Schränke von elf Personen, das ist ein gewaltiger Kleiderberg. Inzwischen tun alle Familienmitglieder das, wozu sie Lust haben; nur wir sind noch dabei, uns zu »verdienen«, daß wir weggehen dürfen.

Wie wirkt sich das auf unsere Beziehung zum Lebensgefährten aus?

Er sieht und guckt und denkt.

Wenn er seinen Mut zusammennimmt, fragt er, was denn um Himmels willen los sei.

Wenn er nur schaut, fühlen wir uns unter diesem Blick klein werden und die Situation wird unsicher.

Wenn er helfen will, taucht das Schuldgefühl auf, und wir wollen alles recht machen.

Läßt er uns weiterarbeiten, dann weiß er, daß wir damit nicht fertigwerden und am nächsten Abend noch mit einem riesigen Problem dasitzen.

Und wir selbst? Wir arbeiten wie wahnsinnig weiter, um diese große Aufgabe zu einem guten Ende zu bringen. Das gehört zu unserem Leben: sich zu große Aufgaben zu stellen, um eine Existenzberechtigung zu haben.

Inzwischen gibt die eine oder andere Alterperson ein Signal, daß wir doch das oder jenes tun wollten, aber immer kommt das gleiche gräßliche Wort: *»Gleich!«*

Aber gleich kommt nicht, und das Wochenende geht vorbei, ohne daß wir etwas verdient hätten.

Zeit für sich selbst muß eingefordert werden, und je mehr wir durchschauten, wie unser System funktioniert, um so besser konnten wir darüber auch gemeinsam mit der restlichen Familie beratschlagen. Um die Sache besser in den Griff zu bekommen, wurde verabredet, daß wir zuerst überschaubare Pläne erarbeiten und diese dann ausführen sollten. Die Familie schlug auch vor, einen Teil des Wochenendes dazu zu verwenden, eine Spritztour mit dem Auto zu machen, etwa an einem Samstag nachmittag oder Sonntag früh.

Und so ziehen wir dann manchmal los, der Lebensgefährte und die Kinder winken uns nach. Für den Fall, daß wir zu lange herumirren, haben wir ein Alarm-Phone, mit dem wir angepiept werden können. Wir haben verabredet, daß wir beim Ertönen des Pieptons Kontakt mit zu Hause aufnehmen.

So ein Alarm-Phone ist ein wunderbares Gerät für uns, weil wir jederzeit angepiept werden können, und für die Kinder ist es sehr beruhigend zu wissen, daß wir jederzeit erreichbar sind.

Das Leben mit dem Lebensgefährten ist immer noch interessant. Zur Zeit befinden wir uns in einer Phase der Ablösung. Das ist für alle wichtig: durch das Loslassen können sowohl der Lebensgefährte wie auch alle Alterpersonen besser zu ihrem Recht kommen, so wie sie sind!

Zu hohe Anforderungen aneinander stellen, um die Einsamkeit in einer Beziehung nicht ertragen zu müssen, führt dazu, daß man sich voneinander abhängig macht. Man klammert sich an den anderen aus Angst, sich zu verlieren. Aber gerade deshalb droht man den anderen zu verlieren, weil man sich gegenseitig nicht kennt und nichts voneinander weiß.

Für einen MPS-Kranken gilt, daß er oder sie Menschen um sich herum braucht, die bereit sind, die Alterpersonen völlig anzunehmen. Gerade wenn sie dazu bereit sind und bestimmte Personen nicht länger zurückweisen, fühlt die Umgebung sich auch weniger manipuliert. Die Kommunikation wird offener und ehrlich, und die Alterpersonen haben weniger Grund, ihre Wünsche auf Umwegen zu äußern.

Wichtig ist, daß eine Beziehung nicht in einen Machtkampf ausartet, daß Grenzen akzeptiert werden und beide Parteien einander achten und sich nicht die Butter vom Brot wegessen.

Das alles hört sich phantastisch an, aber die alltägliche Praxis ist unerbittlich. Der Tanz geht weiter, denn die Musik hört nicht auf zu spielen.

Die Alterpersonen sind untereinander wie eine Familie, die sich einmal im Jahr besucht. In nur wenigen Stunden muß erzählt werden, was seit der letzten Begegnung alles passiert ist. Es muß schnell gehen, denn ehe man es sich versieht, ist die Zeit wieder um.

Das echte Sprechen miteinander ist für die Alterpersonen ein Ruhepunkt, der erst entstehen kann, wenn dich keiner braucht.

Vor diesen Ruhepunkten haben wir am meisten Angst. Denn sie bedeuten Einkehr, Bewertung, Brainstorming, philosophieren, diskutieren, nachdenken, etwas einsehen. Es sind also angstvolle, aber auch wertvolle Momente.

Früher wurden diese Gespräche von *Dina* koordiniert. *Tolk* übersetzte, und ich schrieb einen nicht endenden Strom von Sätzen auf. Auch das muß man sich trauen, sich dafür die Zeit zu nehmen, auch gegen die Angst. Und man muß seinem Lebensgefährten so klar wie möglich zeigen, in welcher Wirklichkeit er sich mit den Alterpersonen befindet, ungeachtet dessen, wie er darauf reagieren könnte. Es hat sich oft herausgestellt, daß der Mut der Alterpersonen, sich auszusprechen, sie zunächst teuer zu stehen kam. Aber später wurde er zu einem Geschenk.

Wut und Enttäuschung treiben auseinander. Und der Lebensgefährte war oft wütend oder enttäuscht. Für uns war es dann wichtig einzusehen, daß er, genau wie wir, machtlos war. Auch er kann nichts an den Ursachen ändern, die zu diesen schmerzhaften Folgen geführt haben.

Der Wahnsinn der Normalität

Die Außenwelt paßt nie zur Welt der Alterpersonen. Dort tickt die Zeit zu schnell, dort reden die Leute zu schnell … Für die Alterpersonen sollten Tiere Menschen sein und umgekehrt. Der Himmel ist blau, wenn er dunkel ist, und wenn es dunkel ist, erscheint Licht.

Die Alterpersonen können die Not der Welt sehen. Andererseits kann auch die Außenwelt ihre Not erkennen, wenn sie und die Alterpersonen dazu bereit sind. Denn Inzest und seine weitreichenden Folgen bringen nur allzu oft Schlimmes.

Hungersnöte, Krieg, Konzentrationslager, all die grauenhaften Facetten unserer Realität kann man sehen, im Fernsehen, in den Zeitungen. Wir können jedoch keine Bilder sehen lassen. Das einzige, was wir, wir Frauen und Männer, die mißbraucht wurden, tun können, ist, uns zusammenzuschließen.

Weil wir keine Beweise vorlegen können, sind wir darauf angewiesen, daß unsere Mitmenschen uns Glauben schenken. Glaubwürdig ist nur, wer als völlig normaler Mensch auftritt. Erst wenn es gelingt, den Eindruck zu vermitteln, man sei nüchtern, tapfer und stark, denkt der andere: es wird wohl alles wahr sein … Oder: ein Teil davon wird schon stimmen, denn wo Rauch ist, ist auch Feuer.

Unsere interne Logik (die Logik der Innenpersonen) steht genau diametral zur Disziplin der Außenwelt. Indem wir genau hinsehen, wie es in dieser Außenwelt zugeht, können wir diese Disziplin imitieren und so ein Klima dafür schaffen, akzeptiert zu werden.

Um Sicherheit zu gewährleisten, versuchen wir unseren Mitmenschen zuvorzukommen. Wenn wir auf der Grundlage von Gleichberechtigung und im gleichen Tempo mit den anderen losmarschieren, kommen wir bald in die Situation, daß Zeit und Worte nicht ausreichen und wir unzuverlässig wirken. Können wir nicht Schritt halten und fallen wir zurück, dann sind wir krank und müssen schlimmstenfalls in eine Klinik aufgenommen werden.

Das Schicksal schlägt zu, so scheint es uns, sobald wir versuchen, den Kopf zu heben. Ich rede jetzt keinesfalls von Depressionen, die uns auf den Gedanken bringen, die Sonne scheine nie oder, was man auch anpackt, es geht immer schief. Nein, echte depressive Alterpersonen sind nicht mehr bei uns zu finden. Ich spreche von den Momenten, in denen man uns zurück ins Körbchen schickt.

Sitz! ... Platz!

Im Körbchen liegen heißt, vom Schicksal eingeholt werden, obwohl man alles versucht hat, vor ihm wegzulaufen.

Inzest. Trotz hartnäckiger Ungläubigkeit existiert inzwischen doch eine allgemeine Übereinkunft, daß Inzest eine Tatsache ist.

Kinder können ihm nicht ausweichen. Sie sind dazu verdammt, Opfer zu sein, und können nicht anders, als zu versuchen zu überleben. Aber je älter wir als Alterpersonen zusammen werden, desto heftiger wird eine andere Art von Kampf: der Kampf darum, nicht mehr Opfer zu sein.

Das beste Heilmittel besteht darin, aus dem Hause zu gehen. Aber man glaube nicht, daß dies eine radikal endgültige Lösung wäre; es ist allenfalls ein Aufschieben, das einem eine kurze Atempause verschafft. Es ist ein Schritt in die richtige Richtung, weil dadurch ein Freiraum entsteht, eine Möglichkeit zum Atemholen.

Wir hatten erst eine paar Monate an dieser Freiheit gerochen, als die ältere Schwester nach der Geburt ihres ersten Kindes starb. Bei allen Beteiligten herrschte große Trauer – in der Familie und bei uns. Wir nahmen jedoch nicht Abschied von der Schwester, denn der Tod bedeutet für uns nicht das Ende. Der Tod heißt: weitergehen, aber auf der anderen Seite einer Schwelle. Eine Menge Alterpersonen redeten weiter mit ihr darüber, wie es nun weitergehen solle mit dem Baby. Bei der Beerdigung setzte sich die Familie zusammen und überlegte, wer für das liebe Würmchen sorgen sollte.

Keiner der anwesenden Älteren brachte sich ins Gespräch. Ich sah erwartungsvolle Blicke in unsere Richtung; deshalb boten wir – sechzehn Jahre alt und gewohnt, schnell zu reagieren – an, die Kleine zu versorgen. Niemand widersprach. Jeder fand die Lösung gut, prima geregelt. Und wäre es nicht praktisch, wenn wir bei dem Schwager einzögen, damit im Haushalt alles so bleiben konnte, wie es war?

Tja.

Da waren also der Göttergatte, ein Baby und wir selbst plus eine schwere Verantwortung – denn, was machte man mit einem Baby? Hundertmal standen wir an der Wiege, um nachzusehen, ob das Baby noch atmete, wenn es entspannt schlief; wir streichelten so lange das Gesichtchen – wir hörten ja keinen Atemzug –, bis sie aufwachte und wir erleichtert selbst wieder zu atmen wagten, weil wir unsere Sache offenbar gut machten.

Der Schwager, das Kind und das Schicksal.

Wir lebten wie ein jung verheiratetes Ehepaar. Nur sollte ich spüren, daß ich zu jung dafür war.

Also bekamen wir wieder eins drauf.

Ab! Ins Körbchen!

Kurz darauf – wir hatten den Lebensgefährten kennengelernt, einen Autounfall mitgemacht, und psychisch ging es uns ganz schlecht – mußten wir in die Klinik. Während der Therapie schlug wieder das Schicksal zu … Pech.

Mißbrauch durch einen Psychiater. Vergewaltigung. (Darüber später mehr.)

Also wieder eins drauf.

Ab! Ins Körbchen!

Nach einer langen Bedenkzeit (die meisten Kinder waren inzwischen geboren) erstatteten wir Anzeige. Diese Bedenkzeit sollte man besser »Zeitverlust« nennen, das heißt: Zeit, in der wir in karitativer Arbeit aufgingen und versuchten, das Vorgefallene zu verdrängen. Als wir dann endlich »aufwachten«, entschlossen wir uns, doch Anzeige zu erstatten, um uns von der Opferrolle zu befreien. Aber nach kürzester Zeit nahm sich der Angeklagte das Leben. Es stellte sich heraus, daß wir längst nicht die einzigen waren, die er mißbraucht hatte. Auch andere Frauen hatten den Mund aufgemacht.

So eine Erfahrung geht unter die Haut. Also wieder eins drauf: *Ab! Ins Körbchen!*

Ich weise hier auf den Versuch hin, die Rollen umzukehren: Wenn man den Täter vor Gericht bringt, kann man sich von der Opferrolle befreien. Aber anstatt ein gerechtes Urteil des Richters abzuwarten, machte sich der Arzt davon, in den Tod, den er dem Leben vorzog. Um uns danach schlimmer als je zuvor, ohne daß wir es gesucht oder gewollt hätten, im Kopf herumzuspuken. Es wurden endlose Gespräche zwischen dem toten Arzt und den Alterpersonen geführt. Uns schwirrte der Kopf davon. Zu den unmöglichsten Zeiten, tagsüber oder nachts, fanden endlose Debatten mit ihm statt. Er verfolgte die Alterpersonen und sie ihn.

Diese Alterpersonen bekamen langsam das Gefühl, auch ihnen könne nur der Tod Erlösung bringen. Sie glaubten, sie wären erst jenseits der Schwelle zwischen Leben und Tod imstande, die Sache mit ihm wirklich auszufechten. Die Versuchung zu flüchten war verführerisch: Was auf Erden nicht zu finden war, nämlich das Recht, könnte man im Tod wohl bekommen.

In dieser Zeit war unser Leben mehrmals direkt in Gefahr. Was uns krank machte, war, daß der Arzt sich in den Seelen einiger Alterpersonen festgekrallt hatte. Es sollten noch viele Kämpfe ausgefochten werden, ehe wir uns davon befreien konnten.

Aber wir nahmen den Kampf auf. Den Kampf, dem nächsten Therapeuten wieder Vertrauen schenken zu können. Den Kampf, der Diskussion mit dem toten Arzt Einhalt zu gebieten. Den Kampf, ihm einen ruhigen Platz in uns zu geben, damit wir uns nicht mehr zu fürchten brauchten.

Eine lange Reihe von Sitzungen haben den neuen Kurs zum Inhalt – den Haß, die Ohnmacht, den Kummer und die Angst in Frieden, Sicherheit und schließlich in Vergebung umzuwandeln.

Elza, unsere Zynikerin, ist durch die ganzen Umstände gestorben. Am Ende ist auch der Arzt verschwunden. Genau wie *Elza* fand er Ruhe.

Mit einer ganzen Reihe neuer Alterpersonen, die durch den Mißbrauch des Arztes auftraten, zogen wir wieder weiter.

Wenn derartige Umstände sich wiederholen, gerät man in einen Zustand, der mit einem Winterschlaf vergleichbar ist. Man verkriecht sich in seine Höhle und zehrt von seinem Futtervorrat. Die ganze Welt kann einem gestohlen bleiben, und man hofft, daß beim Aufwachen die Welt wieder wunderbar aussieht, mit frischem Grün und zwitschernden Vögeln.

Wenn sich die einen zurückziehen, leben die anderen Alterpersonen munter drauflos und bringen alles total durcheinander. Nun ja, durcheinander ... Eigentlich muß man sagen, die Alterpersonen versuchen zu überleben. Das kann mit einem enormen Engagement für alles Schwache in deiner Umgebung einhergehen. Alles, was krank und elend ist, Mensch oder Tier, nimmst du auf. Es gibt keine Grenzen: Die Türen werden weit geöffnet, und inmitten der Familie sorgst du für die Bedürftigen, die von draußen kommen.

Wieviele solcher Menschen sind nicht zu uns gekommen? Erwachsene und Kinder, die wir, ohne nachzudenken, in unser Familienleben integriert haben, damit sie Ruhe finden konnten. Während dieser »Mission« funktionierten wir optimal, weil viele Alterpersonen es herrlich finden, zu dienen. Menschen kamen und gingen, wechselten einander während längerer oder kürzerer Perioden ab.

Unser Motto lautete: »Achte den anderen höher als dich selbst.« Man kann sich leicht vorstellen, daß dieser andere mit dir immer einer Meinung war.

Später las sich das in unserem Text so: »Liebe deinen Nächsten wie dich selbst.« Aber uns selbst liebzuhaben, daran dachten wir nicht.

Im Dienst für den Mitmenschen gingen wir wirklich sehr weit. Wir zogen dafür sogar auf die andere Seite der Welt, auf die Philippinen. Auf der anderen Seite der Welt alles geben wollen, was man hat – das hing offenbar auch damit zusammen, daß wir selbst nichts anzunehmen wagten.

Menschen, die wir in unserer Familie aufgenommen hatten, erzählten von den Philippinen. Der Atlas wurde geholt, und wir eilten, um dort in den Elendsvierteln zu helfen.

Wieder eine schnelle Aktion. Wir handelten stark und tatkräftig.

Wir verkauften unser Haus, alles, was wir besaßen, und kauften von dem Geld Flugtickets Holland – Manila. Unser Hochzeitsjubiläum – wir waren gerade zwölfeinhalb Jahre verheiratet – nahmen wir als Ausgangspunkt für den guten Zweck: Wir baten Freunde und Bekannte, keine Geschenke mitzubringen, sondern ein Jahr lang jeden Monat einen bestimmten Betrag zu überweisen.

Nach dem Fest nahmen wir den Deckel von der Milchkanne, in die die Gäste einen Zettel mit ihrer Zusage gesteckt hatten. Es stellte sich heraus, daß es gerade genug war, um davon leben zu können.

Ein Freund und eine Freundin begleiteten uns, und da inzwischen sechs Kinder geboren waren, waren wir bei der Abreise zu zehnt.

Bei so einer extremen Geschichte fühlen wir uns wie in einem Trichter, der nicht aufhört, uns anzusaugen, und aus dem es kein Zurück mehr gibt, was wir auch immer unternehmen.

Sitzt einem dann einer oder etwas im Nacken, das einen nach unten drückt? Ja: die Aufgabe und der Wille, sich dem zu unterwerfen. Die zahlreichen positiven Reaktionen, die wir bekamen, sahen wir als Bestätigung für gutes Benehmen an, was bedeutet: die Bestätigung der Existenzberechtigung.

Man hat kein Recht auf Leben, außer, man hilft armen Menschen. Irgendwo ist dieser Gedanke in unserem System gespeichert. Bekommst du etwas geschenkt? Dann gib es schnell weg, sonst fängt es in deinen Händen zu brennen an.

Der Lebensgefährte gab seine Stelle auf. Weder hatte er, noch nahm er sich die Zeit, die Sache durchzudenken. Wir gingen in gutem Glauben und Vertrauen, das mußte ausreichen.

Trotzdem besteht zwischen ihm und uns ein gewaltiger Unterschied. Denn wir reagieren aus unserem System heraus: Die Gläubigen stehen in der ersten Reihe, und sie empfinden keinen Schmerz über das, was zurückbleibt. Der Rest der Alterpersonen macht auf Sparflamme weiter. Wir hausieren mit

Gottes Willen, der sich über das freut, was wir für unseren Nächsten tun. Die Alterpersonen denken: Naja, warum auch nicht?

So setzen wir uns hundertprozentig ein, gerade weil wir so gespalten sind.

Das Engagement des Lebensgefährten war großartig. Er braucht natürlich mehr Zeit, aber der Ball rollt weiter, und ehe wir es merken, sitzen wir im Flugzeug.

Die Zeit im fernen Manila war spannend, lehrreich und aufrüttelnd … Da sind die Armen, hungrig und krank, und sie sterben gleich zu Dutzenden. Eine Millionenstadt, dieses Manila, mit permantent sengender Hitze und Menschen wie uns.

Ich lauf,
ich lauf,
und schau nicht zurück,
ich steig aus,
ich geh weiter
und frag nicht warum,
ich höre,
ich will,
ich achte nicht drauf,
und dennoch,
leider, leider
holen wir uns wieder eine Abfuhr.

Hier ist ja die Hölle los, dachte ich, als wir aus dem Flugzeug stiegen. Die schnelle Tagalog-Sprache, das leichtfüßige Leben, das Chaos, die erstickende Hitze, der Geruch schwitzender Menschen und das Essen, die Taschen, die Lasten, und vor allem: nie zu wissen, was einem bevorsteht.

Sofort fing ich, *Autorin*, an, mit Hilfe von *Rama* alle Fakten in meinem Kopf zu speichern, um die Botschaften, die über die

Alterpersonen hereinkommen sollten, adäquat beschreiben zu können.

Was mir unmittelbar auffiel, waren die oft fröhlichen Gesichter mit gleichzeitig fast ausdruckslosen Augen. Es war, als ob die Augen in die Ferne blickten, durch mich hindurch.

Der Verkehr war die Hölle, und ich glaube sogar, daß ich dort gelernt habe, Stoßgebete zum Himmel zu schicken. Um zu unserem Reiseziel, dem Ort Tandang Sora, zu kommen, mußte man in einen der hundert Jeeps steigen, die dort als Busse dienen. Man sollte nur nicht meinen, es gäbe Haltestellen; man streckt die Hand aus, und ein Jeep hält. Wer am schnellsten fährt und am lautesten hupt, ist der Champion. Dieses Gefühl eines ständigen Wettkampfes hat mich von Anfang an verfolgt.

Unsere Arbeit aber war voller Abwechslung: die eigenen Kinder großziehen und betreuen, in den Elendsvierteln helfen, und gleichzeitig die Menschen zu der Einsicht zu bringen, daß Gott seinen Segen nicht erst dann gibt, wenn man seinen Monatslohn beim Priester abgeliefert hat.

Unsere Freundin war vor allem auf medizinischem Gebiet aktiv. Sie arbeitete mit einer christlichen Organisation zusammen.

Der Lebensgefährte half beim Aufbau einer Nähwerkstatt, die ungefähr achtzig Frauen Arbeit geben sollte. Und – kaum zu glauben – bereits vor der Reise kündete der Körper die siebte Schwangerschaft an. In dieser Millionenstadt wurde unser siebtes Kind geboren.

Die gläubigen Alterpersonen, vor allem die hauptverantwortliche *Sarah*, haben Dinge erlebt, unter denen wir heute noch leiden. Die Slums, wo Tausende von Menschen leben, Handel treiben, sammeln, wo man bis an die Waden im Morast versinkt. Babies, Krabbelkinder, Kinder, Erwachsene, Greise, alles wimmelt durcheinander und versucht zu überleben. Niemals, dachte *Sarah*, niemals werde ich noch einen Leckerbissen genießen können; ich werde mich in Zukunft nur noch mit dem Allernotwendigsten begnügen.

Ich muß jetzt aufpassen, daß ich nicht aus dem Auge verliere, warum ich dieses Buch schreibe. Ich würde so gern über Manila schreiben! Das wird bestimmt noch einmal geschehen, daß ich über unsere Arbeit berichte und darüber, was wir miteinander erlebt haben: die Alterpersonen, die Freunde und die Kinder; über die Wunder, die Zeichen, die nüchterne Nacktheit der Existenz, die Krankheit; aber garantiert auch über die Freude, die Fröhlichkeit, darüber, daß Manila mehr ist als nur die aufgedunsenen Hungerbäuche, die uns das Fernsehen ins Wohnzimmer liefert.

Wir haben dort enorm viel gelernt, gelitten und auch tiefe Freude empfunden. Unser System hat mitten in diesem Hexenkessel zahlreiche Verschiebungen durchmachen müssen.

Wie führt eine Multiple ihr Leben? Das hängt von den Entscheidungen ab, die getroffen werden.

Sehen Sie, es gibt Alterpersonen, die permanent Grenzen ziehen und sich unter keinen Umständen zeigen wollen. Die Hauptverantwortliche sagt dann beispielsweise: Ich mache bis zu irgendeiner Zahl mit, zum Beispiel bis zehn, und dann ist für mich Schluß. So jemand weiß sehr gut, daß sich in den unteren Schichten noch mehr Innenpersonen aufhalten, aber die werden zum Schweigen gezwungen, damit das Leben erträglich bleibt.

Davor habe ich großen Respekt, aber ich denke auch: schade drum.

Es gibt auch Multiple, die so viel Angst vor den Alterpersonen haben, daß sie alle unterdrücken. Wer sich auch ankündigt, bekommt einen Schlag auf den Kopf. Solche Multiple halten halsstarrig daran fest, daß ihnen nie etwas zugestoßen sei, früher nicht und auch heute nicht. Das Leben wird schon irgendwie weitergehen, da misch' ich mich nicht weiter ein; ich warte mal ab, was sich daraus entwickeln wird oder auch nicht; ich lasse den Tag Tag sein und die Nacht Nacht ... Wer so denkt, entscheidet sich für ein Leben, in dem die Verfolgungen nie aufhören.

Es macht sehr traurig, wenn man solche Menschen trifft. Nicht, daß ich sie nicht verstehen könnte. Aber dann denke ich manchmal: Wie können solche Menschen den Mut finden, ihre Vergangenheit zu akzeptieren?

Wer sich auf den Weg des Entdeckens, des Erkennens und der Anerkennung gemacht hat, muß die anderen Multiplen unablässig dazu auffordern, dasselbe zu tun. Nicht durch Druck oder Zerren, sondern durch warmes und freundliches Erklären, daß es für jeden Menschen Hilfe gibt.

Alterpersonen sind sonderbare Wesen, also auch ich.

Wenn ich schreibe – meist mit der rechten Hand –, kann plötzlich in mir der starke Zwang aufkommen (und glauben Sie bloß nicht, ich könne mich dem entziehen), den Füller in die linke Hand zu nehmen. Ich habe dann das Gefühl, das wäre verboten. Natürlich begriff ich anfangs nicht im geringsten, was das zu bedeuten hatte.

Mein Füller, mit dem ich in der Regel sorgsam umgehe, wurde plötzlich von der Linken über den Tisch geschleudert. Zuerst dachte ich noch, ich hätte in der Linken einen Krampf oder etwas Ähnliches, meinte, ich sei im Moment nicht ganz in Ordnung, »links« übermüdet. Aber als sich dasselbe immer wieder zu den sonderbarsten Zeitpunkten wiederholte, bekam ich es mit der Angst zu tun. Natürlich zuerst um mich ... So geht das: Man glaubt, man würde gleich verrückt werden. Denn es blieb nicht beim Wegschleudern des Füllers, irgendwann fing auch mein linker Fuß an mitzuzittern.

Was erklärt man dann dem Hausarzt? »Willem (so heißt unser Hausarzt), wenn ich schreibe, darf mein Füller, glaub' ich, nicht beteiligt sein …«

In der Therapie hat sich inzwischen herausgestellt, daß sich »links« durchaus beteiligen darf, ohne bestraft zu werden, wie damals in der Schule.

Andere Alterpersonen haben andere Erfahrungen gemacht. Es ist zum Beispiel ein herrlicher Sommertag, alles ruhig, die Kinder kreischen und planschen im Wasser. Normalerweise sind wir auch immer mit von der Partie, aber auf einmal kommt uns das Wasser eiskalt vor, wir bekommen fürchterliche Angst und wollen weit weg, weg vom Wasser sein. Auch das begreift man anfangs absolut nicht und fürchtet, langsam den Verstand zu verlieren.

Wir sind beim Einkaufen. Kein Problem. Aber plötzlich sehen wir Flammen. Einfach so. Na, was soll das, denken die Alterpersonen, so ein Blödsinn. Man schlußfolgert, daß die Flammen sich im Hirn befinden, weil man *weiß*, daß in Wirklichkeit keine da sind. Aber die Flammen sind doch da, und die Haut wird davon fast versengt, der Körper bebt, und die Menschen um dich werden zu Bestien.

Je lauter wir rufen, *alles okay,* desto stärker lodern die Flammen auf. Inzwischen wissen wir, daß wir nie sagen dürfen, daß alles okay ist. Faktisch geht es um den Wahnsinn der Normalität.

All diese Beispiele – ich könnte noch Hunderte aufzählen – haben einen Ursprung, einen Hintergrund. Wir haben das herausgefunden, weil Alterpersonen sich irgendwann einmal erzählten, woher all diese Spleens stammen. Wie es kommt, daß die eine panische Angst vor Federhaltern hat, warum die andere Flammen sieht und weshalb wieder eine andere Angst vorm Wasser hat. Alles hat eine Geschichte, alles basiert auf der Realität.

Wir hatten ja keine Ahnung.

Inzwischen hat sich herausgestellt, daß uns das Normale in den Wahnsinn treiben will. Ich habe lange Zeit geglaubt, es wäre genau umgekehrt, der Wahnsinn versuche uns von einem normalen Leben abzubringen. Nach dieser Entdekkung fiel der Groschen im Automaten, im System, das anzeigt, wer wir sind und was wir aus welchem Grund tun.

Jeder Multiple kann herausfinden, wo, wann und warum er oder sie die Krankheit zum Überleben gebraucht hat. Wenn du dich dann traust, den Stimmen deiner Alterpersonen zuzuhören, wenn du lernst, deine Körpersprache zu beobachten, wenn du nicht länger Angst vor den Körpern hast, in denen sie sich zeigen, dann kannst du jubeln, denn die Befreiung ist in Sicht.

Wer leidet an MPS? Alle Menschen, die als kleine Kinder, noch ehe sie ihre Ich-Persönlichkeit entwickeln konnten, ernsthafte Unterdrückungen, Foltern, seelische und körperliche Mißhandlungen haben erleiden müssen. Dabei wurde die physische und psychische Schmerzgrenze überschritten. Durch solche Ereignisse spaltet sich ein Mensch unwiderruflich in mehrere Alterpersonen auf, allein um überleben zu können. Man erweitert seine Grenzen und ist stolz darauf, daß es offenbar gelingt.

Es ist auch phantastisch, wenn es gelingt!

De facto tut man das, weil man Angst vor dem hat, was normal zu sein scheint, in Wirklichkeit aber Wahnsinn ist. Aber dieses Bewußtsein bringt einem keiner bei; man muß schon selbst versuchen dahinterzukommen.

Ich will ein paar Beispiele geben. Wenn man völlig überrumpelt wird, hat man gleichwohl einige Möglichkeiten. Entweder man zahlt mit gleicher Münze zurück, auch, weil man hofft, man selbst sei stärker als der andere. Oder man zieht sich augenblicklich aus seinem Kopf zurück und trennt quasi den Kopf vom Körper. Oder man betet und läßt sich von den Engeln aufnehmen, die schöne Lieder für einen singen. Oder man bleibt da und sieht, daß man wie eine Mücke an die Wand geklatscht wird und daß das einzige, was von einem bleibt, ein Blutspritzer an der Wand ist. Oder man liegt auf einmal mit diesem Typen im Bett, und es macht einem richtig Spaß. Oder es zeigt sich plötzlich, daß man ein Junge ist und Gott sei Dank kein Mädchen.

Wahnsinn?

Oh nein, das sind alles völlig normale Reaktionen. Nur, die Menschen um dich herum denken, daß man verrückt ist. Du bist ja kein Spinner; man leidet unter den Dingen, unter denen man nun einmal leiden muß. Alles hat einen Grund, alles eine Ursache.

Alles wiederholt sich immer wieder, bis zu dem Zeitpunkt, an dem ihr als Alterpersonen energisch beschließt, daß *jetzt Schluß sein muß*. Ist man erst einmal auf der Suche nach einem guten Therapeuten, dann wird er auch gefunden. Das ist ein ungeschriebenes und unwidersprochenes Gesetz im Leben. Man muß all seine Sinne darauf richten, das bedeutet: seinen Willen daran koppeln. Dann wird das System der Alterpersonen mitarbeiten und sich diesem Willen unterwerfen. Es arbeitet mit und unterwirft sich, fügt sich dem Willen.

Wie funktionieren diese Wiederholungen? *Mutter* geht mit den Kindern am Strand entlang. Jeder schleckt an einem Rieseneis, mit ich weiß nicht wieviel Sorten. Die Sonne scheint, man hört den Rhythmus der Brandung: die Welle entsteht, nimmt ihren Lauf und geht unter, der Sand ist angenehm warm an den Füßen, und das Leben ist herrlich. Die Kinder haben ihr Eis viel schneller aufgegessen und rennen zum Spielen ins Meer.

Dann, auf einmal ist es da … Man kriegt eine Gänsehaut und weiß, man wird beobachtet, von links. Man dreht den

Kopf, und ja wirklich, da sitzt so ein Spanner und starrt einen an.

Starrt er wirklich? Oder denkst du nur, daß er starrt? Die Fragen muß man sich stellen, um ein ehrliches und objektives Bild zu bekommen. Ich, *Autorin*, bin dazu da, solche Fragen zu stellen.

Da aber die Alterpersonen so irritiert sind, schaue ich also noch einmal hin und sehe, daß er mich tatsächlich anstarrt. Was wir lernen müssen ist, ganz einfach aufzustehen oder noch einfacher sitzen zu bleiben, aber das klappt noch nicht so gut. Wenn das eines Tages gelingt, sind wir schon ein ganzes Stück weiter auf dem Weg zur Heilung.

Aber ich erschrecke. Bemerkt er das? Wahrscheinlich schon, denn so funktioniert das zwischen zwei Menschen. Der Körper fängt innerlich zu beben und zu zittern an, und ich denke: Verdammt, hört das denn nie auf? Dann kommen die flotten Bienen raus, um die Schwachen zu retten. Freundlich lachen sie den Typ an und nicken ihm zu nach dem Motto: bist ein toller Hecht.

Wenn der Typ tatsächlich in den Startlöchern sitzt, kann man Gift darauf nehmen, daß er aufsteht, sein Handtuch nimmt und, ja genau, sich neben uns niederläßt mit dem Spruch, daß wir ja bestimmt nichts dagegen hätten, wenn er sich zu uns setzte.

Trance!

Wir können kaum noch ein Wort herausbringen, und die flotten Bienen gehen also weiter auf ihrem eingeschlagenen Weg. Es kann vorkommen, daß ich in der Ferne *Karel* sagen höre: Verpiß dich, du Fiesling. Such dir 'ne andere! Ich kann Typen wie dich nicht ausstehen. (Aber eigentlich träume ich das nur.)

Trance bedeutet, daß die Dinge über einen hereinbrechen, daß man davon verschlungen wird; die Umstände bestimmen das Handeln.

Der Typ berührt, absichtlich, wie zufällig deine Haut. Die meisten Alterpersonen spüren das nicht, anders jedoch *Rama*. Sie macht davon sofort ein »Foto«. Ich spüre es auch nicht, aber ich sehe es geschehen und schreibe darüber.

Nicht alle Alterpersonen spüren Berührungen, aber sie reagieren, und das ist gerade das Problem. Sie wissen, was von ihnen erwartet wird, nämlich das Selbstbewußtsein des Mannes zu hätscheln. Sie können innerhalb einer Minute genau den passenden Schlüssel finden, mit dem sie herausbekommen, was er angenehm, schön oder gut findet. Diese subtilen kleinen Alterpersonen unter dem Gras wirken wie spinnwebfeine Fäden und verknüpfen die richtigen Knoten miteinander.

Der Mann spürt die Trance, es kann gar nicht anders sein.

Wenn er nicht gelauert, sondern einfach normal herübergeblickt hätte, wäre möglicherweise ein unverfänglicher Kontakt entstanden, der zu einer netten Unterhaltung oder etwas Ähnlichem geführt hätte. Aber dieser Mann fragt, ob er auch mal »schlecken« dürfe an dem »leckeren Eis«.

Er schleckt, denn selbstverständlich bieten wir ihm unser Eis an. Wir sind ja in dieser bescheuerten Trance. Er leckt widerlich, mit langherausgestreckter Zunge, kleckert ... Das Eis tropft an unseren Händen herunter, und das möchte er auch gern ablecken.

Einige Alterpersonen hören wieder eine alte Aufforderung: Zieh dich langsam aus.

Nicht so eilig, schön langsam.

Sonst ist der Spaß so schnell vorbei.

Aber jetzt kommt das System wieder in Gang, und zwar auf Biegen und Brechen. Der Typ mag sich zwar von nichts oder niemandem zurückhalten lassen, aber wir sind auch noch da, und unser System kennt die Regel, daß wir bis zum bitteren Ende kämpfen. Vorsicht! Auch hier muß noch viel gelernt werden.

Kindpersonen lassen sich leicht überrumpeln, Jugendliche greifen zur Feder, Erwachsene können offen und frei kämpfen.

Kommst du mit? fragt uns der Typ.

Wir sitzen in der Klemme. Er tut uns leid. Und er schnappt sich 'ne andere, wenn er uns nicht kriegt. Vielleicht packt er sich so ein kleines Mädchen. Nein, dann tausendmal lieber unseren Körper.

Ijen, der Wächter, geht einen Schritt zur Seite. Wer wird herauskommen? Das ist auch für uns nur allzu oft überraschend. Diesmal ist es *Niels*, ich glaube, weil *Mutter* auch da ist, mit den Kindern, die noch immer begeistert im Wasser planschen. Er nimmt das Gewehr und trifft ins Ziel. Dann kommt *Karel*, und alles geht drunter und drüber. Er springt auf und fängt schrecklich an zu zucken – »Nimm die Pfoten weg!«

Ich sehe, wie der Typ weiß wird. Weiß vor Schreck, weiß vor Wut. Der ganze Strand beobachtet jetzt voller Spannung *Karel* und den Typen. Gerade durfte er noch an dem Eis schlecken und jetzt ...? Er macht, daß er wegkommt, und ruft noch ganz laut: »Zimtziege.«

Er meint *Karel*, aber der fühlt sich nicht angesprochen und macht sich nichts draus, denn er ist ein Mann, und nur Frauen sind »Zimtziegen«, das meint er jedenfalls. Er hat das Problem wieder mal prima lösen können, da muß er sich selbst loben.

Im Kopf beginnt jetzt wieder die Gehirnwäsche. »Du forderst es auch heraus«, ertönt es. Das ist der zentrale Satz, der alles kaputt macht, was sich innerlich aufrichten möchte. Es ist noch harte Arbeit nötig, bis dieser Satz aus unserem Leben verbannt ist.

Gibt es Liebe? Gibt es jemanden, der es wagt, zu mir zu sagen, es gäbe keine Liebe?

Liebe.

Es sind mehr als genug Alterpersonen und Menschen, die zu mir sagen: Es gibt keine Liebe, sonst hätte man dich nie so behandeln können. Verdammt, schau um dich und sag, was du siehst.

Ich schaue, blicke um mich und sehe: Henker, Hunger, Krankheit, Tod, Rache, Macht, Ohnmacht. Das alles ist lieblos.

Ich blicke noch einmal um mich, und ich schaue, und ich sehe:

Ich sehe den Himmel, die Wolken, die Blumen, Kinder, die spielen, tanzen und singen. Ich sehe zwei ganz alte Leute auf einer Terrasse sitzen, und er hält so lieb ihre Hand fest, streichelt so zärtlich ihre Finger …

Ich sehe einen Vater mit seinem Kind schmusen, dort bei dem Graben. Ich sehe verliebte Pärchen, die nur Augen füreinander haben. Ich sehe meinen Lebensgefährten, der mit einem wunderbaren Blumengesteck hereinkommt und mir Erfolg für dieses Buch wünscht. Ich sehe unseren Therapeuten, dessen Treue und Freundschaft nie nachläßt, der uns so unterstützt, daß wir lernen, uns selbst zu lieben. Ich sehe die Kinder, die hier im Zimmer herumhüpfen und ihre Ballettschritte üben.

Ich sehe also Liebe.

Es gibt beides: die Liebe und die Lieblosigkeit.

Neun Kindern haben wir die Möglichkeit gegeben, auf dieser Welt zu sein. Sie haben sich selbst dafür entschieden. Ist das Wahnsinn oder normal?

Wenn sie aufwachsen, was nur geschehen kann, wenn sie es wollen und sich für die Liebe entscheiden, werden sie sich selbst und allen ringsum Freude machen. Es gibt in der Familie neben den eigenen Kindern auch Kinder ohne Eltern, Kinder, die Pech im Leben hatten, Pflegekinder. Wir haben sie so liebevoll wie möglich in unser Heim aufgenommen.

Ist das Wahnsinn oder normal?

Wahnsinn, sagen einige der Alterpersonen. Sie sehen die Kinderschar, für die wir uns abrackern. Aber durch die Sehnsucht, das Alte hinter uns zu lassen und das Neue kennenzulernen, haben wir die Müdigkeit längst überwunden. Und so können wir bis tief in die Nacht hinein durcharbeiten.

Wahnsinn oder normal?

Konnte der Lebensgefährte das ertragen? Hat er sich dafür entschieden? Auf jeden Fall leistete er keinen Widerstand. Er wollte Stütze und Halt sein, soweit ihm das möglich war. Große Menschen und kleine Kinder im Haus, und dann auch noch kranke Tiere ... Ein Hund, der alles laufen läßt, das geht nicht, denkt ein normaler Mensch. Das meinte der Lebensgefährte natürlich auch, nur sprach er es nicht aus.

Der Hund läßt alles laufen und konfrontiert uns so plötzlich mit uns selbst. Eine gräßliche Erinnerung treibt nach oben. Einige unserer Alterpersonen sehen den Hund auf den Teppich pinkeln, und im Gehirn beginnt es zu dröhnen. Kräftige männliche Alterpersonen nehmen diesen Morgen in die Hand, und innerhalb einer Stunde ist der ganze Teppichboden aus zwei Zimmern herausgerissen. Weg damit, kein langes Rumgerede, einfach tun, als ob nichts vorgefallen wäre.

Der Lebensgefährte kommt gegen Abend nichtsahnend nach Hause und tritt auf Beton. Der Hund kommt ihm schwanzwedelnd entgegen, und uns fällt nichts auf.

»Was ist denn hier los?«

Nichts ist hier los. Die Teekanne steht dampfend bereit, die Kinder spielen, und in den Vasen duften Blumen. Es ist doch nichts passiert, oder? Ist doch alles wunderbar sauber?

Aber durch den Ausruf des Lebensgefährten wechseln die Alterpersonen, und sie sehen den Beton. Wo ist der Teppichboden???

Wahnsinn oder normal?

»Wahnsinn«, sagen wir sofort. Aber erst, wenn alles verschwunden ist, ist die Luft wieder rein? Es war gut gemeint, aber das vergißt jeder. Was übrigbleibt, sind gegenseitige Schuldzuweisungen.

Woher kam die Angst vor dem beschmutzten Teppich? Eine gute Frage, die heute leicht gestellt werden kann. Aber damals wurde sie nicht gestellt. Hilfe bedeutet für diese Art Alterpersonen: sofortiges Handeln. Das tun sie dann so rigoros, daß jeder die Zeit verliert. Die Energie, mit der geholfen wird, ist für andere Alterpersonen zu stark. Inzwischen haben wir die Bescherung. Aber Ehre, wem Ehre gebührt: Meist wird umgehend nach einer Lösung gesucht. So funktioniert das in unserem System. Unter großem Tamtam – ausgeschmückt mit Geschichten, die alles leichter machen sollen – versprechen wir dem Lebensgefährten, daß alles wieder gut wird. Und wir trösten ihn.

Am nächsten Tag gehen wir in aller Herrgottsfrühe aus dem Haus und landen in einer Holzhandlung. Dort wird ehrlich die Geschichte erzählt, und wir fragen, ob vielleicht für wenig Geld irgendwo in einer Ecke noch ein bißchen Holz liegt … Ehrlichkeit wirkt oft Wunder; sie lehrt uns außerdem, wieder darauf zu vertrauen, daß es auch Menschen gibt, die Aufrichtigkeit zu schätzen wissen.

Der Mann lacht und sagt, daß es zwar ein sehr großer Zufall sei, aber tatsächlich liegt irgendwo … Nach ein paar Stunden steht ein Lastwagen vor der Tür. Unter heftigem Augenzwinkern der Männer, die das Holz abladen, und mit der Bemerkung, daß man auf diesem Parkett endlos herumputzen könne – und das alles für ein paar Hundert Gulden –, werden alle Bretter ordentlich hineingetragen. Wir sind im siebten Himmel. Ist das nicht ein toller Fußboden? Alles ist wieder gut.

Wahnsinn oder normal?

Ein Sommertag am Meer liegt hinter uns. Wir kommen nach Hause und sehen, daß Rauch und Flammen aus dem Dach unseres Hauses schlagen.

Feuer!

Die Beschützer der Kinder bekommen sofort Vorrang in unserem System. Der Auftrag lautet: Helft den Kindern! Das geschieht so intensiv, daß das Zeitgefühl verschwindet.

Wir sehen sie stehen, die Kinder, zu Tode erschrocken. »Meine Eisenbahn«, ruft der Älteste. Er hatte sie gerade erst zum Geburtstag bekommen. Aber die Flammen schlagen immer höher, und die Eisenbahn kann nicht mehr herausgeholt werden.

Mit gellenden Sirenen kommt die Feuerwehr. Ruhig wird den Kindern erklärt, was so ein Feuerwehrmann alles zu tun hat, wie das Wasser durch die Schläuche strömt, und woher es kommt; wie die Uniformen aussehen und wozu die Masken dienen. Die Kinder werden in den Alltag der Feuerwehrleute eingeführt, abgelenkt vom Ort des Unheils. Und vielleicht wird es sogar noch unterhaltsam und spannend.

Einer der Männer mit einer Maske vor dem Gesicht rennt mit einem Schlauch herbei, sieht das Tor am Zaun vor der Wiese nicht und hoppla, schon fällt er mit Schlauch und Ausrüstung auf die Nase, vornüber ins Gras.

Wir lachen aus vollem Hals.

Aus einiger Entfernung beobachte ich, *Autorin*, den Aufruhr und denke, wir sind völlig verrückt. Noch beim Niederschreiben der Katastrophe sehe ich die ganze Bande stehen und lauthals lachen. Andere Alterpersonen haben Humor; sind in dem Augenblick stärker als ich, also ... verliere ich.

Wahnsinn oder normal?

Später zerreißt sich die ganze Nachbarschaft den Mund darüber, daß wir auch noch so schallend gelacht haben. Aber ich weiß nicht, wovon die Leute reden, denn »ich«

bin schon längst wieder diese andere, die alles nicht einmal miterlebt hat.

Die einzige Art, Alterpersonen mit den Dingen, die geschehen sind, bekannt zu machen, besteht darin, ihnen die Geschichte immer wieder zu erzählen. So können alle die Erfahrungen teilen.

Die Alterpersonen haben sich von einem bestimmten Zeitpunkt an allmählich gegenseitig wahrgenommen. Für einen »Außenstehenden« ist das tatsächlich sehr schwer: Schließlich sieht er oder sie ja immer nur dieselbe äußere Erscheinung. Das ist zum Verzweifeln.

Ich habe gelernt, daß es einfacher sein kann, wenn der andere, etwa der Lebensgefährte oder unser Therapeut, fragt, mit welcher Alterperson er es gerade zu tun hat. Dennoch bleibt es eine mühsame Angelegenheit, immer wieder sagen zu müssen, wer wer ist.

Eine Geschichte: Eines Tages meldet sich eine bestimmte Alterperson bei uns, die sich zuvor nie darum gekümmert hat, wie es im Haus überhaupt aussieht. Aber jetzt wird sie laut:

»Was für gräßliche Möbel!« – Ein schriller Ausruf, und alle hören ihn. Aber andere Alterpersonen sind schneller und stimmen dem Ausruf zu. Sie sind stark, und es sind viele, und sie kommen in Fahrt; sie sammeln sich und treffen Maßnahmen.

Ein Trödler wird angerufen. »O ja, wir haben gerade einen kompletten Hausstand hereinbekommen, schauen Sie doch gleich mal vorbei!«

Die Kinder ins Auto. »Mama sucht was Schönes aus, liebe Kinder.« Wenn man alles gut zu verpacken weiß, ist es auch für die Kinder ein Fest. So sind Kinder nun mal, sie leben in den Tag hinein.

Wie wir?

Wir schauen uns um und entscheiden, daß die Sachen unheimlich schön aussehen, wunderbar, phantastisch, so schwer und gediegen, so robust. Da kann nichts mehr kaputt gehen, die Möbel nicht und unsere Meinung dazu auch nicht.

Innerhalb einer Stunde ist alles ausgetauscht. Unsere Möbel kommen in den Trödelladen und die aus dem Trödelladen zu uns. Und in einem Tag ist die Überraschung komplett, einschließlich geputzter Fenster, einer glänzenden Uhr, frischer Blumen, duftenden Kaffees, schöner Musik ... Die Kinder haben eifrig mitgeholfen, und es wird Zeit, Papas Ankunft vorzubereiten.

Wie wir das machen? Nun, wir verstecken uns alle im Schrank, einschließlich Hund. Wir werden den Schlüssel im Schloß hören, noch ein wenig warten ... und dann kreischend auf ihn zu laufen.

In den Schrank? Hilfe!

Los, Beeilung, ihr ängstlichen Alterpersonen, stellt euch nicht so an. Aber eine muß vor lauter Nervosität weinen und droht, in die Hose zu machen.

Dann der Schlüssel, das Schloß, da kommt der Lebensgefährte. Totenstille. Wir hören unterdrücktes Murmeln. Geht er wieder weg?

Fast. Er hatte geglaubt, er wäre im falschen Haus gelandet.

Die Kinder sind nicht mehr zu halten, unsere Hose ist naßgepinkelt, und da stehen wir dann. Die Kinder tanzen und springen und rufen: »Toll, was, Paps, toll, was?«

Papa schaut, lacht und wird gleichzeitig wütend, hat aber nicht richtig Zeit, etwas zu empfinden. Wir rufen, ob er eine Tasse Kaffee möchte. Genau wie er blicken wir jetzt um uns und sehen, wie verändert alles ist. Eine Reihe von Alterpersonen sieht nichts mehr; sie sind geflohen und halten Winterschlaf. Wir setzen uns und trinken Kaffee. Die Ruhe ist wieder eingekehrt, und der Lebensgefährte schüttelt immer noch leise den Kopf. Er ist zu perplex, um etwas zu unternehmen.

Der Wahnsinn der Normalität?

Ich gönne dem Leser eine Leerzeile lang Ruhe.

Da sitzen wir, in äußerster Verwirrung. Wer hat uns das nun eingebrockt? Wie sollen wir das vor dem Lebensgefährten verantworten? Alles wird versprochen: Wir holen all unsere Sachen zurück, wir wollen sofort mit ihm ins Bett ... Was hast du für Wünsche, mein Lieber, wir wollen alles tun, um es wiedergutzumachen. Wir dies, wir das, wir von allem etwas.

Es bleibt gemütlich. Der Lebensgefährte begreift absolut nichts. Wir auch nicht. Und da kommt wieder sein altbekannter Ausruf:

»Ich habe den Eindruck, ich bin mit achtzig Frauen verheiratet.«

Wahnsinn?

Nein, er hat recht.

Das ist zugegebenermaßen ein extremes Beispiel. Es gibt auch weniger spektakuläre Situationen, die für den Wechsel der Alterpersonen sorgen. Das kann durch eine schmerzende Bemerkung geschehen wie:

»Ich weiß nie, woran ich mit dir bin.«

»Ich finde dich unzuverlässig, denn du hältst dich nicht an Verabredungen.«

»Gestern hast du noch gesagt, daß wir ...«

»Jetzt hast du mich wieder sitzen lassen ...«

»Du hast drei Termine gleichzeitig gemacht.«

»Dieses getippte Blatt habe ich schon letzte Woche von dir bekommen.«

Wir gehen in einen Laden, und auf einmal riechen wir den Duft von Rasierwasser, den Duft, der uns an bestimmte Täter erinnert und uns in das schwarze Loch zu zerren droht, in die Amnesie. Jetzt erst begreifen wir, wie es kam, daß solche Fläschchen im Geschäft manchmal klirrend zu Boden fielen.

Ein Geruch, Schritte, Schlüsselklingeln, eine Tür, die zu laut ins Schloß fällt, eine viel zu laute Stimme ... alles kann ein Bild hervorrufen, durch das ein Switch ausgelöst wird. Die Wachablösung kann innerhalb einer Sekunde stattfinden. Sie kann auch langsam kommen, je nachdem, wer gerade als erster in der Reihe steht.

Mutter ist mit all ihren Kindern schwimmen gewesen. Sie ist müde, genau wie die Kinder. Es ist Essenszeit und im Schwimmbad ist es heiß, schwül und drückend. *Vivian, Zusta* und *Trut* sind die Alterpersonen, die Mutter meist zur Seite stehen. Die Kinder müssen in der Umkleidekabine angezogen werden. *Vivian* nimmt einen kleinen Schuh, *Zusta* ein Hemdchen, und so helfen wir uns gegenseitig.

Wenn man alle tätig sieht, gibt das einen neuen Kräfteschub. Es ist eine Frage der Aufgabenverteilung, etwas Großes zu etwas Kleinem zu machen, die Lasten zu verteilen ...

Plötzlich stehen *Niels* und *Gerrit* im Hintergrund. Weshalb? Weil dort auch drei ungefähr siebzehnjährige Mädchen herumhängen. Sie rauchen Zigaretten. *Mutter* schwitzt, und der Rauch stört sie.

Aber *Mutter* ist *Mutter*, und sie denkt: Ach, laß nur ... Aber *Ijen*, der Wächter, hat schon lange gesehen, daß es ein Schild »Rauchen verboten« gibt. Er tut einen Schritt zur Seite.

Niels kommt heraus, und *Mutter* denkt: O nein, dann kann ich es besser selbst sagen. Freundlich zeigt sie auf das Schild, das dort wie zu ihrer Unterstützung hängt, und bittet die Mädchen, ihre Zigaretten auszumachen. Die Mädchen werfen sich einen Blick zu und rauchen stur weiter. Eine nimmt sogar herausfordernd langsam die Zigarettenpackung und zündet sich demonstrativ die nächste Zigarette an.

Niels steht auf, zielt und schießt.

Danach kommt *Gerrit*. Er springt blindlings auf das Ziel los, haut die Glimmstengel aus den drei Mündern, packt die Frauen beim Kragen und wirft sie mit roher Gewalt aus der Umkleidekabine. Ich sehe drei erstaunte Gesichter um die Ecke verschwinden. *Gerrit* ist immer noch wütend. Er schlägt die Zigaretten mit einem Turnschuh der Kinder zu Staub.

Der Lebensgefährte? Der steht in einer der Umkleidekabinen, als ob er nicht zu uns gehörte. Er steht dort, groß und stark, mit einem Blick, als ob Wasser angefangen hätte zu brennen. Die Kinder sind still, ziehen sich ganz schnell an. Eine der Alterpersonen sagt kurz darauf, sie hätten sich doch prima um *Mutter* gekümmert.

Meinst du nicht, Lebensgefährte?

Murmel, murmel.

Niels und *Gerrit* begleiten *Mutter*, bis sie sicher und wohlbehalten im Auto sitzt. Man weiß nie mit Frauen, sie können einem genausogut draußen auflauern. Es wäre nicht das erste Mal.

Ziehen wir Alterpersonen den Streit immer an?

Nein, denn wenn die Mädchen einfach gesagt hätten, daß sie das Rauchverbot nicht gesehen haben, und dann einfach gegangen wären, wäre nichts passiert. Ich schreibe dies, um diesen verfluchten hirnerweichenden Satz aus meinem Kopf auszutreiben: daß wir es selbst herausgefordert haben.

Ist das der Wahnsinn der Normalität? Nein. Ich will lernen, es umzudrehen und zu sagen: es ist die Normalität des Wahnsinns. Seit ich in Therapie bin, lerne ich zu verstehen, daß das Auftreten der Alterpersonen mit ihrer Liebe füreinander zu tun hat und nicht mit dem Bedürfnis zu zerstören. Ich habe davor großen Respekt bekommen. Alle Alterpersonen haben eine bestimmte Funktion, eine bestimmte Aufgabe, die sie erledigen, damit *Liz* am Leben bleiben kann.

Das ist normal.
Das ist sogar genial.

Amsterdam. Wir sitzen mit dem Lebensgefährten beim Essen. Um uns herrscht gemütliche Unruhe, Musik, Stimmengewirr. Auf einmal ein schrecklicher Knall. Jeder erschrickt, ob MPS-krank oder nicht.

Später stellte sich heraus, daß es eine Bombe war, die in einer Tasche bei einem Reisebüro abgestellt worden war. Der Knall ließ die Scheiben erzittern, den Boden schwanken. Hunderte von Menschen rennen in dieselbe Richtung. Wir sehen, was geschieht, zumindest ich sehe es, denn ich muß es beschreiben.

Wir sind völlig erledigt. Laufen können wir nicht, höchstens schlurfen. Tagelang sind wir alle zu nichts zu gebrauchen. Was auch immer der Lebensgefährte versucht, es dauert Tage, ehe wir uns wieder von diesem Knall befreit haben.

In solchen Zeiten sind die Nächte schrecklich. Sobald wir schlafen gehen, wird der Körper völlig steif. Tagsüber kommt das auch manchmal vor, aber dann passen wir auf und können es durch gegenseitige Zusammenarbeit aushalten. Nachts jedoch findet der Lebensgefährte uns wie einen verkrampften Fisch, stahlhart.

Durch solche Ereignisse kann es einen jähen Rückfall geben, ein Wiedererleben dessen, was früher vorgefallen ist. Die Auswirkungen einer solchen Wiederholung können fatal sein: Die betreffende Alterperson kann auf die Straße rennen oder ins Wasser springen. *Ijen* hat dann eine besonders große Verantwortung, weil er wacht.

Noch ein Beispiel. Ein Konzert, wunderschöne Musik, und die Musikanten unter den Alterpersonen sitzen ganz vorn. Sie hören und sehen nichts um sich herum, es gibt nur diese herrlichen Töne.

Dann ein Hüsteln irgendwo im Saal … und schon geht's schief.

Dieses eine vereinzelte Hüsteln erinnert an … das Hüsteln eines Täters, früher – und hoppla, wieder ein Switch. Auf einmal sind die Musikanten unter den Alterpersonen weg. Unvorstellbar, unvorstellbar! Die Muskeln verkrampfen sich, die Ohren sind verstopft, man kann seinen Platz nicht mehr verlassen, sieht fahle Gesichter und gerät in eine totale Isolation.

Die therapeutischen Sitzungen sind geeignet, solche Erfahrungen zur Sprache zu bringen und zu lernen, damit umzugehen. Es kostet eine gewaltige Energie, diese Erfahrungen bis zu ihrem Ursprung zurückzuverfolgen. Aber wir wollen dann alle den Krug bis zur letzten Neige austrinken, und wir ackern wie die Pferde dafür, geheilt zu werden.

Diese Situationen verführen mich, ständig in die tieferen Schichten hinunter- oder zu höheren Ebenen des Geistigen aufzusteigen. Aber ich halte mich an die wichtigste Aufgabe: mit den Füßen auf der Erde zu bleiben und die tägliche Wirklichkeit zu beschreiben. – Den Wahnsinn zurückführen zur Normalität, für uns und damit auch für den Leser.

Mutter

»Mami«, sagt Sohn Willem, »kennst du den Unterschied zwischen dir und einer Uhr?«

»Na hör mal«, höre ich *Mutter* sagen, »ich atme und eine Uhr nicht.«

»Ha, ha, ha, ha, nein, ganz falsch.«

»Was dann?«

»Eine Uhr tickt, und du tickst nicht richtig.«

»Du riesengroßer Schlingel, du Halunke«, sagt sie und kitzelt und albert mit ihm und nimmt ihn in den Arm. Er hat es am allerliebsten, wenn sie immer weiterkitzelt und zwischendurch fragt, weshalb er denn um Himmels willen so lachen muß. Es gibt doch nichts zu lachen?

Kinder.

Große Kinder, kleine Kinder, Kinder im Alter dazwischen. Die *Mutter* hat Kinder in drei Altersgruppen. Man könnte sagen, die drei ältesten sind miteinander befreundet. Die mittleren sind richtige junge Hunde, Teenager mit ellenlangen Armen und Beinen, riesigen Füßen ... Daneben ist *Mutter* richtig klein. Und die jüngsten Sprößlinge, die können einfach drauflosleben und den Tag genießen.

Insgesamt sind es neun: junge Menschen mit allen Möglichkeiten, die das Leben zu bieten hat. Sechs Knaben und drei Mädchen, die älteste ist bereits eine richtige Frau. Sie und *Mutter* sind Freundinnen. Sie haben die gleiche Kleidergröße, das spart auch ein bißchen Geld. Sie können gut ihre Kleider tauschen, und beide müssen immer wieder aufpassen, daß die Kleider wieder zur ursprünglichen Besitzerin zurückkehren.

Ohrringzeit. Das heißt: nie nach Hause kommen, ohne ein paar Ohrringe oder Ohrknöpfe in einem Tütchen mitzubringen. Mit anderen Jugendlichen durch die Stadt ziehen: so viele Kugeln Eis in die Tüte, wie nur hineingehen, und die genüßlich verspeisen. In irgendeinem Café etwas trinken und ein bißchen flirten, denn auch das gehört zum Leben.

Mutter mag es gern, wenn sich die Blicke der jungen Männer auf ihre Tochter richten; aber wenn sie es allzu bunt treiben, wirft sie sich wie ein Fels in die Brandung und baut eine sichere Mauer zwischen den Blicken und der Tochter auf. Das macht sie mit einem vernichtenden Augenaufschlag.

Dann kann der Betreffende einpacken, denn Blicke können töten.

Miteinander über alberne Situationen und Vorkommnisse lachen, die man überall beobachten kann, zumindest wenn man dafür ein Auge hat.

Mutter hält ihre Tochter für ein tolles Mädchen und hofft, daß alle Mütter so eine Tochter finden. Wenn Lehrer negative Bemerkungen über sie machten, glaubte *Mutter* ihnen zwar, konnte sich aber nicht vorstellen, daß so etwas überhaupt möglich wäre.

Die beiden sind sehr offen zueinander, und wenn es etwas gibt, über das sie nicht miteinander reden, dann deshalb, weil *Mutter* die Tochter schützen will oder umgekehrt ... Das kann nicht völlig verkehrt sein, jeder Mensch hat ja schließlich auch das Recht auf Geheimnisse.

Ihre Freunde dürfen zu uns kommen.

»Willkommen, Jungs«, sagt *Mutter* mit ihrer herzlichsten Stimme, und sie denkt: Wie lange noch?

Mutter fand es schön, als Zeit für ernstere Angelegenheiten kam, als nur Windeln zu wechseln, Kinder zu füttern, vorzulesen, zu spielen und in Babysprache zu reden. Kamen damals auch die Sorgen auf über die schlechte Welt? *Mutter* hat Glück, daß die älteste Tochter zwei Brüder über sich hat, die gut auf sie aufpassen. Nach Festen hatten beide Parteien beim Abholen einen Gewinn: die Tochter kam sicher nach Hause, und die Brüder konnten sich gut unter all den schönen Mädchen auf der Party umschauen.

Ich hab' euch durchschaut, dachte *Mutter* dann. Aber sie war doch sehr froh über die Unterstützung der Söhne für ihre Schwester.

Mutter sein und an MPS leiden, das läßt sich vereinbaren, vorausgesetzt, es werden die richtigen Absprachen getroffen.

Die drei Ältesten wuchsen in einer hektischen Zeit auf: Es waren Pflegekinder im Haus, wir zogen auf die andere Seite des Erdballs, um dort den Armen zu helfen, Erwachsene, die nicht mehr ein noch aus wußten, wurden vorübergehend in die Familie aufgenommen. Die Kinder lernten zu improvisieren, flexibel zu sein. Die Not um uns herum mußte gelindert werden; das war für die Kinder zwar lehrreich und trug auch Früchte, machte aber gleichzeitig das Leben unberechenbar.

Die Existenz der Alterpersonen wurde damals noch nicht akzeptiert. Die ältesten drei Kinder kannten daher nichts anderes, als daß immer wieder ein Zimmer ausgeräumt werden mußte, auch wenn es gerade erst bezogen war, um einem Menschen in Not ein Dach über dem Kopf zu geben. Ein Kuckucksjunges nach dem anderen wurde im Nest herzlich aufgenommen, Zimmer wurden umgeräumt, Betten umgestellt …

Die drei Ältesten habe ich sehr lieb, sagt *Mutter*. Sie wissen auch am wenigsten von meiner Krankheit, einmal, weil ich selbst damals noch nicht wußte, daß unser Überlebensmechanismus einen Namen hat, und zweitens, weil jeder mit dem Gutsein zu seinen Mitmenschen viel zu viel um die Ohren hatte.

Es sind Kinder mit einem ungeheuren Engagement. Sie trauen sich, in der Öffentlichkeit ungezwungen miteinander zu schmusen, und sind kreativ im Verteilen von all dem Guten, das ein Tag zu bieten hat. In dieser Zeit war *Mutter* so tapfer, nichts zu sagen, die Kinder nichts merken zu lassen. Sie füllte ihre Aufgabe als Mutter fast hundertprozentig aus. Und alle Alterpersonen, die es wagten, sie heimlich um eine Ecke an der Tür zu beobachten, jagte sie weg, sozusagen mit dem Teppichklopfer.

»Schschschtttt!«

Der Älteste ging nach dem Abitur mit dem Segelboot auf Weltreise. Nachdem sie dem Schiff nachgewunken hatte, verschob sich vieles im Herzen von *Mutter*, nicht so sehr, weil ihr Sohn abgereist war, sondern weil aus allen möglichen Ecken eine verborgene Wirklichkeit hervorbrechen wollte.

Ein Durchbruch heißt das in der Sprache der Insider.

Daß Kinder ausfliegen, ist gesund, und *Mutter* hatte damit keine Probleme. Im Gegenteil, sie war der Ansicht, daß ihr Sohn die einzigartige Chance einer Weltreise mit beiden Händen ergreifen müsse.

Aber was für die Kinder galt, hatte das auch für sie selbst Geltung?

Sie war dabei, ihr eigenes Leben anzuerkennen, die Tatsache akzeptieren zu können und zu wollen, daß irgend etwas bei ihr fundamental falsch war und daß sie das bisher unter einem großen Engagement und einer oberflächlichen Fröhlichkeit hatte verbergen können. Aber auch die anderen Alterpersonen mußten eine Chance bekommen, leben zu können.

Ihr zweitältester Sohn trat nun gewissermaßen in die Fußstapfen des ältesten Bruders: ein feiner Kerl, der nicht nur seinen großen Bruder unheimlich vermißte, sondern auch die einschneidenden Veränderungen bei *Mutter* bemerkte.

Dadurch änderte sich auch bei ihm vieles. Er entpuppte sich als eine Art Vater für die jüngeren Geschwister und lud ständig zum Kaffeetrinken ein, um hartnäckig die gewohnte Heimeligkeit aufrechtzuerhalten. Er nahm *Mutter* nach Herzenslust in den Arm. Er war umsichtig, und all seine Freunde waren jederzeit zu Hause willkommen, am Tag und in der Nacht, wenn auch die Unruhe, die das mit sich brachte, *Mutter* zu schaffen machte. Denn in ihren Ohren und Augen begannen die Geräusche und Bewegungen immer stärker nach außen durchzubrechen.

Dieses Jahr wurde das Jahr der Wahrheit, das Jahr der großen Umkehr, in der *Mutter* nicht mehr dieselbe *Mutter* blieb, wie sehr sie auch am Hergebrachten festhielt. Das Neugeborene konnte nicht mehr in die Geborgenheit der Gebär-*Mutter* zurückgedrängt werden, in die es einst gepaßt hatte.

In diesem Jahr kamen die Alterpersönlichkeiten hinter den Sperrgittern hervor, und sie waren wild entschlossen, sich nie mehr wegschieben zu lassen!

Danach folgte die Periode der direkt auf die Heilung von MPS gerichteten Therapie. Je zielgerichteter die Therapie wurde, desto verwirrender wurde das Leben für *Mutter* und die Familie. Die älteren Kinder versuchten, an den bekannten Abläufen festzuhalten; die mittlere Gruppe war natürlich stark mit sich selbst beschäftigt, wie das bei Jugendlichen in der Pubertät auch sein muß, und die Kleinen paßten sich ohne Probleme *Mutters* wechselndem Auftreten und Verhalten an.

Jeder mußte sich daran gewöhnen, daß sich die Aufmerksamkeit nicht mehr auf die Hilfsbedürftigen außerhalb der Familie richtete, sondern auf das »interne Geschehen« in *Mutter*. Es war notwendig, die Kehrtwende harmonisch verlaufen zu lassen. Das lief freilich nicht immer wie am Schnürchen.

Erklären und verständlich machen, was es mit den Alterpersonen auf sich hat, wie sie entstanden sind, wie sie sich verhalten ... Es war für *Mutter* ziemlich schwierig, alle Fragen zu beantworten, die Kinder nun einmal auf einen abfeuern, um so mehr, weil für sie selbst auch alles nagelneu war und der Therapeut auch ihr erst einmal alles erklären mußte.

Mutter mußte die Scham über die Welt ihrer Alterpersonen überwinden, mußte sich trauen, zu ihrer eigenen Unsicherheit zu stehen, auch zu ihrem Unwillen. Sie haderte oft mit sich: davon sei natürlich kein einziges Wort wahr. Dann aber bekam sie Sehnsucht nach dem einfachen Leben als »Nur«-*Mutter*!

Kurzum, es wurde auf allen Ebenen schwierig, auch weil Kinder nun mal eine gesunde, fröhliche Mutter haben möchten, die ihre Fittiche schützend um ihre Brut legt. In Krisenzeiten wurde alles für eine Weile in die Abstellkammer des Nicht-Wissens, Nicht-Fühlens, Nicht-Denkens abgeschoben ... Es wurde versucht, wieder in Harmonie mit sich zu kommen, damit die Wellen nicht über allen zusammenschlügen.

In so einer Periode stehen die Alterpersonen ganz vorn, die automatisch all das tun können, was getan werden muß, ohne sich eingehender damit zu beschäftigen. Sie tun das, ohne mit der Wimper zu zucken und imitieren *Mutter*. Der Lebensgefährte und Mutter suchten nach neuen Möglichkeiten, um das Familienleben so gut wie möglich zu erhalten. Sie waren der Ansicht, daß sie sich selbst zuerst klar darüber sein mußten, wie das Familienleben organisiert werden sollte, ehe die Kinder weiter einbezogen werden konnten.

Das klingt wunderbar, aber im Alltag funktioniert dann alles ganz anders; und wenn es auch nur bedeutet, daß die Zeit schnell vergeht und Gefühle sich nicht einfach so im Zaum halten lassen.

Ach, wenn schon Ärzte solche Schwierigkeiten haben, MPS zu durchschauen, was können wir dann von Kindern erwarten?

Mutter erwartete viel von ihren Kindern, und in der Hinsicht wurde sie bestimmt nicht enttäuscht. Ich glaube, daß sie das zu einem großen Teil ihrer eigenen Ehrlichkeit und Offenheit verdankt. Sie hat es gewagt, sich ihren eigenen Kindern gegenüber eine Blöße zu geben.

Vor allem die mittlere Gruppe der Kinder war neugierig und wollte alles bis ins kleinste Detail wissen. Der Älteste aus der mittleren Gruppe kam *Mutter* wie ein Doktor der Psychologie vor. Er stürzte sich auf ein Buch, das *Mutter* ihm gegeben hatte. In kürzester Zeit hatte er es ausgelesen und Hunderte von Fragen dazu. Er beobachtete *Mutters* Entwicklung fast lauernd und wie ein Spürhund. Er wollte unbedingt alle Alterpersonen kennenlernen, und nach einer Weile konnte er haarscharf erraten, fast noch schneller als *Mutter* selbst, welche der Alterpersonen gerade »draußen« waren.

Es fiel ihm nicht schwer, persönlich auf sie einzugehen, und manchmal brachte er für die Kleinen von uns kleine Geschenke mit. Er blickte sie ruhig an, und *Mutter* wußte dann, was kommen würde.

»Wer war denn das gerade eben, der gesagt hat, daß Papa mir mehr Scheiben Toast gibt als ihm oder ihr?« Seine verschmitzten Augen verraten mir, daß es ihm Spaß macht, die Alterpersonen kennenzulernen.

Wenn überall Scherben herumliegen, fragt er lakonisch, ob *Gerrit, Karel* oder *Loeder* zu Besuch waren.

»Ja, Junge, das war *Gerrit.*«

Er sagt dann etwas Nettes über *Gerrit*: Es wird bestimmt besser mit ihm, trotz des Durcheinanders. Er setzt sich neben uns und schüttelt uns die Hand.

Gleich sagt er was, das sehe ich.

Und da kommts: »*Gerrit*, sollen wir mal zusammen eine Cola trinken?«

Mutter umarmt ihren Sohn und drückt ihn an die Brust. Und ich denke: Dieses Kind ist ein richtiger Schatz.

»*Gerrit* geht bestimmt einmal mit, aber jetzt noch nicht. Er ist noch zu gefährlich für die Leute um ihn herum.« Aber *Mutter* selbst hätte schon Lust und auch ein paar andere Alterpersonen, und so sitzen sie ein paar Wochen später eines Abends in einer kleinen Kneipe und trinken Saft. Sie stoßen auf ein späteres Treffen an, dann mit *Gerrit.*

»Auf *Gerrit*«, rufen wir und freuen uns.

Er traut sich die Begegnung mit den Alterpersonen zu, denkt *Mutter* dann, ohne Angst, seine *Mutter* dadurch zu verlieren!

Bei Kindern, die erfahren, daß ihre Mutter oder der Vater an MPS leidet, kommt oft die Angst auf, sie könnten sie oder ihn verlieren, die Alterpersonen würden die Mutter oder den Vater verdrängen.

Das System hatte vorher perfekt funktioniert: die Alterpersonen waren, wegen der Sicherheit der Kinder, *Mutters* Autorität unterworfen. Für Kinder wird die Situation unsicher, wenn Alterpersonen, die keine Ahnung von den menschlichen Beziehungen haben und pausenlos toben, plötzlich zuschlagen und die Zügel in die Hand nehmen und dabei alles zertrampeln, was ihnen vor die Füße kommt.

Mutter ist davon überzeugt, daß das Quengeln und Drängeln der Kinder immer eine Ursache hat. Sie fand dann auch intuitiv eine Erklärung dafür und konnte mit ihr an Verständnis und Geduld der anderen Alterpersonen appellieren.

»Die Kinder sind müde«, sagte sie dann etwa, »der Tag ist fast zu Ende.« Oder: »Sie kriegen Zähne.«

Sie hatte für fast alles eine Antwort parat. Ihr Verständnis machte es möglich, daß so viele Kinder großgezogen werden konnten.

Bei den heranwachsenden Jugendlichen wurde es schon ein wenig komplizierter. Sie denken immer eigenständiger. Oft sind sie schneller als *Mutter*, weil die ihre Ohren nicht nur auf die Kinder gerichtet hat, sondern auch auf die Stimmen der Alterpersonen; sie hat ja die Aufgabe, beide Welten gut und sicher zu machen.

Außerdem verliert *Mutter* Zeit: Sie weiß nicht mehr, was sie gerade versprochen hat oder was die Kinder zu ihr gesagt haben. Und weil die Kinder gewohnt sind zu sagen, was sie denken, fallen manchmal harte Worte. Woher nimmt man dann den Mut, alles noch einmal zu versuchen und erneut Verbindung aufzunehmen?

Früher stellte sich *Pita*, die Lügnerin, vor *Mutter* und trat höchst raffiniert für sie ein. Sie drehte und wendete die Sache so, daß sie für beide Parteien akzeptabel wurde und die Gefahr gebannt war, einander ins Gesicht zu springen.

Als durch die Therapien immer mehr Alterpersonen anfingen, sich ins Leben einzumischen und immer ausdrücklicher für *Mutter* Partei zu ergreifen, wurde die Unsicherheit größer. Es konnte vorkommen, daß bei Differenzen plötzlich eine Alterperson mit den Worten aufsprang: »Du da, was willst du denn eigentlich?!«

Ein Kind bekommt einen Schreck, wenn sich *Mutter* plötzlich so anders verhält. Wo ist die geduldige *Mutter* geblieben, die immer erst alles verstehen wollte, bevor sie ein Urteil fällte? Das Kind riecht den Braten und denkt … Vorsicht! Wenn das Quengeln nicht aufhört und jeder stur wie ein Bock bleibt, sollte man am besten dem anderen ruhig erklären, was eigentlich das Problem ist.

»Schau mal«, sagt *Mutter* dann, »ich muß ehrlich zugeben, daß ich nicht einmal mehr weiß, um was es eigentlich geht.«

Etwas zugeben, die Sache ehrlich beim Namen nennen, Scham überwinden, aufhören, den unfehlbaren Erwachsenen zu spielen: das ist schwer, aber bestimmt das Beste, was eine Mutter tun kann, um nicht die Nähe zu ihren Kindern zu verlieren.

Vielleicht haben wir Glück gehabt, aber alle Kinder waren bereit, sich darauf einzulassen. In neun von zehn Fällen konnten *Mutter* und Kind so eine Lösung finden.

Die Erziehung von Kindern ist eine zeitraubende Angelegenheit, was die anderen Alterpersonen immer häufiger irritierte. Es gab viel Unruhe im Haus, einfach, weil viele Kinder gleichzeitig alles mögliche loswerden wollten, etwas unternehmen wollten, eine Antwort verlangten ... Auch die Uhr trug dazu ein bißchen bei oder besser gesagt: sie arbeitete gegen uns, denn plötzlich war es schon wieder so spät, und der eine mußte noch weggebracht, der andere wollte noch Englisch abgehört werden, die dritte rief nach ihren Balletschuhen, die wieder einmal verschwunden waren ...

In solchen Momenten braute sich ein heftiges Unwetter zusammen, und viele Alterpersonen fuhren gleichzeitig aus der Haut. *Mutter* wurde ohne Pardon weggedrängt und der Ruf ertönte: *»Los, alle nach oben! Nichts wie weg, Bewegung! Wir wollen keinen mehr sehen!«*

Die Alterpersonen treten für ihre und *Mutters* Interessen ein. Sie halten die Kinder für »kleine Teufel« und toben durchs Haus. *Mutter* denkt wehmütig an das System zurück, in dem sie im Alleingang das Zepter schwingen konnte. Das ist nun unmöglich geworden, und eigentlich möchte sie die alte Situation auch nicht mehr wiederhaben, denn das Schöne ist: Sie hat ihre Alterpersonen immer mehr liebgewonnen und erkennt langsam, wie sie funktionieren, wer sie sind und warum sie gekommen sind.

Was ist nun der Unterschied zwischen einer Mutter, die nicht multipel ist, und einer Mutter, die diese Krankheit hat? Jede Mutter würde manchmal ihre Kinder am liebsten an die Wand kleben!

Natürlich.

Aber eine MPS-Mutter verliert völlig ihr Zeitgefühl, wenn es zwischen der Mutter, den Alterpersonen und den Kindern Probleme gibt.

Wenn die Kinder auf einen Wunsch zurückkommen, hat ihn die Mutter schon ganz vergessen, und die Kinder sehen einen völlig anderen Menschen vor sich. Eben ist sie doch noch durchs Haus getobt, und jetzt singt sie bei der Arbeit?

Gerade hat sie noch das gesagt ... Jetzt sagt sie ...

Nicht wissen, was als nächstes geschieht, ist für ein Kind schwer. Ich darf mir nicht vorstellen, was passiert, wenn eine Mutter mit MPS so tut, als sei mit ihr alles in Ordnung, und sie es nicht schafft, über das, was vorfällt, zu reden.

Ich habe verzweifelte multiple Mütter erlebt. Sie mußten mit eigenen Augen ansehen, wie sie ihr Kind allmählich verloren, weil sie dem Kind nicht folgen konnten. Das Kind entwickelte sich zu schnell – oder die Mutter zu langsam.

Daß bei uns so viele Kinder sind, neun insgesamt, hat auch einen Vorteil: Die Kinder können sich gegenseitig helfen, und das tun sie auch. Das ist eine praktische Unterstützung: ein gegenseitiges Geben und Nehmen. Wenn eines von der Schaukel fällt und weint, und *Mutter* eilt herbei, dann sieht sie, daß es bereits von einem Bruder oder einer Schwester getröstet wird. Früher hechelte sie mit hängender Zunge hinter dem Fahrrad her, wenn ein Kind radeln lernen wollte; heute sieht sie, wie ein Kind es lernt, ohne daß sie dafür auch nur einen Finger krümmen muß.

Mutter wundert sich noch immer darüber – und mit ihr die Alterpersonen –, wie unsere Mitmenschen immer wieder auf die Zahl der Kinder reagieren. Die Ohs und Ahs sind nicht ohne. Wenn es dabei nur bliebe. Aber nein, oft werden sehr negative Bemerkungen gemacht.

Auch die Kinder können es bezeugen. In der Schule werden sie mit unbegreiflichen Reaktionen konfrontiert. Es fielen Sprüche wie: Das ist ja wie bei den Kaninchen.

Und: Wie der Hahn auf die Hühner springt ...

Und: Eure Eltern haben »es« bestimmt ziemlich oft miteinander gemacht?

Oder: Sie haben wahrhaftig nicht stillgelegen!

Es wurde sogar kritisiert, daß die Gesellschaft für das ganze Kindergeld mitblechen muß.

Aber ist es nicht genauso klar, daß die Kinder später für die Altersversorgung aller anderen auch zur Kasse gebeten werden, und zwar für dieselben Leute, die sie heute verurteilen?

Umgekehrt denke ich selbst nie derart negativ über Familien, die »nur« ein, zwei oder drei Kinder haben. Jeder sucht seinen Weg und entscheidet sich, auf welche Weise er auf dieser Welt leben möchte. Es geht nicht um die Zahlen, sondern um Lebensfreude und Achtung, um das Leben selbst.

Meist läßt *Mutter* solche Bemerkungen an sich abgleiten und lehrt die Kinder, das gleiche zu tun. Sie erklärt ihnen, wie sich die Sache wirklich verhält, und daß es durchaus sein kann, daß Menschen, die keine Kinder haben, häufiger miteinander ins Bett gehen, und daß das nicht mit der Zahl der Kinder zusammenhängt. Es gibt ja Verhütungsmittel ...

Ehe man es sich versieht, führen einen solche Gespräche zum weiten Feld der Aufklärung.

Mutter hat alle Kinder »rufen« hören, bevor sie geboren wurden, eins wie das andere. Und von ihr aus durften sie auf diese Welt kommen. Gern sogar: sie waren von Herzen willkommen!

Es bleibt merkwürdig, daß wir, obwohl wir doch so verteilt

sind, in diesem Punkt gemeinsam stark und einer Meinung sind. Kommt es daher, daß wir dem alten Leben ein neues entgegensetzen wollen? Für dieses neue Leben brauchen wir unseren Körper, den man dann auch zur Verfügung stellen muß.

Kommt es daher, daß wir Seelen die Chance geben möchten, weiterzuströmen? Wollen wir uns zur Verfügung stellen, weil wir mit dieser Aufgabe geboren wurden und weil es herrlich ist zu dienen? Spüren wir, daß Gott Leben schenkt und daß man dann nicht ablehnen darf?

Wollen wir dem Tod Leben entgegensetzen?

Es gibt ein ewiges Leben. Bei jedem Würmchen in der Wiege dachte *Mutter*: So, das kann dir keiner mehr wegnehmen, daß du hier bist. Wunderbar, so ein kleiner Mensch, der wieder leben und ein eigenes Ich entwickeln darf.

Kam es, weil *Mutter* erleben wollte, daß es Liebe gibt? Daß die Liebe noch immer intakt war und daß sie durch diese Erkenntnis stärker werden konnte?

Ich glaube, all diese Gründe haben mitgespielt. All diese Fragen treffen ein Stückchen Wirklichkeit. Aber darüber hinaus hat sich gezeigt, daß die Liebe tief verwurzelt ist. Alle Unbill, alle Ohnmacht und Wut, alles, worunter auch die Kinder gelitten haben, das alles konnte schließlich mit dem Mantel der Liebe bedeckt werden. Und außer Kummer haben wir auch viel Spaß und Freude miteinander gehabt, mit jung und alt. Die Zeit beweist es: Wir gehen immer noch miteinander um.

Ich schreibe jeder Mutter: Geben Sie den Mut nicht auf! Ehrlichkeit währt am längsten, und Kinder sind Kinder, das heißt: sie sind fähig, die Wirklichkeit zu fühlen. Außerdem haben sie das Recht, die Wirklichkeit kennenzulernen.

Mutter dachte oft, daß sie sich bis auf die Knochen blamieren würde, aber gerade in dem Punkt standen die Kinder zu ihr.

Wenn sie aber die starke Mutter spielte, verlor sie den Kontakt zu den Kindern.

»Mami, Mama, Mutti, Mamsi, *Mami*!«

Mutter ist wieder einmal weg, gar nicht da, und das Kind rüttelt an ihrem Arm.

Sie kommt von weit her und versinkt in Schuldgefühlen: Verdammt, sie war wieder weg. Ausrasten könnte sie über sich selbst, aber das Toben ruft gerade die »falschen« Alterpersonen herbei.

Wenn die Kinder es darauf anlegen, aus *Mutters* Blackouts Profit zu schlagen, hat sie keine guten Karten.

Ich möchte das so erklären: Wenn ein Kind mitbekommt, daß Mama doch nicht mehr weiß, was sie gesagt hat, kann es ihr alles weismachen. Das Kind macht vorsichtig einen Versuch, und tatsächlich: es funktioniert.

»Gerade hast du noch gesagt, daß ich ein Eis kaufen darf!«

Sie schmollt.

»Hab' ich das wirklich gesagt?«

»Ja.«

»Na, dann hol dir mal schnell eins.«

Und weg ist das Kind. Es lacht sich ins Fäustchen und klopft sich auf die Schulter wegen seiner Gerissenheit, die viel häufiger ein Eis einbringt als Ehrlichkeit.

Das ist ein ziemlich harmloses Beispiel. Aber wenn das Kind systematisch auf etwas aus ist, entstehen ziemlich schwierige Situationen. Auch deshalb ist es ungeheuer wichtig, daß die Alterpersonen lernen zu kooperieren.

Alterpersonen können lernen, aufmerksam zu hören, was eine andere sagt, und es auch im Kopf zu behalten, damit sie nicht mehr befürchten müssen, daß die Außenwelt sie für verrückt erklärt. Sie müssen sich dann auch nicht mehr aus Mißtrauen gegenseitig umbringen. Durch gemeinsames Handeln kommt Klarheit in das alltägliche Leben, das so kompliziert ist.

Kurzum, zusammen am Ball bleiben können!

Dieses Buch konnte geschrieben werden, weil die Alterpersonen miteinander eine sehr weitreichende Entscheidung trafen. Alle gaben ihre Zustimmung; hätte sich nur eine quer gestellt, hätte ich es nicht geschafft. Papiere wären verschwunden, der Computer hätte nicht funktioniert, die Absprachen mit dem Lektor wären konterkariert worden, und so weiter.

Dabei rede ich nur von der sichtbaren Welt.

Die unsichtbare Welt, die Welt der Geister und Seelen, ist noch ein besonderes Kapitel. Geister und Seelen können über die Alterpersonen derart Einfluß nehmen, daß sie dieses Buch hätten verhindern können und damit die Hilfe, die es anderen Menschen sein kann. Sie sind Teilnehmer in dem Kampf, der im Unsichtbaren wütet, und wollen die Menschen vom Guten abhalten. In dem Punkt sind wir sensibel, und manche Alterperson erkennt bei sich eine paranormale Begabung.

Während ich dieses Buch schreibe, hat *Mutter* die Aufgabe, mit dem Lebensgefährten und den Kindern funktionierende Verabredungen zu treffen, damit ich an der Arbeit bleiben kann.

Vor Jahren hatte ich schon einmal damit angefangen, aber damals wollte es überhaupt nicht gelingen. Deshalb bin ich besonders glücklich, daß es diesmal gelingt.

Also ein Fortschritt.

Durchhalten, festhalten an intensiven Wünschen und Gedanken, alles für einen späteren Zeitpunkt aufheben: all das scheint Früchte zu tragen. Eine große Sache ist es auch zu lernen, daß man sich trauen darf, Fragen zu stellen. Wenn *Mutter* die Kinder um Hilfe bittet, geht alles tausendmal schneller, als wenn sie Sperenzchen macht und die Überlegene spielt.

Was nun, wenn Kinder da sind, die überhaupt nichts von einer Mutter mit diesen bescheuerten Alterpersonen wissen wollen? So etwas kann vorkommen, und es führt bei der Mutter wie beim Kind zu großer Verzweiflung. Die Mutter sehnt sich nach Verständnis, das Kind nach einer »normalen« Mutter.

Um einmal aus dem Nähkästchen zu plaudern: *Mutter* spürt bei den ältesten Kindern ein eindeutig geringeres Bedürfnis nach Informationen über die Alterpersonen. Das Motto, das sie dabei verfolgt, lautet: *Nichts forcieren!*

Wohl weiterhin ehrlich berichten, aber keinem hinterherlaufen, weil jeder wissen soll, daß … Jedes Kind bietet doch auch seine Unterstützung an – wenn auch nicht genau so, wie man es gern gewollt hätte. Du darfst dann nicht das Augenzwinkern deines Kindes übersehen, das bestimmt kommt.

Treffen Sie gute Absprachen miteinander über die richtige Zeiteinteilung. Bestimmte Alterpersonen möchten zur Therapie, sie wollen mit dem Auto los, sie möchten die Tonbandkassetten mit den Aufnahmen der Sitzungen hören, ich will tippen, *Mutter* will dies, die Kinder wollen jenes. Da ist es eine Kunst, immer wieder innezuhalten und zu kontrollieren, ob es gelungen ist, sich an die Absprachen zu halten.

In vielen Haushalten, glaube ich, hat die Mutter keinen speziellen Platz, keinen Raum, den sonst keiner betreten darf. *Mutter* hat oft von so einem Raum geträumt, aber es blieb ein ungehöriger Gedanke.

Mütter opfern sich. Sie sagen schnell: »Laß den Abwasch nur stehen«, und sie denken auch noch: »Wenn ich es selbst mache, geht es tausendmal schneller.«

Falsch!

Wenn *Mutter* solche Neigungen zeigte, dann war *Slok*, die Strenge, zur Stelle, die *Mutter* zu strengen, aber weisen Regeln und Gesetzen drängte.

»Nein, *Mutter*, und wenn sie Stunden für den Abwasch brauchen, was macht dir das aus? Wir hatten vereinbart, daß sie es tun. Und du *setzt dich hin*!«

Mutter sträubt sich natürlich noch ein Weilchen, denn sie findet es schlimm für die Kids, die sich so herumzanken wegen der paar Tassen ...

»Was, die paar Tassen, *Mutter*? Zwei Anrichten voll, wolltest du bestimmt sagen!«

So wurde *Mutter* von den Alterpersonen behandelt, bis der Augenblick kam, an dem sie freiwillig ihre Stellung als Einzelperson aufgab und klar machte, daß sie sich in den inzwischen in der Therapie geschaffenen Kern integrieren wollte. Darüber mehr später im Buch.

Mutter teilte also die Aufgaben besser unter den Alterpersonen auf, denen sie inzwischen vertraute. Dadurch wurde mehr Raum in *Mutter* selbst frei und damit auch in unserer Kernperson mit Namen *Liz*. Widerspruch oder nicht, die Zeit wurde besser eingeteilt, und das schien für keinen zu schwer.

Die Kinder gewöhnten sich schnell um, und sie gingen zusammen die Arbeitsliste durch; sie war fair und überschaubar. Was *Mutter* mit der gewonnenen freien Zeit anfangen sollte, war die zweite Frage, denn auch *Mutter* mußte sich ihre eingefahrenen Denkschablonen abgewöhnen.

Waren die Jungen den ganzen Nachmittag segeln und ließen sich danach in den Sessel fallen und hofften, daß *Mutter* ihnen den Tee servieren würde, dann hörte man nun: »He, Jungs, ich habe Lust auf eine wunderbare Tasse Tee, könntet ihr nicht mal Tee für mich kochen?«

Unheimlich, nicht wahr? Man stelle sich vor, sie sagen nein. Doch meist waren sie dann nur enttäuscht und gaben aber dann zur Antwort, daß es in Ordnung ginge.

»Sie kommen prima in der Schule zurecht. Warum sollte das zu Hause nicht auch funktionieren?« sagt *Slok* dann, und sie hat recht!

Fragen? Fragen ist erlaubt. Fragen erleichtert. Man lernt zu akzeptieren, daß man bei weitem nicht alles weiß, einzusehen, daß es nicht strohdumm ist, etwas oder sogar sehr vieles nicht zu wissen.

In einem bestimmten Entwicklungsstadium tut ein Kind nichts anderes als fragen. Es steht mit Fragen auf und schläft mit Fragen ein.

Sogar wenn *Mutter* das Licht gelöscht hat und einen letzten Gutenachtkuß gibt, interessiert sich das Kind nicht für den Kuß, sondern fragt weiter. Ob *Mutter* denn weiß, wie das mit dem Tod ist, oder wo denn das Ei im Bauch steckt, und ob sie das Ei auch gesehen hat. Diese ständigen Fragen werden aus echtem Interesse gestellt, aber auch aus einem Bedürfnis nach Sicherheit.

»Du sagst, daß ... Aber die Lehrerin sagt, daß ...« – Und in dem kleinen Kopf gibt es ein Problem. Denn wem soll man nun glauben?

Wenn einem ganze Abschnitte aus dem Leben fehlen und andere Perioden besonders präsent sind, gibt die Kindererziehung *Mutter* auch die Chance, völlig neue Erfahrungen zu machen. Der Verstand sagt es, und es steht auch in Büchern, daß es völlig normal ist, wenn Kinder ihren Körper erkunden. Früher war das nicht erlaubt, heute ist es das schon. Aber *Mutter* ging an die Decke, als sie zwei Kinder entdeckte, die sich gegenseitig gelassen betrachteten und befühlen wollten und ... War das eine Aufregung! Gütiger Himmel! *Mutter* sah Sternchen und verschwand in einem Loch. Sie hatte nichts gesehen, nichts gehört und nichts gespürt.

Die Kinder sind bei einer solchen Reaktion wie vom Blitz getroffen, und *Niels* kommt angetrabt oder *Scheiterop*, denn *Mutter* braucht Hilfe. Mit wütender, aber energischer Hand werden die Kinder auseinandergerissen. Die »Männer« begreifen nicht recht, um was es eigentlich geht, und alles ist in heller Aufregung.

Hilfe! Steck die Pimmel hinter Schloß und Riegel. *Mutter* hätte am liebsten ein Schloß an den Ritzen und Spalten ihrer Töchter. Was für ein Unglück, daß wir diese Kinder in eine Welt geboren haben, in der Vergewaltigungen und Mord und Totschlag zur Tagesordnung gehören.

Und die Täter – die sind auch verklemmt, weil von Geschlecht zu Geschlecht radikale Fehler gemacht wurden – machen weiter. Das krankhafte Denken wird weitergegeben, und Kinderseelen und Kinderkörper werden zerrissen. Der Geist verwirrt sich und braucht Hilfe und eine Therapie, um diesen fatalen Mechanismus durchbrechen zu können.

Die Raserei, die dann losbricht – wir haben keinen Überblick mehr und müssen uns erbrechen aus Angst vor dem, was wir sehen –, schlägt eine neue Wunde, während doch nur etwas ganz Natürliches gespielt wird.

Kinder starren *Mutter* mit Augen, groß wie Teetassen, an – *Mutter*, die immer so lieb und geduldig ist, die so gern schmust und die sie jetzt wegzerrt. Was wissen sie schon von *Niels'* und *Scheiterops* Leben und von *Karels* und *Gerrits* und *Groms* und *Loeders*. Sie beschützen *Mutter*, dabei sind die Kinder mit ihren »schmutzigen« Spielen nicht mehr als ein Anlaß.

Ach herrje.

Mutter kann vieles wiedergutmachen, indem sie den Vorfall mit den Kindern bespricht. Die Kinder erzählen sich von ihren früheren Erfahrungen. Manchmal lachen sie herzlich darüber, manchmal steigt die Wut hoch. Manchmal wird ein Kabarett daraus.

Die große Tochter steht auf und ruft: »Ich hab' ein Trauma, ich hab' ein Trauma.« Eine andere fällt ein und fragt: »Wer möchte darüber sprechen?«

Und im Spiel entfaltet sich etwas, das früher vorgefallen ist. Andere ergänzen, und wieder steht *Mutter* der Angstschweiß auf dem Rücken wegen so viel Offenheit. Dann schämt sie sich, weil für sie allmählich das Kontur bekommt, was vorher ein schwarzes Loch war.

Mutter schaut zum Lebensgefährten und hat panische Angst. Ist er nicht viel zu freizügig mit den Kindern?

Wenn sie nacheinander ins große Bett kriechen und mit dem Vater herumbalgen, wird die Welt zu klein, und die Lähmung schlägt zu.

Die Angst vor ihm, ist die zu Recht oder zu Unrecht?

Angst ist Angst, und keiner weiß, wo sie herkommt. Sie kann mit der Haltung des Lebensgefährten zusammenhängen. Das nächste Mal ergibt sich etwas, das doppeldeutig sein könnte, und die bekannte Angst von früher schlägt zu. Natürlich fragt sich Mutter auch: »Wie hab' ich je den Mut finden können, ein Kind in diese Welt zu setzen?« Aber sie sind da, alle neun, und sie haben alle ein Ich! Das weiß ich genau.

Frauen, die eigentlich gern Mutter sein wollen, sich diese Aufgabe aber letztlich nicht zutrauen, möchte ich mit den Worten trösten, daß auch aus ihrer Haltung große Liebe spricht. Es gibt viele Argumente dafür, nicht den Mut zu haben, Kinder zu gebären, und zu glauben, daß man ihnen dadurch vieles erspart. Es ist gut, auf seine innere Stimme zu hören und sich nicht von dem falschen Vorwand leiten zu lassen, man müsse ein Kind haben, weil sich das in dieser Gesellschaft so gehört.

Wenn ich neben dem Lebensgefährten sitze und er mit mir schmust, kann ich mit einem Riesensatz von ihm wegspringen.

»Oh«, sagt er dann, »magst du das nicht?«

»Nein, ich kann es nicht ausstehen«, antworte ich ohne jedes Nachdenken, »Ich darf es mir gar nicht vorstellen, das ganze Getue.«

Aber zwei Sekunden später sitzt *Spriet* da oder *Vrek* oder

Anita, und im Handumdrehen liegen sie eng umschlungen mit dem Lebensgefährten auf der Couch.

Dann ziehe ich mich zurück. Den Anfang und den Schluß dieser Geschichte kenne ich schon in- und auswendig und nutze daher meine Zeit sinnvoller.

Aber auch *Mutter* hat sich verändert. *Mutter* war *Mutter* und wachte Tag und Nacht über ihre Kinder. Seit sie ihr Leben mit allen anderen teilt, hat sie ein neugieriges Interesse für den Lebensgefährten entwickelt. Diese Entdeckungsreise geht ganz behutsam vonstatten, aber sie macht sie doch mit.

Nach viel Blut, Schweiß und Tränen hat *Mutter*, die jetzt, nach der Integration, *Liz* heißt, einen eigenen Raum gefunden! Es ist zu schön, um wahr zu sein, aber *Mutter* hat sich für einen eigenen Raum entschieden. Nach allerlei Umwegen haben es die vielen Alterpersonen gemeinsam geschafft.

Zuerst war es ein Tag in der Woche im neu erworbenen Haus ihres ältesten Sohnes, der doch häufig auf Reisen war. Das kleine Haus wurde ein willkommener Ort und bot vielen Alterpersonen die Möglichkeit, sich dort aufzuhalten – ohne Lebensgefährten und Kinder. Nach reiflicher Überlegung wurde eine Regelung gefunden, unter der keiner zu leiden hatte.

Anfangs ging es gut, aber auf die Dauer schnupperten einige der Alterpersonen zu sehr an der Freiheit, nun, da die Kinder nicht versorgt werden mußten. Sie gingen zusammen aus und rissen durch ihre ungeheure Begeisterung die anderen mit.

Es stellte sich dabei jedoch heraus, daß keiner mehr die Uhrzeit wußte, alle das Datum vergessen hatten ... Sie zogen auch nachts los. Kurzum, es war ein guter Versuch, aber (noch) nicht möglich. Mutlosigkeit machte sich breit, denn es müßte einem normal denkenden Menschen doch gelingen, einfach eine Weile frei zu sein?

Durch die daraus entstehende Verwirrung fielen wir als Alterpersonen auseinander. Andere Vorschläge wurden auf den Tisch gebracht.

Ein Gartenhaus? Nur für *Mutter*? Das auch als Atelier genutzt werden kann, zum Malen, Töpfern, Lesen oder Tippen? Wo jemand, der auf keinen Fall die Nacht mit dem Lebensgefährten verbringen möchte, auch in Ruhe allein schlafen könnte?

Es war keine Entscheidung, die wir allein treffen konnten. In unserer Familie sind immer zugleich elf Leute davon betroffen, und jeder hat eine andere Ansicht.

Um die Sache kurz zu machen: Wir haben unser großes Haus verkauft. Damit waren die Geldsorgen für kurze Zeit vom Tisch. *Liz* wohnt jetzt mit den vier Jüngsten in einem kleinen, gemütlichen »Ferienhaus«, wie sie das nennt. Die »Männer« sind überglücklich in ihren eigenen vier Wänden.

Jede Alterperson hat in einer feierlichen Stunde etwas Eigenes ins Haus gebracht. So ist an allen möglichen Stellen etwas Besonderes zu finden. Der Lebensgefährte wohnt nicht weit von uns entfernt. Er hat die beiden Knaben in seiner Obhut und kann für eine Weile Abstand gewinnen.

Die Zweitälteste wurde durch diese Entwicklung dazu gebracht, sich auf eigene Beine zu stellen. Sie ist zu unserem Ältesten gezogen. Das gefällt ihr ausgezeichnet, weil sie ganz in der Nähe zur Schule geht.

Sonntags trifft sich die ganze Familie aus allen vier Windrichtungen bei *Liz*.

Zurück zu *Mutter*.

Mutter, die ihre Küken am liebsten ewig unter ihren Fittichen behalten möchte, ist darüber traurig und schüttelt den Kopf, daß nun plötzlich alle in alle Winde umgezogen sind. Und doch weiß sie, daß es nicht ewig so bleiben muß.

Liz und der Lebensgefährte lösen sich ein wenig voneinander. Es ist nicht so, daß sie dadurch weniger Interesse aneinander hätten, im Gegenteil. Ihr wechselseitiger Kontakt ist nun in allem viel bewußter.

Sonntag morgens versammeln sich alle, die ganze Familie. Wer hat etwas zu sagen, zu fragen? Wenn sich für einen der Sprung, den wir zusammen gemacht haben, als zu groß herausstellt, suchen wir eine Lösung. Tränen sind erlaubt. Lachen ist auch gut.

Ich sehe zu und schreibe und weiß, daß alles unheimlich gut gehen wird.

Es kostet Mut, Kinder loszulassen. Aber loslassen heißt nicht, daß sie aus dem Leben verschwinden.

Bei der Umarmung wird die Frage gestellt: Wohin gehst du? Der Bruder ißt heute abend bei der Schwester; der Lebensgefährte geht mit *Liz* ins Kino. Mittwoch abend essen alle zusammen ... Und tausend ähnliche Situationen.

Weshalb ich im Kapitel über *Mutter* über diese jüngste Phase schreibe? Weil ich weiß, daß viele Menschen zu lange warten, bevor sie nach guten Lösungen suchen, die man auch umsetzen kann. Ich habe mit eigenen Augen gesehen, daß *Mutter* sich an die alte Situation klammerte, an etwas, das nicht mehr der neuen Entwicklung entsprach. Wenn man sich an etwas Vergangenem festklammert, kann nichts Neues in Gang kommen.

Mutter dachte oft, sie sei ein Klotz am Bein; aber das stimmt nicht. Viele Multiple sind davon überzeugt, weil ihr Lebensmuster für andere zu kompliziert und unerträglich ist. Kürzlich hörte ich im Radio Witze: Multiple bräuchten mehr als eine Toilette, mehr als eine Wohnung, mehr als nur einen Mann.

Ich erstarre fast zur Salzsäule, wenn ich mir vorstelle, wieviele Kämpfe noch anstehen. Der Gesellschaft muß noch klargemacht werden, was die schweren Auswirkungen von Inzest und Mißhandlungen bedeuten. Wenn man den manchmal aggressiven Unwillen seiner Mitmenschen zu einem Thema hören muß, zu dem man sie gar nicht nach ihrer Meinung gefragt hat, verkriecht man sich vor Schreck fast in sein Schneckenhaus und bekommt das Gefühl, daß man noch immer *den Mund halten soll!*

»Damit hab' ich nichts zu schaffen, was dieser Vater mit dir getrieben hat, oder der Onkel, Opa oder Bruder«, sagen sie in fast vorwurfsvollem Ton. Aber wie man es auch dreht und wendet, wir haben miteinander zu tun, ganz einfach, weil wir alle zusammen die Gesellschaft *sind.*

Mutter sucht in ihrem Leben nicht nach richtig oder falsch. Das interessiert sie nicht. Es geht nicht um Verurteilungen, denn alles hat seine Ursache.

Trägt diese Haltung zu einem Normenverlust bei? Nein, man fängt an, aufrichtig Kontakt zu suchen. Man muß nicht mehr in Schwarz oder Weiß denken.

Hoffentlich habe ich klarmachen können, daß eine Mutter nicht den Mut verlieren darf. Sie hat eine besondere Aufgabe: ihre Kinder zu achten.

Geld, Klamotten und der Rest

Geld ist bequem und verwirrend. Es gibt Macht, und die kann man ausspielen.

Wetten, kaufen, verkaufen, geben, nehmen, verleihen, um es nie wiederzubekommen, verdienen, borgen, anlegen, sparen: kurzum, Geld zu haben oder auch keines zu haben führt dazu, Entscheidungen zu treffen.

Vor Geld braucht man sich nicht zu ekeln. Es geht nicht um die Menge, sondern um das, was man wirklich besitzt und was man dann damit anfängt.

Wir glaubten, uns damit Therapien kaufen zu können und dadurch die Heilung. Aber Heilung ist nicht käuflich: das mußten wir erst noch lernen. Achtzig Gulden für das, hundert Gulden für jenes und so weiter und so fort. Das Leben ist einem teuer, und deshalb müssen die Moneten ausgegeben werden.

Kosten für Reisen, Telefon, Alarm-Phone, damit die Kinder dich jederzeit anpiepen können, Papier, Briefumschläge, Briefmarken ... Ganz zu schweigen von den Schuhsohlen, die man bei all den Kilometern verschleißt.

Wenn man viele Alterpersonen hat, braucht man auch viel Hilfe.

Es hat einen also viel Geld gekostet, und dadurch wurde die Wut über die Verursacher der Krankheit zusehends größer. In Anfällen von Übermut machten sich Alterpersonen allzugern mit dem Portemonnaie aus dem Staub, um die Traurigen unter uns einmal richtig zu verwöhnen.

Sagt mal, Leute, worauf habt ihr Lust?

Nun, dann bricht die Hölle los, denn der eine will dies, der andere das, aber jeder will nur das Feinste vom Feinen.

Wir glaubten auch, man könne Liebe kaufen. Wir hielten ganze Scharen von Mädchen und Jungen aus. Wovon? Oh, das würde sich schon finden. Jetzt war das Geld da, und alles wird schon wieder gut, also: Greift alle zu!

Etwas besitzen ist unheimlich, und man sollte lieber etwas weggeben, bevor es einem weggenommen wird. Eine Alterperson verleiht Geld, erinnert sich aber nicht mehr, an wen. Und auch wenn sie es wüßte, traut sie sich doch nicht, es zurückzufordern.

Kleider, das ist ein schwieriges Thema, denn die Alterpersonen haben viele Größen, Geschmäcker und Vorstellungen. Selbst wenn es friert, daß es kracht, kann es vorkommen, daß wir nur in einer Bluse ausgehen und der Mantel im Schrank hängenbleibt. Beim Weggehen ist noch alles in Ordnung, aber gegen Mittag, eventuell auch schon früher, switcht der eine, der vor Hitze umkommt, gegen den anderen, der fürchterlich friert. Also wird im erstbesten Laden ein Pullover gekauft, der dann wieder irgendwo liegenbleibt. Er mußte ja ausgezogen werden, weil es inzwischen wieder entsetzlich heiß geworden war.

Am frühen Morgen ist der Boden übersät mit Röcken, Hosen, Westen und Strümpfen. Die Entscheidung fällt wieder einmal schwer. Wenn eine Reihe von Alterpersonen sich entschieden haben, miteinander auszugehen, geht alles drunter und drüber. Dann meint man, man hätte nichts anzuziehen, obwohl eigentlich schon zu viel herumliegt. Das wird noch schlimmer, wenn sich jemand von außen einmischt.

»Mami, was hast du nur wieder für eine superscheußliche Kreation an?«

»'ne kurze Hose! Aber Liebes, es ist Winter!«

»Der Mantel ist dir viel zu groß, gehört der nicht deinem ältesten Sohn?«

Man kommt mit allen möglichen Kleidern nach Hause, sie scheinen für die kleinen Töchter zu sein, die sie dann schließlich auch bekommen und sich unheimlich darüber freuen. Unsere Schlauberger tun so, als hätten wir alles für sie gekauft.

Es scheint unmöglich, das zu bekommen, was man braucht. Und wenn man noch so viel hat, es gibt immer weitere Sonderwünsche.

Wenn wir uns schämen – vor allem unter den Gläubigen kommt das manchmal vor –, geht alles holterdiepolter zu einer Sammlung für Menschen in Not, und der Kleiderschrank ist wieder leer.

Geld, Kleidung, Kleinkram, Nippes.

Ich will hier nicht die Alterpersonen schlecht machen, die wie Rechenmaschinen sind und alles bis auf den Pfennig überblicken. *Roberto* ist so einer, den man nicht beschwindeln kann. Es ist nur schade, daß er sich so oft von den Weibern, und, nicht zu vergessen, von den kindlichen Alterpersonen beiseite schieben läßt.

Im Fernsehen sehen wir Bilder von Hunger und Elend und schwups: alles kommt in den Sack mit Essen für die Bedürftigen. Eine Türsammlung für Behinderte? Für Krebskranke? Zuckerkranke? *Mutter* schaut auf ihre neun gesunden Kinder, und siehe da: schon ist der Geldbeutel leer.

Unsere Musikanten sehnen sich nach Musik. Und bevor man sich's versieht, sitzt man im Konzertsaal. Übrigens: Auch das geht inzwischen schon viel besser als früher.

Als der Lebensgefährte in unser Leben kam, lief alles gleich anders. Er weiß es, wir verstecken uns hinter seinem Rükken. Er wird das Geld bestimmt für uns verwalten.

Das haben wir prima abgeschoben. Aber egal, wir brauchten weiterhin Geld:

Nach einer Irrfahrt, Tank leer.

Geld futsch, weil Tasche futsch.

Wo ist der zweite Schuh? Nicht wiedergefunden.

Aber wir können auch sehr sorgfältig mit dem Haushaltsgeld umgehen. Nicht alles ist negativ!

Das Problem »Geld« kommt auch daher, daß es Alterpersonen gibt, die gar nichts besitzen dürfen und *alles* weggeben wollen. Besitzt man etwas, muß es möglichst schnell weggegeben werden; ist es weg, kann man nicht mehr mithalten. Ist der Druck, dazugehören zu wollen, ausschlaggebend, gibt man Geld aus, das man nicht hat.

Beim einen äußert sich das im Zwang, besitzen zu wollen, denn die Hand aufhalten … *nie und nimmer!* Der andere wirft es aus dem Fenster, denn Besitz verführt zur Sünde. Und es steht geschrieben, daß man sein Geld vermehren soll, also …

Das Problem Geld hängt auch mit der Unfähigkeit zusammen, seinen Wert einschätzen zu können.

Wertvolle Dinge ist man nicht wert. Wertloser Kram lockt, als ob er zu einem gehöre. Er ruft einen. Man erkennt ihn.

Bei manchen schönen Dingen kommt Zerstörungswut auf. Es gibt Alterpersonen, die etwas Schönes sofort zerschmettern wollen. Die Schönheit harmoniert nicht mit ihrem Inneren, und das bedeutet, etwas Schönes zu besitzen, heißt die Götter versuchen.

Auch ruppige Bemerkungen tragen dazu ein Steinchen bei:

»Das paßt wie die Faust aufs Auge.«

»Du siehst unmöglich aus!«

»Du siehst aus wie eine Spinatwachtel!«

»Der Rock da, du siehst aus, als gingest du auf Stelzen!«

»Struwelpeter!«

»Genau wie Oma!«

Solche Sätze im Kopf machen Alterpersonen unruhig und krank. Sie tauchen in der Menschenmenge unter und holen sich ihr Selbstvertrauen wieder, indem sie riesige Blumensträuße kaufen, Süßigkeiten und Leckereien und Riesenportionen Eis. Wir geben an, und wir gehören auch dazu, um jeden Preis!

Wir leben in Gütergemeinschaft ... Er arbeitet, wir arbeiten, und jedem gehört die Hälfte. Aber sich etwas zu nehmen, ist und bleibt ein Problem. Jeden Monat haben wir »Dankeschön« zum Lebensgefährten gesagt, als ob wir uns nicht die Beine aus dem Leib rennen würden.

Er hat gearbeitet, und wir haben nur rumgeschludert?

Ja, so ähnlich dachten wir.

Aber da jetzt mehr Alterpersonen miteinbezogen sind, und wir alle besser miteinander kooperieren und dabei von Wim praktisch unterstützt werden (Wim ist der Familienhelfer), ist jetzt alles viel besser geworden, und wir lernen, mit Geld umzugehen.

Wir gönnen uns Zeit und Ruhe, um durchführbare Abmachungen zu treffen, wenn wir einkaufen gehen. Wir schreiben Merkzettel, sogar mehrere, denn es könnte sein, daß einer verlorengeht ... Wenn wir etwas sehen, was wir haben wollen, stecken wir die Köpfe zusammen, gehen notfalls noch einmal um den Block und denken noch einmal darüber nach, ob wir die Sache wirklich haben wollen.

Wir lassen uns von den Alterpersonen nicht mehr wegschieben, die immer denken, daß »es doch gleich wieder weg« ist oder daß »es eigentlich verboten ist«. Wir haben neun Kinder, die alle großgezogen werden müssen. Ein zusätzliches Problem sind die Kindpersonen an *Mutters* Rockzipfel. In den Läden fällt es einem sowieso schon schwer, sich zu konzentrieren – die laute Musik und die vielen Menschen, die du alle genau anschauen möchtest –, und die Kinder machen das Einkaufen nicht einfacher.

Kinder fragen drauflos; nicht nur nach Dingen, die sie haben wollen, sondern auch danach, wie dies funktioniert und jenes zusammengesetzt ist, und ob wir nicht mal kurz herschauen können. Wir gönnen es den Kindern ...

Wenn wir für die Kinder einkaufen, fangen die Kindpersonen auch zu quengeln an. Meist kauft *Mutter* dann zweimal dasselbe, zum großen Erstaunen der Kinder. Aber *Mutter* ist schlau und sagt: Stellt euch vor, wir würden etwas verlieren! Die Kinder geben sich mit der Antwort zufrieden, und die kindlichen Alterpersonen freuen sich über die Geschenke.

Manchmal sagt *Mutter*, wie es sich wirklich verhält:

Ihr wißt, daß es in mir auch Kinder gibt: *Noortje, Eva, Vloske* ... Die möchten auch gern was haben. Die Kinder finden auch diese Antwort völlig normal. So bleibt das Gleichgewicht zwischen *Mutter*, den Kindern und den kindlichen Alterpersonen erhalten.

Kein Geld mehr da? Dann kann man nichts mehr kaufen. Alle ist alle, klingt gut in den Ohren der Kinder. Da ist nichts mehr zu machen. Also: den Rest der Woche keine Kekse oder andere unsinnigen Sachen mehr.

Nie mehr Geld einstecken, als man unbedingt braucht.

Ganz selten noch geht es beim Einkaufen mal schief. Das kommt daher, weil *Mutter* die Tricks so verabscheut, die sich gewiefte Verkäufer ausgedacht haben. Lange Reihen von Müttern und Vätern, müde Kinder, klingelnde Kassen, das ist nichts für *Mutter*. Wenn sie lange anstehen muß, sieht sie Sterne und Striche vor den Augen, und ihr wird abwechselnd heiß und kalt. Eines Tages war es wieder soweit:

Regale voller Süßigkeiten, bunte und verlockend duftende Rollen, Stäbchen und Päckchen ... Die Kinder möchten etwas haben, von dem Mutter schon gedacht hatte: Wenn sie das wollen, sag ich *nein!*

Also sagte sie auch: Nein.

Aber wegen ihrer Ohnmacht und wegen des Weiterquengelns der Kinder – man weiß ja nie, ob sie nicht doch plötzlich zustimmt – kam *Niels* in die Nähe.

Mutter hatte große Lust zu sagen, was sie von den ausgekochten Verkäufern hält, die Regale mit Süßigkeiten genau vor den Kassen aufstellen. Bevor *Mutter* es sich versah, schoß *Niels* nach vorne und warf das ganze Regal mit viel Lärm und Getöse um. *Niels* hatte nämlich auch die Nase gestrichen voll.

Aber *Mutter* schämte sich, und *Karel* dachte: Diese Frauen sind auch nie zufrieden mit der Unterstützung, die sie von uns bekommen.

Alle Süßigkeiten lagen auf dem Boden verstreut, zur grossen Freude aller anwesenden Kinder.

Niels war natürlich nirgends mehr zu sehen.

Bei der Krankenkasse haben wir vorgerechnet, wie hoch die Fahrtkosten sind und erläutert, daß wir nicht alles, was mit den Therapien zusammenhängt, zahlen können. Hoffentlich bekommen wir schnell eine Zusage, damit der finanzielle Engpaß behoben wird.

Wir hätten das alles schon viel früher machen können, aber erstens hatten manche Alterpersonen einen falschen Stolz: Die Hand aufhalten? Na hör mal! Und zweitens wußten wir nicht, daß man einen Zuschuß beantragen kann.

Den Mut finden, das zu fordern, worauf man ein Recht hat, das ist etwas Positives. Man weiß ja, weshalb man es tut, nämlich, weil man geheilt werden möchte.

Die Täter laufen nur allzu häufig fröhlich pfeifend herum, als ob sie von nichts wüßten. Es kommt darauf an, sich selbst lieben zu lernen, gerade auch in praktischen Dingen.

Die schwarze Seite

Die Nacht ist kurz,
der Tag zu lang.
Wer sagt zu mir,
sei nur nicht bang?

Der Wein ist sauer,
das Bier ist all,
das Bett zu kalt,
drum leg dich drauf.

Die Augen zu,
das Licht ist an,
ich denk' nicht mehr …
Es ist nur ein Job.

Hure, Hurerei, rumhuren, triumphieren, krepieren … Diese Worte fallen mir als erstes ein, wenn ich an das Leben denke, das sich diskret hinter den Kulissen abspielt.

Töchter, die von Vätern mißbraucht werden. Und Söhne, die von ihren Müttern mißbraucht werden.

Aber auch: Väter, die ihre Söhne mißbrauchen. Mütter, die ihre Töchter mißbrauchen.

Diese Väter, die zu »anständig« sind, um zu den Huren zu gehen, nehmen statt dessen ihre kleine Tochter. Diese Väter denken: Bedürfnisse sind da, um befriedigt zu werden.

Wird eine Hure als Hure geboren? Schon die Frage läßt mich erstarren.

Zur Hure wird man gemacht.

Kleine Mädchen werden zur Hure des Vaters oder eines anderen Blutsverwandten oder des Nachbarn, eines Bekannten oder wessen auch immer. Der Kern dieser schrecklichen Geschichte birgt Unschuld. Das kleine Ding weiß ja noch nicht, daß sie dazu verdammt ist, Hure zu sein? Daß der schwere Körper des Vaters sie zur Hure macht?

Macht sie das gratis, ohne Hintergedanken und für nichts?

Ja.

Der Geschlechtstrieb des Täters kommt für kurze Zeit zur Ruhe, ohne daß er dafür etwas bezahlen muß. Das Kind fordert nichts, sondern gibt einfach um des lieben Friedens willen. Bevor es gelernt hat, zu protestieren oder auch nur zu erkennen, daß es so etwas wie Protest gibt, wurde es überrumpelt, in die Tasche gesteckt, mißbraucht. Und ihm wurde diese unerträglich schwere Last des Schweigens auferlegt.

Du darfst nie etwas sagen, sonst ...

Ein Kind lernt schnell, ohne sich zu irren, wie es Papa glücklich machen kann. Je mehr es sich anstrengt, desto glücklicher wird er. Er lobt seine nie nachlassende positive Einstellung, und es findet schnell heraus, daß es ihm gefällt, wenn es in dem einen Augenblick ein bißchen stöhnt und im anderen ... Daran, wie der Tag weiter verläuft, sieht es, ob es seine Sache gut gemacht hat oder nicht.

Bleibt er am Nachmittag weiter fröhlich, und pfeift er vor sich hin, dann denkt es: Das hab' ich gut gemacht. Wird der Tag aber dunkel, und gibt es Blitz und Donner, dann muß nächstes Mal etwas besser gemacht werden.

Der Täter duldet keinen Widerspruch, und er muß auch keinen Widerspruch befürchten. Er glaubt selbst immer mehr an die Lüge, es sei gut für das Kind, ja mehr noch: es habe selbst den Wunsch. Erst wenn sich die Sache um hundertachtzig Grad gedreht hat, ist er wirklich zufrieden.

Kinder sind schlau. Sie versuchen, einen Vorteil herauszuschlagen, wie klein sie auch sind, und wie groß ihre Not auch ist. Eine fremde Macht nistet sich in ihnen ein, die sie nicht hätten, wenn sie ihren Papa einfach nur als ihren Papa sehen könnten. Jetzt, wo der Papa auch der Liebhaber ist, haben sie ihn in der Hand.

Wenn sie etwas haben möchten, was normalerweise nicht in Bereich des Möglichen liegt, setzen sie diese Macht ein und probieren sie aus. Es gibt subtile Drohungen: Was wäre, wenn ich aus Versehen was ausplauderte? Sie spüren, daß der große Mann immer wieder etwas von ihnen möchte, und das gibt ihnen Macht.

So wird die Hure gemacht, geformt, gegen besseres Wissen. Ist sie dann erwachsen, so bleibt sie dabei, auch wenn sie die Möglichkeit hätte, sich dafür oder dagegen zu entscheiden. Das Schmutzige und Unanständige von früher, als man den Kopf ins Kissen gepreßt so darüber weinen mußte, daß alles naß wurde, kehrt sich langsam aber unweigerlich um und wird zum harten Panzer. Und es wird »aufgeteilt«, dissoziiert. Verschiedene Alterpersonen bilden sich heraus, und jede geht anders mit der so entstandenen Wirklichkeit um. Dann kommen reife Frauen, Sportler, starke Männer, Huren. Man versucht mit allerlei Ausreden zu retten, was noch zu retten ist.

Jahraus, jahrein ist das Mädchen die Hure des Vaters. Sie spielt die Rolle nicht, nein, sie *ist* es.

Unsere Huren, das *sind* Huren. Liebe Leserin, lieber Leser, es ist nicht genau zu definieren, wie und wann die Hurerei bei uns angefangen hat. Das ist genauso vage und wenig greifbar wie die vielen Male, in denen tagein, taugaus, jahrein, jahraus, zwischen den Alterpersonen geswitcht wird. Die Alterpersonen kommen heraus, sobald sie gebraucht werden, wenn die Umstände es erfordern. Sie tauchen in ihre Rolle und handeln nach Gutdünken.

Bei den Huren ist das genauso. Der Mißbrauch der Kindheit setzt sich ganz von selbst in ihrem Erwachsenenalltag fort, in ihrem sozialen Leben ... Daß wir verheiratet sind und Kinder haben, nehmen diese Huren meist nicht wahr. Sie gehen ihren eigenen Weg und machen weiter wie gewohnt.

Wir hatten gerade den Lebenspartner geheiratet und waren bei einem Geistlichen eingezogen, der uns eine Gratisunterkunft angeboten hatte. Das weckte dankbare Gefühle bei den Alterpersonen. Die »Gläubigen« wollten gerne in Glaubensfragen unterrichtet werden, andere bemühten sich, das Haus sauber und behaglich zu machen. Es wurde für beide Männer gekocht. Die »Denker« saßen bis zum Morgengrauen mit dem Lebensgefährten und Hochwürden zusammen und philosophierten bei einem Glas Wein.

Einige Alterpersonen lebten intensiv mit dem Lebensgefährten. Andere hatten Mitleid mit dem Geistlichen, weil der keine Frau hatte, obwohl er ein Mann war. Im Herzen der Huren hatte sich der Gedanke eingenistet: »Die eine Hand gibt, die andere nimmt« und »Wir dürfen nicht in der Kreide stehen«. Und ehe man es sich versah, verfielen sie in den bekannten Automatismus, es dem Mann recht machen zu wollen. Die Devise lautete ja: das kostenlose Wohnen muß bezahlt werden.

Hochwürden war ein Glied in einer langen Kette. Er machte eine einladende Geste, und wir boten uns ihm auf dem Präsentierteller an. So kam es fast wie von selbst zu Hurerei und Ehebruch. Die innere Haltung, die einen Ehebruch möglich macht, war schon da.

Um die eigene Position zu schützen, muß eine Alterperson die andere wegschieben. Dadurch entsteht eine

Trennung im Gedächtnis: Was die Huren tun, wird von den anderen Alterpersonen nicht wahrgenommen. Daher entwickelt sich kein Gefühl dafür, daß etwas Ungewöhnliches geschieht. Die verschiedensten Ereignisse und Taten werden als sehr normal erlebt.

Der Lebensgefährte wußte vom Ehebruch, war aber nicht wachsam und ließ es einfach geschehen. Weshalb? Ich glaube, daß auch er die Existenz der Huren als selbstverständlich hinnahm.

Manchmal waren unsere Huren jahrelang aktiv, manchmal »schliefen« sie auch lange und zeigten sich nicht. Auch dieses Verhalten gehört zum Überlebensmechanismus.

Einmal reisten wir für zehn Tage nach Spanien, um einmal aus allem raus zu sein. Der Lebensgefährte winkte uns nach, und ein schöner Urlaub schien vor uns zu liegen.

Die Sonne, das Meer und die andere Umgebung brachten eine enorme Verschiebung in der Welt der Alterpersonen in Gang. Normalerweise gibt die Uhr vor, was zu geschehen hat: die Kinder müssen zur Schule, der Lebensgefährte geht aus dem Haus, die Kinder kommen nach Hause, der Lebensgefährte ist wieder zurück … Diese Regelmäßigkeit bestimmt den Rhythmus des Lebens, seine Disziplin.

Aber Spanien bedeutete: alles ist erlaubt! *Mutter* tat das Herz weh, weil sie die Kinder vermißte, und viele andere Alterpersonen fühlten sich allein ohne den Lebensgefährten. Sie lagen von frühmorgens bis spätabends im Liegestuhl. Dann sahen wir plötzlich, daß wir den ganzen Tag vertrödelt hatten, ohne wirklich da zu sein.

Panik kam auf. Wo sind wir überhaupt? Wie spät ist es? Welcher Tag ist heute? Und wir sagten zueinander: Wir wollen diesem verrückten Zustand ein Ende machen und rausgehen, unter die Leute und ins Leben.

Also gingen wir raus und suchten die Musik, die Geselligkeit, die Cafés und die Unterhaltung auf.

Dann sahen wir diesen Mann. Später stellte sich heraus, daß er Neurologe war. Er saß da ganz allein.

An allen Tischen wurde fröhlich Englisch geplaudert. Welche der Alterpersonen würde er ansprechen? Egal, auf jeden Fall waren es die Huren, die sich nach vorn drängten. Und wen wollten diese Personen schützen? Sobald eine bestimmte Person herauskommt, tut sie das zu unser aller Schutz; wir werden dadurch vor dem drohenden dunklen Loch bewahrt: das Loch der panischen Angst vor dem Verrücktwerden, die Angst, nicht zu wissen, wer wir sind, wo wir sind und warum wir da sind.

Die Huren verdienen ihr Geld mit dem, was sie tun. Es ist ihre Welt: das Geplaudere, die Getränke, die reihum spendiert werden ... Der Herr da erzählt, er sei frisch geschieden und wolle seinen Kummer ersäufen. Jede Geschichte klingt gleich traurig. Die Huren wollen trösten und kommen in Aktion.

Man kann doch etwas Nettes und Unterhaltsames unternehmen? Also verwöhnen die Huren den Mann, die Sportler gehen mit ihm in die Berge wandern, und die Entertainer fangen ein Gespräch mit ihm an. Viele Alterpersonen bekommen so ihren Teil und verhindern dadurch, daß wir verrückt werden.

Ich weiß nicht wie, aber schließlich kehrten wir wieder wohlbehalten in die Niederlande zurück.

Die Jahre vergehen. Die Huren bleiben. Eines Abends wollen wir mit dem Lebensgefährten ins Konzert gehen. Die musikalischen Alterpersonen haben für sich und den Lebensgefährten zwei Plätze reserviert, aber kurz vor Beginn des Konzerts hat der Lebensgefährte plötzlich keine Lust. Weil das Konzert ausverkauft war, gab es Leute, die gerne eine Karte haben wollten. Der freigewordene Platz wurde also von einem anderen besetzt.

Die musikalischen Alterpersonen gingen in der Musik auf und hatten für nichts anderes Augen und schon gar nicht Ohren als für die Klänge und Rhythmen. Der Mann neben uns scheint sie auch genießen zu wollen, aber nicht nur die Musik ...

Durch eine leichte Berührung, »aus Versehen«, dreht sich die Welt der Alterpersonen um hundertachtzig Grad. Mit donnerndem Getöse. Weil die Huren noch nicht gelernt haben, wie sie derartige Situation erkennen und meistern können, schieben sie die musikalischen Personen zur Seite. Sie nehmen ihren Platz ein und warten ab, was von ihnen verlangt wird.

In der Pause fragt der Herr, ob wir mit ihm etwas trinken möchten. Dieser Herr, der etwas fragt, steht jetzt stellvertretend für etwas, das die Huren aus der Vergangenheit so gut kennen. Heute ist ihnen der Mechanismus, nach dem das funktioniert, klar, damals war er es noch nicht.

Nach der Pause fragte er: Sollen wir noch länger im Konzert bleiben oder etwas anderes unternehmen?

Keine Ahnung.

Vielleicht bei ihm zu Hause Kaffee trinken?

Bei ihm zu Hause Kaffee trinken ... Die Alterpersonen überblicken die Lage nicht mehr, sie wissen nicht mehr, was sie an diesem Abend tun wollten. Das ist eine Auswirkung jener Macht aus der Vergangenheit, die sie noch immer beherrscht. Diese Macht, die zu der Zeit noch nicht gebrochen war, läßt sie in eine Trance verfallen.

Die Huren unter uns handeln so, weil sie ständig in ihren Gedanken einen Auftrag hören. Ob es sich nun um sogenannte »Seitensprünge« handelte, um die Arbeit im Bordell, Seite an Seite mit anderen Huren, um organisierten oder unorganisierten Sex, es funktionierte immer nach demselben Muster.

Genau wie die anderen Alterpersonen machen auch die Huren aus der Not eine Tugend. So sehen sie es wenigstens.

Und wie dachte der Lebensgefährte darüber? Die Huren kapierten den Funktionsmechanismus noch nicht. Und er?

Er liebt und ist dadurch eingeschränkt. Wir nicht.

Er beobachtet und respektiert die Ehrlichkeit, ohne Stellung zu beziehen. Er schweigt. Dieses Schweigen zementierte unsere Verwirrung und unsere Gespaltenheit.

Was halten andere Menschen davon? Voller Mitleid über so viel Schmutz in den Städten, den Dörfern, auf den Straßen und Wegen sagen die Leute kopfschüttelnd: »Ein Glück, daß es sie gibt, sonst sähe die Welt noch schlimmer aus.« Sie, das sind die Huren. Sie stellen ihren Körper – der ihnen sowieso nicht mehr gehört – zur Verfügung. Und sie machen dabei noch Profit, für sich und für die Kinder, die sie großziehen müssen. Denn von der Sozialhilfe allein kann man nicht leben, und dein Kind möchte auch einmal Schuhe, eine Hose oder einen Mantel einer angesehenen Marke. Wenn es die falsche Marke trägt, wird es von seinen Klassenkameraden zum Außenseiter abgestempelt. Und die Mutter, die schließlich eine Hure ist und bei der doch keinerlei Hoffnung auf Besserung besteht, möchte ihm auf jeden Fall das Allerbeste geben.

Die Hure hat eine Menge Aufgaben. Aber am wichtigsten ist es, daß sie dem Mann, der ihren Körper kauft, gute Ware für gutes Geld bietet.

Wenn sie in einer Gruppe arbeitet, hat sie mit der Konkurrenz und auch mit einem Chef oder einer Chefin zu tun, die entsprechende Anforderungen stellen.

Sie muß etwas einstecken können, denn wenn sie gut »ankommt« und bei den Kunden beliebt ist, können ihr die anderen Frauen übelwollen. Sie muß steinhart sein können, völlig vernagelt sein, aber gleichzeitig immer sanft und freundlich auftreten. Sie muß willig schnurren können wie ein Kätzchen, denn das lieben die Kunden.

Außerdem muß sie eine erstklassige Schauspielerin sein, denn wenn es ihr auch vor dem Männerkörper graust, muß sie sagen, sie fände ihn wunderbar. Um das zu tun, was Männer gern von einem wollen, muß man Grenzen überschreiten und sich oft innerlich aus der Wirklichkeit ausklinken.

Eine Hure kann wunderbar überleben. Sie redet sich selbst und den anderen ein: *»Dort, in dem Zimmer bin ich der Boß!«*

Die wirklich mit allen Wassern gewaschenen Huren kann man nicht mehr verletzen, jetzt nicht und auch in Zukunft nicht.

Das behaupten sie, das behaupten auch unsere Huren.

Sie bilden die Spitzenklasse. Es gibt auch eine Mittelklasse bei den Huren, die sich kaputt schuften, um als Hure erstklassig zu werden. Ganz unten gibt es Huren, die sich eine Weile abrackern und abschinden und schließlich bei Nacht und Nebel auf und davon gehen.

Viele Huren werden von ihrer Vergangenheit verfolgt. Sie haben eine falsche Entscheidung getroffen, weil sie nicht anders konnten. Sie entscheiden sich genau für das, was sie im Grunde nicht wollen, und bleiben die Hure des Täters.

Ich bin noch nie einer Hure begegnet, die sich für diesen Beruf aus der Überzeugung entschieden hätte, daß es Spaß mache. Es gibt einige, die das zwar behaupten, aber ich glaube ihnen keine Silbe. Die meisten wurden als Kinder mißbraucht und zusammengeschlagen. Ich habe großen Respekt vor den Huren, die es sich eingestehen – und auch öffentlich ehrlich dazu stehen –, daß sie sich immer wieder für das entscheiden, wozu man sie früher einmal gezwungen hatte. Sie drehen den Spieß um und sagen selbst ja oder nein zu einem Mann. Und am Ende bekommen sie dafür Geld – was sie als eine Art ausgleichende Gerechtigkeit betrachten.

Männer kommen, Männer gehen – und die Liebe ist nie ewig.

Männer kommen. Zu Hause haben sie gesagt, sie gingen zum Fußballspielen. Sie kommen, weil ihre Ehefrau und die Mutter ihrer Kinder im Bett keine Lust mehr hat.

Oder sie kommen aus purer Einsamkeit und geben viel dafür aus, ein paar Stunden ein Dach überm Kopf zu haben.

Zuerst gibt es etwas zu essen auf Kosten des Hauses. Danach einen Seitensprung mit allen, auf Kosten des Direktors, der als einziger nicht nach oben mitkommt, denn er muß keusch bleiben. Wenn alle dann befriedigt abgezogen sind, geht er schließlich nach oben, um es nachzuholen.

Männer sind Männer und rufen stolz, daß sie Hähne sind und Hähne bleiben. Sie sagen auch gern: Wir sind nun mal Jäger. Aber davon stimmt kein Wort, denn wenn einem die Beute so problemlos vor die Füße geworfen wird, gibt es nichts zu jagen.

Beide Parteien halten an ihrer Überzeugung fest, und so ändert sich nichts. Der sucht eine Lösung für seine Not und sie einen Broterwerb – und beide sind Opfer.

Die Männer sind von den Huren abhängig. Sie würden gern damit aufhören, aber sie schaffen es nicht. Es treibt sie ins Bordell, weil sie dort wie die Fürsten empfangen werden.

Die Frauen sitzen da, starren vor sich hin und warten auf den Moment, in dem sie ausgewählt werden; das schmeichelt ihrem Ego und bringt obendrein noch Geld. Sie haben das angenehme Gefühl, daß sie für dieses Geld eigentlich wenig haben leisten müssen.

Die Welt der Huren kennt Klassenunterschiede. Es gibt Männer, die sagen: »Es ist nicht mehr das, was es früher war. Damals gab es noch *Damen*. Wenn man sieht, was da heute so alles rumläuft!«

Kondome?

Dieselben Männer sagen: »So ein Blödsinn, ich mach' das schon zwanzig Jahre. Hab' ich nicht nötig!« In Wirklichkeit kriegen sie mit dem Kondom keinen Orgasmus. Sie meinen, daß sie mit Geld alles kaufen können.

Huren sehen zuerst das Geld und dann erst die Männer. Das ist zumindest bei vielen so, freilich nicht bei allen: Es gibt auch Frauen, die hoffen, daß eines Tages dieser eine Prinz auftauchen wird, der sie erlöst. Bis heute kann es mit der Liebe immer schief gegangen sein, aber man weiß ja nie. Seinen Prinzen kann man doch an den sonderbarsten Orten treffen?

Die Welt der Huren ist eine Welt der Extreme. Es gibt stolze Dominas, die die Peitsche schwingen. Es muß wunderbar sein, einmal selbst die Regeln vorzugeben, denn früher hat man immer unten gelegen. Aber wie man es auch dreht und wendet, die Beine machen sich immer wieder breit, und alle möglichen Stellungen müssen eingenommen werden. Wenn du zu oft sagst, du würdest etwas nicht tun, bleiben die Männer weg, und dann weiß man, man hat versagt.

Huren für Süßigkeiten, huren für Eis, huren für Geld, huren für Macht, huren aus Verzweiflung.

Man sitzt, schaut und wartet auf Beute. Augen, Beine und Mund sprechen ohne Worte.

Gehört man erst einmal zur Welt der Huren, dann ist es fast unmöglich, wieder auszusteigen. Man muß sich herausbrennen. Es gibt nur eine einzige Möglichkeit, allein aus diesem Sumpf herauszukommen: Alle Sinne darauf zu konzentrieren, sich zu trauen, in sich hineinzuhören und herauszufinden, ob man wirklich aufhören will. Man muß die Kraft aufbringen, sich von der Macht des Geldes zu lösen.

Denn Schulden machen ratlos. Schulden bringen es mit sich, daß über einem Bosse sind, die alles vorschreiben. Man muß es wagen, sich diesen Bossen zu widersetzen.

Man muß lernen, die Liebe wieder mit dem in Verbindung zu bringen, was der eigene Körper ist.

Natürlich ist eine Hure in sich selbst gespalten. Sie tritt aus ihrem Körper heraus, sobald sie arbeitet, und bleibt in ihrem Körper, sobald sie frei ist. Dieses letzte, frei zu sein, das möchte jeder.

Jeder Mensch möchte *frei* sein. »Aber«, sagen die Leute dann, »Huren haben doch die Freiheit, nein zu sagen?« Doch wie gesagt: Die muß ich erst noch finden, die freiwillig Hure geworden ist.

Die Autos kommen und fahren weg, tagsüber und nachts: ein langer Strom von Zuschauern, stillen Genießern, Einsamen, die nicht mehr allzu lange zu leben haben, Witwer, die keine Frau mehr finden können, Männer, Väter, Ehemänner. Die Ehemänner wollen in beiden Welten leben: am heimischen Herd mit Zeitung und Pantoffeln und in der Welt der Jagd.

Wer zwingt die Hure?

Keine realen Machthaber. Der Zwang ist in ihnen, und sie haben ihn mit der Muttermilch eingesogen. In der Hure ist eine Rachegöttin an der Macht, die das zurückholen will, was gestohlen wurde, und die sagt: Jetzt bin ich der Boß.

Wo du dich auch aufhältst, du fühlst dich schmutzig und widerlich und möchtest bestimmt hundertmal am Tag baden. Huren fühlen sich nuttig.

Aber sind Huren schmutzig? Nein, sie sind häufig sauberer als andere Menschen.

Huren sind oft ehrliche Menschen. Sie schlagen sich nicht auf die Brust und erheben sich nicht über andere. Sie gehen unter einer schweren Last gebückt, und gibt's Probleme, fallen sie in vertraute Muster zurück – muß man sich darüber wundern?

Unsere Huren haben die Macht besiegt, die ihnen in ihrer frühen Kindheit gegeben wurde. Eine nach der anderen machte Schluß mit dem eingefahrenen Leben. Die Befreiung liegt im Sieg der Liebe. Zuerst in der Liebe zu sich selbst, in der Erkenntnis, daß du schön und in Ordnung bist, so wie du bist, und daß du dich keinem zur Verfügung stellen mußt, nicht einmal, um deinen Kindern ein anständiges Leben bieten zu können. Ich habe Frauen an ihren Schuldgefühlen zerbrechen sehen: Ihre Kinder schliefen allein zu Hause, weil die Mutter tippeln gehen mußte.

Unsere Huren, sie suchten ihren Weg ...

Kittie, die Kräftige, und *Lava*, die Tänzerin, verabschiedeten sich nach langem Nachdenken von den Männern und einem Leben, das braust, sie aber gleichzeitig auspreßt. Ihr Entschluß war das Ergebnis langer konfrontierender therapeutischer Sitzungen, an denen sie freiwillig teilnahmen. Durch diese Therapie lernten sie sehen, daß mehr in ihnen steckt als nur dieser Zwang, die Bedürfnisse der Männer zu befriedigen.

Es ist Heiligabend, und die Glocken läuten. Dort geht *Kittie*, die immer wie angewachsen auf dem Pferd saß. Jetzt zittert sie an allen Gliedern. Sie trägt das schwarze Kostüm. Obwohl die Heizung voll aufgedreht und das Auto in ein Treibhaus verwandelt ist, fühlt sie sich so kalt wie ein Eiszapfen.

Das Radio verkündet die Frohe Botschaft von der immerwährenden Liebe, vom Fest des Kindes, das geboren wurde, um die Menschheit zu erlösen … Aber *Kittie* steht vor der Schwelle zum Abschied. Sie rechnet mit ihrem Wesen ab, mit dem Zwang, die zu sein, die sie sein mußte. Noch ein einziges Mal wird sie den Ort aufsuchen, an dem sie so häufig als Hure gearbeitet hat.

Sie denkt an die Priester, die einen Ring am Finger tragen, weil sie mit Gott verheiratet sind. Beim Rasen über die Autobahn grübelt sie, wie es denn möglich ist, daß manche dieser Priester es wagen, von der Kanzel herunter Keuschheit zu predigen, obwohl sie selbst regelmäßig zu den Huren gehen. Sie predigen vom Licht, das die Finsternis nicht ertragen kann, obwohl sie in eben dieser Finsternis ihren Weg gehen.

Kittie weiß, daß diese Diener Gottes auch kleine Kinder mit ihrem Atem besudeln, der nach Meßwein riecht.

Eine Kerze und eine Weihnachtskarte in der Hand tritt sie gemeinsam mit *Lava* und ein paar starken »Männern« aus der eisigen Kälte in das warme, schwüle Zimmer. Dort wird gelacht und getrunken. Im Zimmer spielt laute Musik, und keiner denkt an morgen, denn hier versteht man die Kunst, das normale Alltagsleben so sein zu lassen, wie es ist. Hier träumt man davon, Prinz zu sein.

»Welcome, my dear!«

Ein Moment lang ist die Versuchung da, in das Vertraute zurückzufallen, das einzige, was es je im Leben von *Lava* und *Kittie* gegeben hat. Aber *Kittie* blickt auf die Kerze, wie auf eine stille Zeugin. Die Kerze erinnert sie an die Flamme, die brennen wird, sobald einer da ist, der sie anzündet.

Sie unterhält sich oberflächlich und fühlt sich von den anderen Alterpersonen unterstützt. Sie weiß, daß auch unser Therapeut in Gedanken bei ihr ist.

Es wird still um sie.

Dann rennt sie hinaus, ohne sich umzusehen. Sie findet das Auto, gibt Vollgas und jubelt. Auf der Autobahn steigt sie bei einer Tankstelle aus und kauft einen weichen, flauschigen Tiger. Dieses weiche Kuscheltier stopft sie in ihr schwarzes Kostüm, an ihren Körper, so daß die nackte Haut es fühlen kann.

Nun ist die Nacht still, und dort, an dieser besonderen Autobahn, lauscht *Kittie* der Stille, die sie zuvor noch nie wahrgenommen hatte. *Lava* sitzt neben ihr, und die beiden Frauen umarmen sich.

Durch diesen Schritt *Kitties* und *Lavas* geriet das System der Alterpersonen ziemlich durcheinander. Außer Erschrecken gab es auch Neugierde. Die Huren hatten bis vor kurzem ihren eigenen »Arbeitsbereich« und waren – von ihrer Sache überzeugt – mit ihrem Leben und dem des Chefs, der Chefin, des Zuhälters und so weiter ausgelastet. Mit einem Mal sahen sie die Männer, die kamen und gingen, mit anderen Augen an.

Deborah zum Beispiel wollte im Bad nicht mehr an Händen und Füßen gefesselt werden, zum Vergnügen des Mannes, der sie gern so liegen sah und darauf abfuhr, sie vor dem Ertrinken zu retten. Es war zwar immer nur Spiel, aber *Deborah* wollte es trotzdem nicht mehr.

Vrek verspürte immer stärker die Neigung, den Blick von dem Mann abzuwenden, dessen Hoden sie mit einem Schnürsenkel abkneifen sollte.

Spriet wollte kein Geld mehr sehen.

Suzette mußte sich beinahe wegen des Mannes mit den Beulen übergeben, die sie ständig massieren sollte. Sie versuchte trotzdem, Mitleid mit ihm zu haben und so die Kraft zu finden, ihre Arbeit tun zu können. Der Mann zahlte schließlich dafür.

Stronk wurde müde, sobald die ersten Sonnenstrahlen kamen, etwas, das sie noch nie erlebt hatte, und weshalb sie auch nicht verstand, was ihr der Körper damit sagen wollte.

Willemijn hörte sich die Klage der Männer an, daß die Frauen von heute ihr Fach nicht mehr verstünden. Sie hörte sich an: daß die Huren von heute nicht mehr die Huren von früher wären. Daß die Spezialistinnen eigentlich die jüngeren Frauen erziehen und unterrichten müßten, damit die Gäste gute Ware für ihr gutes Geld bekämen. Daß eine Hure besser eine soziale, psychologische und sexuelle Fachkraft genannt werden solle, statt Hure, Nutte, Schlampe oder Dirne.

Sie erschrak darüber, daß insgeheim – trotz der vereinbarten Festpreise – konkurriert wurde und, entgegen der Vereinbarung, dennoch über »mit Kondom« oder »ohne« verhandelt wurde. Sie war der Meinung, daß sich die Frauen damit gegenseitig kaputtmachten. Ignorieren sie die Ansteckungsgefahr, dann geben sie den Männern immer mehr Handlungsspielraum. Wenn auch die Medien sich sehr bemühen, ein Bewußtsein für Sicherheit zu wecken, die Macht des Geldes und die Konkurrenz unter den Frauen bleibt.

Unsere Huren kamen immer mehr zu klaren Erkenntnissen, die anfangs noch zu schmerzhaft waren, um sie auszusprechen.

Ich, *Autorin,* habe sie jedoch aufgeschrieben und aufbewahrt.

Es gab noch einen Zwang – vielleicht war er sogar am stärksten –, der unsere Huren beherrschte und unter dem sie litten:

»Wenn die Männer, die uns brauchen, nicht uns nehmen, geraten andere in Gefahr, ihnen in die Hände zu fallen. Im schlimmsten Fall kleine Kinder!«

Unsere Arbeit war auch eine Art Rettungsaktion, noch verstärkt durch das eingeschliffene Muster, gehorsam sein zu wollen.

Kittie und *Lava* hatten schon Abschied genommen. Durch das Hexenverhalten der Huren, das deswegen bei ihnen entstand, starb *Willemijn.* Sie selbst war keine Hure, sondern mit den anderen Huren in deren Welt gegangen, um sich zu opfern. Durch die großen Verschiebungen zwischen den Alterpersonen geriet sie in eine ausweglose Situation. Ihr Sterben schlug wie ein Blitz in eine düstere Welt ein. Alle trauerten um sie: Dieser Teil von uns hat nicht standhalten können und ist zusammengebrochen. Dadurch lernten die Alterpersonen, sich zu bündeln, und ich dachte an die letzte, entscheidende Fahrt einer unserer Huren, an *Lize.*

Lize sitzt und wartet. Sie wartet auf die Klingel und den Herrn, der dann eintreten wird, um unter all den wartenden Frauen seine Wahl zu treffen.

Es klingelt.

Vier Herren treten ein.

Alle setzen sich aufrecht hin. Nettes Lächeln und durchbohrende Blicke; das Spiel der Wahl beginnt.

Drei der Herren wissen schnell, wen sie wollen.

Ein Herr zögert und sitzt bei *Lize.* Die anderen drei drängeln ihn.

»Beeil dich, Mann, worauf wartest du noch?«

Lize meint, einen ratlosen Blick zu sehen und versucht, ihn zu beruhigen.

Schließlich »wählt« der Herr, denn es wird ihm ziemlich grob bedeutet: »Wenn du nicht mitmachst, gehen wir alle nicht, und du bist dann der Spielverderber!«

Das ist einer gegen sieben, denkt *Lize,* und der Mann tut ihr leid.

Schließlich gehen sie nach oben, und alle atmen erleichtert auf. Aber oben fängt der Mann zu weinen an. *Lize* tröstet ihn und fragt, was er denn für Kummer habe.

»Ich will das überhaupt nicht!« ruft er aus. Er habe eine wunderbare Frau, und der ganze Schlamassel hat mit einem angeberischen Scherz angefangen, und nun sitzt er hier.

Lize füllt die Badewanne und macht ganz viel Schaum. Sie zeigt ihm, wie sehr sie ihn schätzt. Stellt Musik an, schickt den Mann in die Wanne und knetet wie eine Masseuse seine Muskeln in Topform. Die Hosen bleiben an, und es gibt keine Zärtlichkeiten.

»Deine Frau kann stolz auf so einen Mann sein«, höre ich *Lize* sagen.

Und sie fügt gleich hinzu: »Gott ist mit dir!«

Die Stunde ist um, und der Mann geht strahlend nach unten.

Die anderen Herren sprechen von einer »perfekten Stunde der Spitzenklasse«, und *Lize* und der Mann zwinkern sich zu. Er stimmt aus vollem Herzen bei.

In dem Augenblick fanden die beiden Welten zueinander, die bis dahin strikt voneinander getrennt waren: unsere eigene Welt und die Welt des Gastes. In unserer eigenen Welt entstand langsam ein Bewußtsein; in der Welt des Gastes gab es auch Kummer und Leid. Das Zusammenfließen dieser beiden Welten war für *Willemijn* zu schmerzlich und wurde direkter Anlaß für ihren Tod.

Ich werde in einem späteren Kapitel über das Sterben von Alterpersonen schreiben.

In der Bibel, im Alten wie im Neuen Testament, kommen die Huren nicht allzu schlecht weg. Jesus hatte das Muster durchschaut, das ich hier zu beschreiben versuche, hieß er doch all die Schwerbeladenen zu ihm kommen.

Er sah, daß die Frauen nichts bemäntelten. Kann man einer, die schon so jung das Verborgenste ihrer eigenen Intimität aufgeben mußte, mit schönen und scheinheiligen Worten kommen? Ist es dann nicht gerechter, nichts und niemand zu verurteilen, sondern seine Hilfe anzubieten?

Therapien und das »Shopping«

Wann ist der Zeitpunkt erreicht, an dem man für eine Therapie reif ist? Oder wann tritt die Welt der Therapie in dein Leben ein? – Beides, die eigene Bereitschaft und die Therapie finden zueinander. Wenn es einmal soweit ist, gibt es kein Halten mehr. Man kostet und schmeckt und kann von dem, was man kostet und schmeckt, nie mehr sagen: Ich habe es nicht gehört, nicht gesehen, nicht gespürt.

Bewußt oder unbewußt, in beiden Fällen wird man von einem Wirrwarr an Emotionen überfallen, von deren Existenz man nichts geahnt hat. Man hat es vorher nie gewagt, einmal ehrlich in sich hineinzulauschen, bis in sein Herz, bis in sein Innerstes, dort, wo jeder am verwundbarsten ist. Und wenn man auch glaubt, daß die Therapie einen überfallen hat, bin ich doch davon überzeugt, daß es die eigene Entscheidung war. Man kann sich immer wieder neu entscheiden: entweder stellt man sich den Problemen oder man läßt einfach den lieben Gott einen guten Mann sein, ein wenig spitzbübisch, ein wenig fromm.

Beide Welten finden also zueinander. Die Welt des vertrauten, täglichen Lebens und die Welt des Abtastens von Herz, Gefühlen und eingeschliffenen Gewohnheiten … Wenn es beklemmend wird, haben Geist, Seele und Körper die Neigung, sich so schnell wie möglich voneinander zu trennen, um vor allem eines zu vermeiden: schmerzliche

Gefühle zu erleben. Denn wenn man nichts mehr empfindet, kann einem auch keiner mehr weh tun, nicht einmal mehr man selbst.

Wie man es auch dreht und wendet, die Existenz der sichtbaren und der unsichtbaren Welt konfrontiert einen immer wieder mit einer Grenze.

Man kann mit Schwung darüber wegrennen oder den Mut aufbringen, einen Moment innezuhalten und sich zu fragen: Was geht hier vor? Weshalb verhalte ich mich so? Wie kommt es, daß andere mich komisch finden? Weshalb lache ich, wenn ich weinen möchte? Wer sagt mir, was normal ist und was nicht? Ist mein Gefühl richtig, und stimmt es auch mit meinem Denken überein? Warum tue ich das jetzt, obwohl ich eigentlich etwas anderes möchte? – Mit diesen Fragen fängt die Ehrlichkeit an.

Der eine kommt früher zur Therapie, der andere später. Aber er kommt dazu. Die Auslöser können die unterschiedlichsten Gestalten haben. Durch einen Todesfall kann urplötzlich alles auf dem Kopf stehen, durch einen Unfall, ein Buch, einen Film, ein Gespräch. Man kann auch durch Nachdenken dazu kommen. Alles kann einem zu dem Punkt bringen, der einen Hilfe in einer Therapie suchen läßt.

Das Wort »shopping« wird heute gern verwendet, wenn es um die Suche nach einer guten Therapie geht. Dieser Ausdruck hat einen negativen Beigeschmack, sowohl bei den Therapeuten wie bei den Patienten. Ich halte das für falsch, vor allem, wenn es sich um MPS-Patienten handelt.

Wir landeten zu schnell in einer zu heftigen Therapie. Das hat uns für Jahre geschädigt. Weil »die da oben« befahlen, wir müßten durch die Hölle gehen, gingen wir durch die Hölle des Mißbrauchs in der Therapie. Es mußten doch bestimmt beide behandelt werden, Körper und Seele? Der Psychotherapeut versprach, daß seine Methode uns heilen würde.

Durch die erste Begegnung waren wir sofort mit allen Wassern gewaschen. Wir lebten noch jahrelang unter der Wirkung dieses Schocks in einem Zustand, den wir unseren »Winterschlaf« nennen. Aber weil wir nun einmal mit einer Welt Bekanntschaft gemacht hatten, in der über den Tellerrand hinausgeschaut wurde, und wir uns auch eingestanden, daß wir allein nicht weiterkommen würden, suchten wir weiter. Die Welt der Therapie lockte.

»Shopping« ist tatsächlich negativ, wenn es bedeutet: sich von einem Arzt zum nächsten zu schleppen, die Krankheitsgeschichte herunterzubeten und »Danke, das war's« zu sagen, wenn einem der Boden unter den Füßen zu heiß wird. Danach sucht man ein neues »Opfer« auf, für das die Krankheitsgeschichte neu ist. Die Geschichte immer wieder neu zu erzählen turnt einen an, und man braucht sich nicht zu trauen, sich tiefer auf die Therapie einzulassen.

Diese Haltung kann freilich ausdrücken, daß zwar nach Heilung gesucht wird, der Mut aber noch nicht ausreicht. Also geht man immer wieder in die Startblöcke, läuft los und stoppt, startet und stoppt ... Es kann auch sein, daß einen die krankhafte Sucht nach Aufmerksamkeit treibt – etwas, was übrigens an sich völlig in Ordnung ist; aber letzten Endes gerät man völlig in die Sackgasse. Die Außenwelt bekommt einen in den Griff, ohne daß man dem von innen etwas entgegensetzen könnte. Man wird sozusagen von einem Gefühl der Abhängigkeit mitgezerrt, und der andere kann dich dorthin zwingen, wo er dich haben möchte.

Es sind durchaus triftige Gründe vorstellbar, sich von einem Therapeuten zu trennen. Ein positiver Grund wäre, ganz tief in sich zu spüren, daß man in der Therapie an einem toten Punkt angelangt ist, keine Entwicklung mehr möglich ist, man aber an sich weiterarbeiten möchte. Es kann auch sein, daß du eine andere Richtung einschlagen willst, der Therapeut damit aber nicht einverstanden ist. In dem Fall ist es natürlich am besten, darüber zu reden. Wenn er oder sie sich jedoch diesem Wunsch nicht anschließen kann, ist es unbedingt nötig, so schnell wie möglich den Therapeuten zu verlassen und weiterzusuchen.

Ich schreibe das jetzt so leicht dahin; in der Praxis hat sich jedoch gezeigt, daß das sehr schwer sein kann. Man baut mit einer Person etwas auf, gibt sich selbst und dem Therapeuten empfindliche Stellen preis: Dann kann man nicht mehr ohne weiteres weggehen, das geht mit Trennungsschmerz einher. Am schönsten ist es, wenn man in aller Freundschaft auseinandergehen kann und keine Schuldgefühle aufkommen. Man kann dann davon ausgehen, daß jeder sein Bestes gegeben hat.

Es gibt auch den umgekehrten Fall: Der Therapeut sagt einem, man solle sich einen anderen suchen, weil man in Bereiche vorgestoßen ist, aus denen man in dieser Konstellation keinen Ausweg findet.

So etwas kann vorkommen. Das Gefühl, zurückgewiesen zu werden, liegt dann auf der Lauer, und man kann in eine Depression fallen: Siehst du, keiner will mich, aus mir wird doch nichts.

Dann muß man versuchen, eine neue Seite aufzuschlagen und einmal zu formulieren, was man zu brauchen glaubt. Ein guter Therapeut sollte sich dann verpflichtet fühlen, gemeinsam mit einem daran zu arbeiten. Er wird dort anknüpfen, wo man festgefahren ist, und man wird feststellen, daß *weitergegangen werden darf.*

Ich will noch einiges zum Thema »Shopping« sagen, weil ich in vielen Gesprächen mit anderen Menschen oder mit den Alterpersonen festgestellt habe, daß zwar viele auf dem richtigen Weg sind, ihnen aber durch die Enttäuschungen, die sie erleben, Rückschläge drohen. Denn, so sagen sie dann, das ist nun schon der x-te Neuanfang, und meine

Umgebung kriegt langsam Probleme damit, daß ich noch immer nicht meinen Platz gefunden habe.

Weshalb darf es keinen Wechsel geben? Weshalb soll man auf Gedeih und Verderb bei diesem einen Arzt bleiben? Ist er schockiert, weil man weitergehen will? Weil ein anderer Arzt einem vielleicht besser helfen kann? Wird damit das Selbstbewußtsein des Arztes angekratzt?

Es ist mutig zuzugeben, daß man völlig auf der Stelle trittt. Es ist phantastisch, wenn einem der bisherige Therapeut Erfolg für den selbstgewählten Weg wünscht. Wenn das nicht möglich ist und Vorwürfe kommen, dann schüttle den Staub von den Schuhen, kauf einen Blumenstrauß und mach dich mit neuem Mut wieder an die Arbeit.

Stehendes Wasser fängt an zu faulen und zu stinken.

Das Tempo, in dem manchmal die Diagnose gestellt wird, kann einem Angst einjagen. Schon nach kürzester Zeit sagt man dir, daß du an dieser oder jener Krankheit leidest, was die Ursachen dafür sind, welche Behandlung die richtige ist und welche Medikamente du einnehmen sollst.

Eine Alterperson nach der anderen macht sich aus dem Staub und glaubt kein Wort mehr. Sie wissen nicht weshalb, aber eines wissen sie sicher: Es ist nicht wahr.

In unserem Leben gab es einen Psychiater, der sagte: »Wenn du so weitermachst, wirst du verrückt.« Das ist vielleicht ein Trampel! Große Panik unter den Innenpersonen. Welche Gefahr droht uns nun wieder? Wir werden langsam verrückt!

Aber der Arzt muß es ja wissen, schließlich ist er der Fachmann. Und als wir bei ihm waren und die Alterpersonen massenhaft zu switchen begannen, sagte er: »Siehst du, genau das meine ich damit, da hast du's. Hör damit auf, sonst wirst du verrückt.«

Hör damit auf?

Hat der eine Ahnung. Hatten wir eine Ahnung. Die Verschiebungen zwischen den Alterpersonen waren ja gerade dazu da, das Irrewerden zu verhindern.

Schließlich war nichts mehr sicher in unserem sicheren System, und dem Mißbrauch waren Tür und Tor geöffnet. Die Richtlinien, die der Therapeut gab, wurden von den verwirrten Alterpersonen kritiklos befolgt; wir wurden immer ängstlicher, und die erste stationäre Aufnahme kam in Sicht.

So etwas hatten wir noch nie erlebt.

Wir kamen in eine Zelle. Wir wurden also bestraft.

Und weshalb?

Wir wußten es wirklich nicht.

Ein kleines Zimmerchen, in dem nur ein Bett steht. Die eigenen Kleider werden einem weggenommen, und man bekommt einen Klinikkittel angezogen. Der Schlüssel im Schloß wird umgedreht, und darauf folgt eine Totenstille. Wir konnten uns zwar vorstellen, etwas zu tun, aber niemand traute sich zu handeln, denn mit jeder Aktion würde sich dieses Irresein beschleunigen.

Früher wurden wir auch einmal eingesperrt ... Das wird wohl so üblich sein. Sind wir doch verrückt?

Niels fängt an zu schreien, daß wir verflucht noch mal nicht verrückt sind, daß wir okay sind, daß wir ... Und er schießt mit seinem Gewehr um sich, nach oben, nach unten. Einer, der in Panik gerät, trifft viel zu viele Opfer, obwohl nur ein einziger sterben soll. *Niels* hat das schon einmal mitgemacht, jetzt erlebt er es in der Zelle wieder. Und es gibt keine Hilfe, denn sie hören ihn gar nicht.

O doch, sie hören ihn schon ... Plötzlich ertönt aus einem Lautsprecher an der Decke eine Stimme, die befiehlt, daß wir ruhig sein sollen! Alle bekommen einen Heidenschreck. Die eine Alterperson denkt, es sei Gottes Stimme, die andere hört die Stimme des Vaters, wieder eine andere glaubt, sie sei diesmal wirklich total am Durchdrehen, und wieder eine andere weiß, daß es sich nur um einen Lautsprecher handelt. Diese letzte hat die Aufgabe, die Information an die anderen weiterzugeben.

Das ist *Rama*. Sie macht in ihrem Gedächtnis ein Foto von diesem bescheuerten Ding dort droben an der Decke. Und sie wird den Augenblick abwarten, in dem *Zuil* es jedem erklären kann, denn jetzt hört doch keiner zu, wegen der Panik.

Die Kleinen wollen sich unter dem Bett verkriechen. Sie liegen daumenlutschend auf dem Boden und schlafen schluchzend ein. Bis die Stimme sagt, daß wir uns »doch bitteschön ins Bett legen und mitarbeiten sollen, sonst ...«

Was sonst?

Das verrät die Stimme nicht. Außer der Stimme gibt es also auch noch das böse Auge, das alles sieht.

Weil die Kleinen jede Nacht sicher unter dem Bett schlafen wollen, werden wir fixiert. Jetzt kommen die Peinigungen, und wir begreifen nicht, weshalb wir bestraft werden sollen. Die männlichen Alterpersonen kämpfen, und durch eine übermenschliche Kraftanstrengung reißt ein Riemen. Der andere Riemen wird mit den Zähnen kaputtgenagt.

»Nur ruhig, Frauen und Kinder, wir retten euch!«

Und wir können uns befreien!

Und wir fühlen: Haben wir nicht Prachtburschen bei uns?

Aber da wird die Tür aufgerissen und drei, vier Engel in Weiß kommen herein: Die gläubigen Alterpersonen meinen, sie würden uns abholen. Es wird Musik geben und ein Fest, denn wir werden erlöst. In diesem Glauben scharen sich die Innenpersonen umeinander.

Zwei Engel werfen uns aufs Bett und die Beine machen sich schon breit, denn wir switchen von den Gläubigen zu den Huren. Sie glauben, sie sollten vergewaltigt werden; damit werden sie schon fertig. Wir brauchen nicht hinzusehen und auch nichts zu fühlen. Aber da ist etwas Glänzendes, eine lange Nadel, die sie ins Gesäß jagen. Wir hören eine Stimme: »Die hat aber einen hübschen Hintern!«

Und dann ist da das Loch, schwärzer als schwarz, so schwarz, daß man nie mehr auftauchen möchte. Man sehnt sich nach dem Loch. Das kommt daher, weil es Alterpersonen gibt, die dieses Loch schon von früher kennen, das Loch des Nicht-Wissens, Nicht-Sagens, des Sich-ruhig-Verhaltens, weil sie einen sonst kriegen.

Therapie?

Ach, einige von uns – und trotzdem hielten sie durch! – wußten tief in ihrem Herzen, daß wir an der falschen Adresse waren. Die Ärzte, Krankenpfleger, sie gaben ihr Bestes. Aber verstanden sie überhaupt, was MPS ist? Begriffen sie etwas von der Existenz der Alterpersonen? Nein, wahrhaftig nicht. Noch schlimmer. Ich glaube, daß sie sich von uns irregeführt fühlten. Einmal war es diese, dann wieder jene Alterperson ... Die eine wußte alles, die andere nichts ... Das wird eine Heidenarbeit. Ohne Einsicht bekommt man keinen Kontakt zu den Alterpersonen, das Krankheitsbild wird dadurch nur ausgeprägter.

Die Alterpersonen wußten, wer jeder von uns war. Ich auch, ich hatte ja bereits, seit ich einen Bleistift oder ein Stöckchen in der Hand halten konnte, gezeichnet und beschrieben, wie alles vor sich ging. Aber das Schlimme war, daß wir wußten, daß man durch die Alterpersonen den Zusammenhang nicht klarmachen konnte.

Rama hörte, wie die Ärzte um das Bett standen und überlegten, wie sie uns »kleinkriegen« könnten. *Rama* hörte einen Arzt sagen: »Die haben wir schon so vollgespritzt, das hält nicht mal ein Pferd aus.« Ich nehme an, daß er übertrieben hat, aber *Bloem*, die für den Körper sorgt, kann so funktionieren, als fingen scheinbar verschiedene Körper gleichzeitig die Injektion auf. Das könnte erklären, warum wir nicht zugrunde gingen.

Wir wußten, daß sie die Grenze unserer Belastbarkeit kannte. Die »Helfer« machten dem Lebensgefährten klar, daß jetzt ganz schnell etwas geschehen müsse, sonst würden wir es nicht mehr durchstehen. Wir wollten raus. Der Lebensgefährte sprach mit den hohen Herren, aber die schüttelten verneinend die Köpfe. Das werden wir nie vergessen. Der Lebensgefährte blieb mutig und sah, daß wir unbedingt von der Klinik weg wollten. Die Ärzte sagten, wenn wir weggingen, wären wir fünf Minuten später wieder da, denn mit so einer käme man nicht mal bis zur nächsten Straßenecke, und noch mehr Blabla.

Entgegen jeder Vorschrift gingen wir. Die »Männer« sorgten dafür, daß wir uns erhobenen Hauptes aus dem Staub machen konnten. Draußen sahen wir den Himmel, die Wolken ... Und wenn wir auch für verrückt erklärt worden waren, wir sahen Vögel und Blumen und Gras, grünes Gras ... Keiner von uns hatte ein Gefühl für den Körper, und dennoch setzten wir Schritt vor Schritt, und Hunderte von Sternchen vor unseren Augen gaben uns ein Signal, wir sollten sofort umkehren, zurück ins Bett, aus dem wir gerade aufgestanden waren. Die Männer marschierten jedoch stur weiter und schimpften und stolperten, und der Lebensgefährte redete ununterbrochen und blieb dabei, daß dieser Dreck aus dem Körper heraus müsse.

Zu Hause, nachdem wir etwas getrunken hatten, setzte er uns aufs Fahrrad und sagte: »Fahr zu, fahr zu!« Und wir traten in die Pedale und lenkten und fielen um und rappelten uns wieder auf und ackerten so das Gift aus unserem Körper.

Ärzte begegnen Menschen, kranken Menschen. Es gibt Hunderte von Krankheiten, die ein Mensch bekommen kann. Die Ärzte geben Ratschläge, fällen Urteile, erteilen Aufträge.

Es ist teuflisch schwer herauszubekommen, was man gegen all die ständigen Rückschläge tun kann. Ich beschränke mich auf meine eigene Erfahrung, und die lautet, daß ich immer in meinem Innern wußte, daß ich ein Zuhause finden würde, einen Ort, an dem »sie« uns akzeptieren würden, wo sie neugierig darauf waren, wer wir denn alle sind, was wir zu berichten haben, und woher wir kommen.

Rama wußte es, *Zusta* und *Vivian*, ich, *Dina*, *Mirthe* und *Stef*. Sie bilden die Gruppe von Alterpersonen, die uns durch alle Therapien hindurch begleitete. Der Weg einer Therapie ist schwer, nicht so sehr wegen der Kämpfe, die du ausfechten mußt, sondern wegen allem, was geschehen muß, bevor das Ziel erreicht ist. Es ist nicht schlimm, immer wieder die Koffer neu packen zu müssen, wenn man weiß, daß man auf dem Weg zum endgültigen Ziel ist. Solange Kraft da ist, sagt *Vivian* immer, solange gibt es Möglichkeiten!

Therapien. Davon gibt es viele. Es gibt welche, bei denen du nur fühlen und immer wieder fühlen sollst. Es gibt Gesprächstherapien, Regressionstherapien, die einen in frühere Leben zurückversetzen oder aber gerade ins heutige Leben bringen.

Unser Leben *jetzt*, damit hatten wir alle Hände voll zu tun. Wir haben Hilfe gesucht, um die Ursachen und Folgen zu verstehen, denn wir hatten keinerlei Einblick in die Realität und die Ursachen unserer Krankheit. Wir fühlten zwar immer den Wunsch, uns der Wirklichkeit anzunähern und spürten auch, daß wir das taten, aber diese Wirklichkeit hatte noch keinen Namen.

Häufig wurde Gott angerufen, er solle uns zu dem Ort führen, an dem das Geheimnis gelüftet werden könnte.

Ich habe einmal einen Hund beobachtet, der hinter einem

Wurstzipfel herrannte, der kurz vor seiner Nase an eine Schnur gebunden war. Der Wurstzipfel baumelte immer weiter vor der Nase, wie sehr er auch rannte. So fühlte ich mich.

Psychotherapie, Hypnotherapie, Physiotherapie, Speyer-Therapie, Hapnotherapie, Transaktionsanalyse (TA-Therapie), Gesprächsgruppen der VSK (Vereinigung gegen Sexuelle Kindesmißhandlung – »Wildwasser«) ... Es gab Gespräche mit dem Hausarzt, dem Pfarrer, anderen geistigen »Führern«, Gespräche mit uns selbst, mit dem Lebensgefährten, den Freunden, den Mitpatienten.

Viele unserer Alterpersonen wollten oft schreiend weglaufen, um alles zu ersäufen, zu verspritzen, zu verhuren, um weit weg zu sein von der Welt der Therapien. Dennoch geht es dabei immer noch um etwas, das aus freiem Willen geschieht. Keiner zwingt einen je zu einer Therapie.

Die Notwendigkeit einer Therapie wird von deinen Mitmenschen nicht immer eingesehen. Aus den Kommentaren kannst du oft die Angst vor Therapien heraushören:

»Seid ihr immer noch damit zugange?«
»Kommt ihr jetzt gut voran?«
»Es wirkt bestimmt wie eine Art Droge?«
»Paß nur auf, das ist zur Zeit Mode.«
»Wie lange mußt du noch?«
»Was hast du denn eigentlich in all den Jahren gelernt?«
»Reine Zeitverschwendung, du lebst nur einmal.«
»Jesus hilft, es geht auch viel einfacher.«
»Hält dein Mann das denn noch aus?«
»Einmal muß doch damit Schluß sein!«

Wir haben uns jetzt mit dem Gedanken gewappnet, daß therapeutische Hilfe genauso lebensnotwendig ist wie Essen und Trinken. Wir lassen uns durch die Kommentare nicht mehr in unserer Entscheidung für eine Therapie beeinträchtigen. Wir sind von Pontius zu Pilatus gelaufen, und wir haben hinter jedes Kapitel ein Ausrufezeichen gesetzt.

Nach jeder Phase waren wir sehr traurig darüber, daß wir Abschied nehmen und Menschen zurücklassen mußten, die wir lieben gelernt hatten. Wir waren aber auch froh und erleichtert, weil wir wußten: Wir haben etwas abgeschlossen und dürfen *weiter*gehen!

Wenn uns ein Schlag traf, weil wir alle zusammen zu kompliziert waren oder Menschen sich von uns »an der Nase herumgeführt« fühlten oder weil jemand ehrlich zugab, daß die Sache ihm über den Verstand ginge oder daß er davon genug hätte, dann schlug die Verzweiflung hoch. Es dauerte dann wieder eine Weile, bis wir wieder von vorn anfangen konnten.

Eine Therapie zu beenden, ist schwer; eine anzufangen nicht leichter. In der letzten Zeit habe ich gelernt, wie das geht. Wichtig ist dabei, daß wir es *gemeinsam* tun. Die Alterpersonen müssen sich bündeln, und das läuft so ab:

Wir suchen eine Stelle im Wald, denn dort ist Platz genug, um uns zu versammeln.

Es ist ruhig, still und frisch. Wenn man sich mit vielen Personen in einem engen Raum aufhält, fährt man nun einmal schnell aus der Haut. Lessie, unser großer Hund, begleitet uns dann, um böse Menschen zu verjagen und sie in die Hosen zu beißen, wenn es nötig sein sollte.

Wir beratschlagen über einen neuen Therapeuten. Die eine Alterperson möchte zuerst den Körper erforschen.

»Nein«, sagt eine andere, »das haben wir gerade hinter uns.«

»Ja, gerade deshalb, sonst müssen wir gleich wieder von vorn anfangen.«

Dafür spricht einiges.

»Ich verstehe das nicht«, sagt *Vivian*, »ich habe viel jenseits der Schwelle gesehen, aber nie einen Arzt. Er hört mich zwar, denkt aber, ich schwebe.« (Mit »jenseits der Schwelle« meint sie die geistige Welt.)

»Ich bin mir sicher«, sagt eine andere Alterperson, »daß ich *ihm* etwas beizubringen habe, nicht er *mir*.«

»Könnte ich meine Träume nur einmal etwas genauer darstellen, sie haben mir viel zu sagen, wirklich. Wer weiß, wo ich sie loswerden kann, wo ich einen Ratschlag bekomme?« fragt sich *Klazina*.

»Diese Vergangenheit der Kleinen. Sie benehmen sich manchmal so sonderbar. Und zu wem können wir sie denn gehen lassen?« ruft *Max*.

Der Therapeut wird wieder einmal zugeben müssen, daß wir dabei sind, verrückt zu werden wie *Vloske* oder *Noortje* oder *Eva* oder wer auch immer herauskommen wird.

Der Wunsch der Alterpersonen herauszukommen wurde durch die Therapien geweckt. Was noch gefunden werden muß, ist der Ort, an dem dies möglich ist – ein Ort, der Klarheit über das Wie und Warum und Wohin geben kann.

Ich, die ich gut lesen kann – damit meine ich, daß ich bei Wörtern und Sätzen bleiben kann, ohne tausendmal abzuschweifen –, ich verspreche den Alterpersonen, die Augen offenzuhalten. Vielleicht kann ich jemanden finden, der schon einmal davon gehört hat, daß man gleichzeitig so viele sein kann, und dem wir davon berichten dürfen, wie das zugeht mit den verschiedenen Handschriften und all den Stimmen und den Körpern.

Wir hatten einen Arzt, der war sehr angesehen, paßte aber nicht zu uns. Er gehörte zum auserwählten Volk, und zu so einem Menschen sagt man nichts Häßliches, ganz zu schweigen von etwas Schmutzigem.

Die Themen, die wir aufs Tapet bringen, sind sowieso manchmal überaus heikel. Ich selbst empfinde das zwar nicht so, aber die gläubigen Alterpersonen schon, und die hatten sowieso einen Knacks weg, weil wir früher mit dem Lebensgefährten und den Kindern aus einer Glaubensgemeinschaft geschaßt worden waren. Die anderen Alterpersonen waren damals zu ehrlich und hatten in der Öffentlichkeit gesagt, daß die schönen, gläubigen Worte, die bedenkenlos hingenommen werden, nicht immer auf Wahrheit beruhten.

Es war auch hinderlich, daß in den Zeitungen oft über Mißbrauch geschrieben wurde und über Opfer, die bei der Polizei Anzeige erstatteten. Es gibt gläubige Alterpersonen, die nichts davon hören wollen: das Richten muß man dem Höchsten überlassen. Wieder andere waren genau entgegengesetzter Ansicht: Es sei höchste Zeit, daß den Tätern klar würde, was sie uns antun und angetan haben.

Dieser Psychiater nahm uns zwar ernst, und wir durften über die Alterpersonen sprechen. Nur, darüber reden funktionierte nicht.

Er hatte vorgeschlagen: »Schreibe eine Art Autobiographie der Alterpersonen, eine nach der anderen. Du setzt sie auf einen Stuhl und sprichst darüber.«

»Das ist *Stefanie*, unsere Gastgeberin. So stellen wir sie vor. Erzähl etwas über sie: wie alt sie ist, was sie immer macht und warum.« Sofort bricht Streit zwischen uns aus, denn wir würden uns dabei ja gegenseitig verpetzen!

Stefanie hatte damit keine Probleme, aber manche Alterpersonen, die so ein Gespräch mithörten, protestierten heftig. Der Streit eskalierte, und das Leben wurde unerträglich. Also, so ging es jedenfalls nicht.

Schließlich landeten wir bei einem alten Professor. Wir bekamen seine Adresse über eine Frau, die wir auf einer Tagung getroffen hatten.

Er wüßte Bescheid über die Existenz von Alterpersonen.

Hatte er auch Ahnung von Namen und Körpern und Leben und Seelen in und um einen Körper? Von der verborgenen Welt der Alterpersonen?

Wir hörten, daß er in seiner Vorgehensweise weiter ginge, als lediglich darüber zu sprechen.

Während des Kennenlernens verhielt sich der Professor abwartend. Er fragte alles mögliche, schaute und hörte zu, schaute wieder und fragte dann leise, aber eindringlich, ob einige unter uns ihren Namen verraten wollten.

Diese Frage schlug wie ein Blitz mitten ins Leben der Alterpersonen ein. Die persönliche Frage wurde sofort als die einzig richtige erkannt. Wir waren perplex. Wie konnte es dieser Mann wagen, die Alterpersonen ganz direkt anzusprechen? Du kannst *über* sie sprechen, wie in einer Art Story ... Aber sie direkt ansprechen?

Die Frage löste Emotionen und ein Gefühl der Anerkennung aus. Es wurden Namen genannt, zuerst nur ein paar, später mehr. Wie merkwürdig war diese erste Kontaktaufnahme! Etwas, das immer tief verborgen gewesen war, was nie die Grenze unserer Innenwelt überschritten hatte, kam jetzt zum Vorschein und wurde von einem anderen Menschen anerkannt. Wir werden diesen Augenblick nie vergessen.

Aber der Professor war alt und gab seine Praxis auf. Als wir davon erfuhren, schien die Welt unterzugehen: Endlich waren wir bei dem Therapeuten angekommen, nach dem wir jahrelang gesucht hatten, und nun konnte er uns nicht helfen! In diesem Augenblick wollten wir alle sterben.

Wir versammelten uns wieder im Wald. Schließlich, nachdem wir uns gegenseitig wieder Mut zugesprochen hatten, beschlossen wir, nicht aufzugeben, sondern weiterzumachen, und wenn wir dafür nach Amerika reisen müßten. Wir würden irgendwie einen Therapeuten finden, der sich mit uns auf den Weg machen würde.

Dora, unsere Powerfrau, ging uns in diesen Tagen voran. Wir telefonierten mit dem Professor, der uns Namen von Kollegen in Zwolle und Umgebung nannte. Er nannte auch Onno van der Hart in Amsterdam. Wieder hingen wir am Telefon, aber alle schienen unerreichbar. Der Professor nannte neue Namen, einen Arzt hier und einen anderen dort. Dann trafen wir die endgültige Entscheidung.

Wir legten die Liste mit den Namen vor uns hin. *Vivian* und *Zusta*, *Mirthe* und *Rama*, *Trut* und *Tolk* wählten aus. *Max* unterstützte das Ganze. Wir spürten – und sagten das auch zueinander –, daß jetzt die letzte Etappe vor uns läge.

Mehr noch, wir wußten es einfach.

Wir suchten den Arzt in Bilthoven aus. Wir kannten dort keine Menschenseele, aber wir entschieden uns nach dem Gefühl. Diesmal wurden wir niemandem zugewiesen, nein, *wir* suchten aus.

Wir wählten seine Nummer, und der Arzt nahm persönlich ab; viele der Alterpersonen hatten den Hörer an den Ohren, und die Herzen schlugen laut.

»Doktor van Gerven.«

Was sollten wir sagen? Alle wollten gleichzeitig sprechen. Wir konnten keine Worten finden, aber *Tolk* setzte alles in eine Geschichte um und übersetzte ein wenig, was alle durcheinander redeten. Auf einmal hörten wir »jemanden« laut und deutlich sagen, er wolle jetzt geboren werden!

Mann, was für ein Spruch! Würden wir wieder für verrückt erklärt werden?

Max, hatte nie viel Worte gemacht. Aber jetzt hielt er für uns ein Plädoyer, einfach unglaublich. Der Arzt war gerade dabei, eine Klinik zu eröffnen, und tja, die Zeit und …

Oh, sagte *Max*, unser Fall ist in einem Jahr schon abgeschlossen, wir wissen doch schon, daß wir viele sind. Es sei nur noch eine Frage des Kennenlernens und Erzählens. Sobald jede Alterperson ihre Geschichte erzählt hätte, wären wir geheilt.

Schweigen am anderen Ende der Leitung.

»Das mit dem Geborenwerden«, sagte die Stimme dann ruhig, »das kann ich völlig verstehen.«

Hörten wir richtig? Sagte der Arzt, daß er verstand, was *Max* meinte?

»Aber sicher verstehe ich das.«

Aus reiner Freude hätten wir in die Luft springen können. Später wurde Kuchen gekauft, und natürlich haben wir gegessen, bis uns schlecht wurde, aber was machte das schon aus? Der Arzt verstand uns.

Wir mußten nun erst realisieren, daß der Arzt Anthroposoph war, und dann mußten wir noch nach Amsterdam reisen, um mit seinem Supervisor Onno van der Hart zu sprechen. Dann würden wir sehen, wie viele wir waren. Laßt es uns dort ruhig angehen, dachten wir, denn wenn van Gerven einer von denen ist, die Angst vor so vielen Alterpersonen haben, können wir gleich einpacken.

Und daß er Anthroposoph ist?

Ach, sagte *Scheiterop*, wenn er nur die Pfoten von uns läßt, dann ist alles in Ordnung.

Nach dem Besuch bei Onno van der Hart vereinbarten wir unser erstes Treffen mit Doktor van Gerven, und *Vivian* sagte danach: »Was hab' ich euch gesagt?« Wir haben großes Vertrauen zu ihr und zu *Zusta*. Die beiden Frauen wissen viel, haben viel im Unsichtbaren gesehen und es im täglichen Leben bestätigt bekommen.

Im Kapitel »Zu Hause« werde ich beschreiben, wie es uns seit dem ersten Besuch in Bilthoven ergangen ist. Im jetzigen Kapitel werde ich nun noch einige Informationen zu den verschiedenen Therapieformen geben, die wir hinter uns gebracht haben.

Psychotherapie

Diese Therapie besteht aus Reden und Zuhören, Einsichten-Gewinnen, aus Abwägen, aus Betrachten und Öffnen und Schließen, aus Aufnehmen, Weglegen und Umkehren, also daraus, etwas von allen Seiten zu betrachten.

Man lernt, Gefühle bei Dingen zuzulassen, über die man spricht; man lernt zu erkennen, wie man heute über etwas denkt und wie man in vielen Wochen darüber denken wird. Man bekommt Ratschläge und Vorschläge, kurzum, die Therapie gestaltet sich zäh, man muß sich hineinknien, und niemand wundert sich, wenn Menschen zehn Jahre lang eine Therapie machen und auch noch den Mut aufbringen einzugestehen, daß sie keinen Schritt vorangekommen sind und ihre Probleme wohl nie loswerden.

Wir haben gemischte Gefühle, wenn wir an Psychotherapie denken. Die erste Zeit waren wir total begeistert, daß jemand einfach eine Stunde lang dasaß und zuhörte. Selbst wenn die Alterpersonen einander ständig abwechselten, nach einer Stunde saß man immer noch auf diesem Stuhl und dieser Mann hörte einem immer noch zu und stellte Fragen.

Etwas Unglaubliches.

Ob *Zuil*, *Tolk*, *Rama* oder *Filter* jetzt das Wort haben – der Therapeut kann überhaupt nicht einschätzen, mit wem er es gerade zu tun hat und wer gerade dazwischenredet. Die Alterpersonen halten das mit Leichtigkeit durch, aber es geschieht ohne Gefühl oder Emotion. Sobald ein Therapeut an der Oberfläche kratzen möchte, geht es schief.

Weinen ist erlaubt. Das macht *Wak*, die weint für jeden. Wenn der Therapeut nach dem Grund für das Weinen fragt, kann *Wak* es nicht erklären; sie weint einfach; jeder kann sie sich ausleihen und benutzen.

Während der ersten Phase der Psychotherapie mußten wir

uns von der Verwunderung erholen, daß da einer saß und auf uns wartete – nun ja, wartete? Auf jeden Fall gab es einen vereinbarten Termin, an dem sich die Tür öffnete, und die kommende Stunde gehörte dann nur uns.

Die Psychotherapie war für uns ein Anfang. Dort wurde eine Grundlage gelegt, auf der man gehen konnte. Dadurch wurden wir angeregt, uns einmal tatsächlich mit Fragen auseinanderzusetzen, die die Alterpersonen schon seit Jahren stellten. Psychotherapie bedeutete für uns eine Art Kern, um den sich die weiteren Therapien herumgruppierten.

Hapnotherapie und Physiotherapie

Es ist interessant, mit seinem Körper zu arbeiten. Als Multiple gaben wir uns zuerst wahnsinnige Mühe, genau wie der Therapeut, aber wir gerieten oft in endlose Gespräche. Die eine Alterperson versuchte den Therapeuten abzulenken, der anderen mußte erst alles haarklein erklärt werden, und eine dritte wollte nun einmal den ganzen Körper erforschen ... Solche Extreme können einen Therapeuten zum Wahnsinn treiben.

Während des Fühlens und Tastens – denn darum geht es bei der Haptonomie: ausprobieren, wie der Körper auf Berührung reagiert – war ständig die Alarmglocke in Bereitschaft. Sorgfältig wurde beobachtet, ob auch keine falschen Bewegungen gemacht wurden. Je freier sich die Alterpersonen mit der Zeit fühlten, desto schwieriger wurde es, den Händen des Therapeuten zu folgen.

Unsere Reaktionen waren zu verschieden. Dadurch verloren wir gerade wieder das Gefühl für diesen Körper und gingen verwirrter nach Hause, als wir gekommen waren. Wir setzten die Therapie trotzdem fort, weil wir jeden Muskel und jeden Nerv, jede Sehne und jeden Knochen »erobern« wollten. Die Verwirrung wurde jedoch zu groß, und der Therapeut zog sich zurück – was für uns sehr frustrierend war. Trotzdem blicken viele Alterpersonen darauf als auf etwas Gutes zurück und könnten, wenn sich noch einmal die Gelegenheit böte, den Faden wieder aufnehmen.

Einmal gingen wir mit dem Therapeuten in den Wald, um uns dort auszutoben. Ganze Wurzelstöcke wurden zerfetzt, Hände blutig zerschrammt, Wangen rissen auf, und *Scheiterop* war für einen Augenblick erleichtert. Aber um was ging es eigentlich?

Ums Toben ohne bestimmten Grund.

So ging es jahraus, jahrein: gute Arbeitsergebnisse, gute Betreuung, aber um was ging es eigentlich?

Der Therapeut ließ sich nicht auf die einzelnen Alterpersonen ein, sondern betrachtete uns weiterhin als eine »Einheit«. Solange diese Einstellung vorherrscht, fühlen und wissen beide Parteien (also sowohl die Alterpersonen als auch der Therapeut), daß es kein klares Ziel gibt, den ganzen gewaltigen Anstrengungen zum Trotz. Man fühlt sich schuldig, weil der Therapeut so hart arbeitet, und man stellt sich zur Verfügung, damit er oder sie das Gefühl bekommt, eine gute Betreuung zu leisten. Wenn man sich nicht vorsieht, frißt man sich auf die Weise gegenseitig auf.

Therapie ist für viele Multiple tägliche Routine. Man arbeitet unheimlich viel dabei ab, oft im guten Sinne, aber manchmal auch ohne klares Ziel. Daher ist es gut, sich ausführlich mit den verschiedenen Therapien zu befassen.

In der Praxis verteilten wir als Alterpersonen die Aufgaben unter uns.

Die gut reden konnten, machten die Psychotherapie, während die sensiblen Alterpersonen sich für die Hapnotherapie zur Verfügung stellten. Die sensiblen Alterpersonen waren

Willemijn, *Vivian*, *Zusta* und *Thirza*. Sie erlebten die Reise zum Körper als einen großen Kampf, als ob das Metall eines Roboters in Fleisch und Blut verwandelt werden sollte.

Auch die Entscheidung für einen männlichen oder weiblichen Therapeuten ist ausschlaggebend dafür, welche Alterpersonen die Therapie unterstützen.

Haptonomie bedeutet, wie bereits ausgeführt, zu lernen, den Körper zu erfahren. Für die Alterpersonen ist das eine schwere Arbeit. Sie sind alle verschieden und wohnen dennoch in ein und demselben Körper. Die Haptonomie war eine gute Ergänzung zu all dem psychotherapeutischen Gerede; und im nachhinein betrachtet, hätten die Frauen noch mehr den Mund halten müssen und sich auf den Körper konzentrieren sollen. Aber man lernt durch Handeln. Ab und zu kamen Alterpersonen so weit, daß sie plötzlich ausriefen: »He, ich höre, wie mein Herz schlägt« oder: »Ich fühle, daß ich Hände habe.«

Viele der Alterpersonen spüren den Körper im Normalfall nicht.

Derartige neue Erfahrungen festhalten zu lernen, ist an und für sich bereits eine Übung. Plötzlich ist eine andere Persönlichkeit da und fühlt nichts und weiß daher nicht, wovon der Therapeut spricht.

Hände?

Mann, was soll das eigentlich?

Für beide Parteien sieht es dann so aus, als müßten sie noch einmal zum Ausgangspunkt zurück. Wenn ein Therapeut kein Verständnis dafür hat, wie die Alterpersonen switchen, und auch nicht für ihre je spezifischen Charakteristika, dann kann bei ihm das Gefühl entstehen, er würde manipuliert:

»Ich lasse mich doch nicht auf den Arm nehmen.«

»Jetzt mußt du mal gut zuhören.«

»Du weißt das doch noch vom letzten Mal …«

»Sieh mal deine Hände an, die so kräftig ...«

Oh, der Betreffende möchte schon, aber er sieht überhaupt nichts. Das hat er doch schon oft wiederholt!

Wütend und frustriert geht der »Mann« nach Hause und nimmt sich vor, nie wieder bei diesem Tölpel zu erscheinen. Das kann zur Folge haben, daß wir nächtelang durch die Straßen ziehen, weil er ja gern Hände haben möchte, sie aber einfach nicht fühlen kann. Nun ja, er sieht schon Stümpfe, aber wenn man so was Hände nennt ...

Er tobt und knirscht mit den Zähnen. Es ist schlimm, keine Hände zu haben, aber es ist noch schlimmer, wenn der Therapeut einen nicht versteht.

Als Vater im Sterben lag – es war an *Liz'* Geburtstag – und er uns nicht mehr sehen wollte und sich bis zum letzten Atemzug weigerte, wir aber von ihm Abscheid nehmen wollten, brachen alle Dämme. *Better* beschloß, sich zu versengen, die Arme, Beine, den Rumpf, das Gesicht ... Sie haßte ihren Körper und machte auf diesen Körper eine »Zeichnung«: mit dem Bügeleisen wurde auf alle Glieder ein Kreuz eingebrannt. Es zischte. Die Haut roch verbrannt, und unsere Kleinen jammerten. Ein normal denkender Mensch würde sagen: »Ihr seid total verrückt«; aber *Better* wußte, was sie tat.

Sie haßte den Tag, an dem sie geboren wurde. Bei klarem Verstand brannte sie ihre eigenen Zeichen über alle schon vorhandenen Narben. So verbrannte sie ihr altes Leben. Alle Alterpersonen durchlebten die Aktion mit angehaltenem Atem, gebannt von der Bedeutung dieses traurigen Unternehmens. Wir hatten große Hochachtung vor *Better*, der Unerreichbaren, und akzeptierten ihr Tun.

Nachdem sie alles getan hatte, zog sie sich an und flüchtete wieder in ihre Unerreichbarkeit zurück. *Zusta* und Mutter übernahmen; wir hörten *Niels* fluchen, und die Kleinen jammerten nicht mehr, sondern brüllten vor Schmerzen. *Zusta* und *Mutter* trösteten und halfen, wo sie konnten. Die meisten Alterpersonen hatten sich schon lange ins Vergessen geflüchtet.

Boudewijn, der Verräter, hatte die drastische Aktion *Betters* übrigens schon lange vorher bei zwei Therapeuten (dem Hapnotherapeuten und dem inzwischen neuen behandelnden Arzt von der Lievegoed-Klinik) angekündigt, in der felsenfesten Überzeugung, daß noch etwas dagegen unternommen werden könnte. Er hatte gesagt: »Es wird zum Verbrennen geblasen.«

Der Hapnotherapeut fühlte sich angegriffen, nachdem es eingetreten war, als wäre er durch uns mitschuldig geworden. Daher konnte er uns nicht trösten, sondern weckte ein tiefes Schuldgefühl. Beide Parteien waren todunglücklich.

Der andere Therapeut dagegen spendete Trost. Er war voller Entsetzen, Wut und Ohnmacht; er sah, wie wir zugerichtet waren ... Trotzdem sprach er uns Mut zu, weckte unser Vertrauen und versuchte uns klar zu machen, daß wir ein Recht auf Leben hätten und diesen Vater dort auf dem Totenbett überhaupt nicht mehr als Vater ansehen sollten.

Langsam kehrten die Alterpersonen zurück und hörten auf das, was der Therapeut zu sagen hatte; sie fingen an, *Better* zu verstehen, und ihr Kummer über das, was sie getan hatte, war groß. Die Alterpersonen sahen ein, daß *Better* eigentlich im Namen aller und für alle so gehandelt hatte.

Der Therapeut sah die psychischen und physischen Verletzungen, begriff, wie eine Tochter sich fühlen muß, wenn das letzte Wort des Vaters *nein* ist, des Vaters, der sie als Kind immer wieder mit Gewalt genommen hatte.

Der eine Therapeut richtet sich auf den Körper, der andere auf die Seele.

Sind die beiden Helfer Gegenpole?

Nein. Sobald wir es so empfinden, verwickeln wir uns in einen unmöglichen Kampf. Körper und Seele bieten zwar verschiedene Einfallswinkel, sind jedoch nicht getrennt.

Und der Vater, er starb, ohne uns noch einmal zu sehen, ohne uns noch einmal die Hand zu drücken, ohne mir zuzublinzeln ... Keine der Alterpersonen wird je begreifen, wie das geschehen konnte. Wie kann es dazu kommen, daß ein Mensch nicht zugeben kann, falsch gehandelt zu haben? Nicht um Verzeihung bitten kann? Nicht zugeben kann, Täter zu sein?

Inzest.

Es bleibt ein unbegreifliches und unvorstellbares Geschehen unter Blutsverwandten.

Bis zum letzten Atemzug bleiben die Rollen vertauscht. Das Opfer fühlt sich schuldig, und der Täter weist jede Schuld weit von sich. Wir reagieren weiter auf Befehle: Wir kommen, wenn wir kommen dürfen, bleiben, wenn wir bleiben sollen, gehen, wenn wir gehen sollen.

Aber da sind die Kinder. Sie wissen alle, daß ihr Opa nicht mehr lebt, und sie sehen, daß es ihrer Mama schlecht geht. Diese, ihre Mutter, nimmt die Kinder vorsichtig in den Arm, denn ihr Körper ist verbrannt ... Kindern macht man nichts vor. Sie haben ein feines Gespür für die Wirklichkeit, und sie spüren die Verzweiflung ihrer Mutter.

Die Kinder machten uns ein Geschenk. Später hören wir, daß alle ihr Taschengeld und das Kleingeld – aus Schubladen, Sparschweinen und Portemonnaies – zusammengelegt hatten. Mit strahlenden Augen erwarteten sie uns. Es gab Tee, die Wohnung war aufgeräumt ... Und wenn der Körper auch brannte, keine der Alterpersonen empfand den Schmerz, denn die Kinder sahen uns mit strahlenden Augen an ...

Das Geschenk wurde ausgepackt, und man stelle sich vor: Sie hatten einen feuerroten Punchingball für *Mutter* gekauft. Sie hatten begriffen, daß sie sich aus Wut und Kummer verbrannt hatte, wegen Opa, der nicht wollte, daß *Mutter* von ihm Abschied nahm.

Wir hingen den Punchingball sofort auf, und eine Alterperson nach der anderen fing an, dagegen zu boxen, drauflos zu schlagen ... Der Ball tanzte im Kreis, und wir lachten und weinten. Auch die Kinder machten mit: So hatten sie teil an unserer Wut und unserem Kummer. Ehrlich zu den Kindern zu sein macht Liebe möglich.

Kinder begreifen mehr, als man glaubt, und sie wissen, was es heißt, zurückgewiesen zu werden. Die Alterpersonen lernen so zu verstehen, daß Mißbrauch nicht zwangsläufig von Geschlecht auf Geschlecht vererbt werden muß und diese vemeintliche Verbindung zwischen Vergangenheit und Gegenwart zerschnitten werden kann, wenn wir es wirklich wollen. Wir sehen die Kinder an und versprechen ihnen, daß sie neu anfangen können.

Nicht, daß die Kinder mit heiler Haut davonkämen. Aber indem alle Probleme angesprochen werden und wir die Kinder in unsere Wirklichkeit einbeziehen, können sie eine Beziehung dazu entwickeln und ihr eigenes Leben selbstbewußter in die Hand nehmen.

Die Therapie, die sich auf den Körper richtet, ist auch für die Kinder sehr wichtig. Schmusen ist herrlich, wenn es ohne den Gedanken geht: wenn jetzt nur nicht das oder jenes eintritt ... Die Kinder an sich drücken und sie hätscheln, mit ihnen ohne Hintergedanken intim sein zu dürfen, das gelingt erst, wenn man seinen eigenen Körper kennt und nach den Grenzen suchen kann, die man nicht überschreiten möchte. Das Erkunden dieser Grenzen ist bitter notwendig, und Therapien machen es möglich.

Ein Mitarbeiter des Krankenhauses rief uns an und teilte

mit, Vater sei gestorben. Er bot uns an, vom Vater Abschied zu nehmen, wenn wir es wollten.

Oktober – eine einzige Rose stand noch in voller Blüte im Garten, als wunderbarer Spätentwickler; als ob sie wüßte, daß sie dazu erschaffen war, mehr zu sein als nur eine Rose. Ich hatte sie schon Wochen stehen sehen, wenn ich vor dem Haus zu tun hatte. Dort stand sie, zwischen all den Sträuchern: stark und aufrecht, mit riesiger Blüte. Sie stand da und strahlte in voller Pracht, als ob sie das ewige Leben verkörperte.

Zusta, unsere Hoffnungsvolle, brach die Rose und wickelte sie in weiches Papier. Sie legte ein Kärtchen dazu: Ciao, Papa, deine Tochter *Elisabeth* …

Die nächtliche Autofahrt erlebte ich in tiefer Stille. Der Mond schien wie eine leuchtende Kugel über die Landschaft. Nie im Leben habe ich klarer empfunden, was es heißt, keine Worte zu haben.

TA-Therapie (Transaktionsanalyse)

Diese Form der Therapie ist stark auf das *Hier und Heute* gerichtet. Die Sachlichkeit und Konkretheit sind eine Wohltat, wenn alle miteinander noch total in der Vergangenheit herumirren. Alle Übungen basieren auf Vereinbarungen, die man zuvor trifft.

Dabei müssen eine Reihe von Fragen beantwortet werden.

Was ist dein Ziel bei dieser Übung?

Wie übst du?

Welches Problem liegt zugrunde?

Da steigst du zwar aus dem Hier und Jetzt in die Vergangenheit und spürst die Personen auf, die im Zusammenhang mit deinen Traumata zu sehen sind, aber nicht wie ein Multipler es von sich aus tun würde.

In der Therapie geht es um »Ego-Positionen«, d. h. Bündelungen von Erfahrungen, Gefühlen, Bedürfnissen und

Gedanken. In dir gibt es den kritischen Elternteil, das angepaßte Kind, den sorgenden Elternteil, das freie Kind usw. Sie haben die Energie und das Wissen, die du für ein selbständiges Leben brauchst.

Die Kapazitäten der Ego-Positionen liegen häufig tief im Menschen verborgen und werden durch die Therapie freigesetzt. Umstände und Ereignisse oder auch spontane Initiativen, die bewußt von dir ausgegangen sind, haben dazu geführt, sie zu verbergen. Dabei handelt es sich um Entscheidungen, die bereits sehr früh getroffen wurden, und zwar aus dem einzigen Grund, überleben zu wollen. Man hat sich entschieden, etwas so oder anders zu machen, weil einem gesagt wurde, es müsse so sein. Und man verhält sich noch immer so. Nur: heute ist es nicht mehr nötig.

Aber das Verhalten ist noch immer dasselbe, und damit möchte man endlich Schluß machen.

Es scheint tief verwurzelt.

Aufgestaute Wut bleibt eingekapselt, denn damals mußte man freundlich lächeln. Die Furcht, Wut zu zeigen, ist immer noch groß, also lacht man, obwohl man wütend ist.

Oder man erzählt betrübliche Vorfälle mit einem Lächeln um den Mund. Oder man ist wieder dabei, einen anderen zu retten, obwohl er einen nicht einmal darum gebeten hat. Man springt in die Bresche, wie man es auch früher immer getan hat.

In der Therapie geht man dieser spontanen Haltung auf den Grund. Wieder einmal wird der Entschluß gefaßt: »Ab sofort werde ich mich davor hüten, meine eigenen Bedürfnisse und Gefühle zu vernachlässigen.« Man lernt, Fragen zu stellen und direkt Wünsche zu äußern.

Man sagt also nicht mehr: »Mann, hab' ich Lust auf Kaffee.« Denn was passiert dann? Man hofft, daß ein anderer aufspringt und Kaffee kocht. Vielleicht hat der andere gelernt aufzuspringen, sobald das Wort Kaffee fällt. Aber wenn er sitzen bleibt, sagt deine innere Stimme: »Du tust auch nie was von dir aus. Aber jetzt ist es auch nicht mehr nötig.«

Lernen, Wünsche zu äußern. Aber was will man denn wirklich? Wir sind viele, und daher ist zu viel zu nennen, so vieles, was wir gern hätten; doch tatsächlich können wir kein einziges konkretes Bedürfnis nennen. Darauf folgt ein Blackout, ein Denkstopp, ein Nicht-mehr-da-sein-Dürfen.

Fort Gedanken, fort Wünsche. Man starrt wieder vor sich hin und spürt die uralte Angst: Da gibt's nichts zu wollen. Und das wäre jammerschade, also warten wir, bis uns einer unaufgefordert etwas zuschiebt. Die bekannte Krümeltaktik: Warten auf das, was übrigbleibt, und sich damit zufriedengeben.

In einer TA-Gruppe lernt man, solche Mechanismen in den Griff zu bekommen. Ein Hilfsmittel ist beispielsweise der Hand-Augen-Kontakt.

Ein bestimmter Gruppenteilnehmer ist an der Reihe: er schreibt seinen Namen auf die dafür bereitstehende Tafel, dazu die Zeit, die er zu brauchen glaubt, sowie sein gewünschtes Thema. Durch das Anschreiben an die Tafel, wird einem die getroffene Entscheidung bewußter.

Der Teilnehmer wählt eine Person, die er in seiner Nähe haben möchte, und fragt diese Person, ob sie es auch will. Beide suchen sich einen bequemen Platz, geben einander die Hände und schauen sich ruhig in die Augen. Das ist die Vereinbarung, und so wird es dann auch gemacht.

Das ist einfacher gesagt als getan. Mit einer Person zu sprechen und Kontakt zu halten, die einem so nahe ist, ist keineswegs etwas Selbstverständliches. Man sitzt dann da, die Hände in den Händen des anderen. Man spürt, wie einem die Hände vor Nervosität feucht werden.

Der andere findet das garantiert furchtbar, denkt man. Man denkt doch fast ständig: Was wird der andere da nur über mich denken? Und ehe der andere überhaupt etwas denken kann, ist man schon dabei, etwas zu verhindern, denn man darf nicht lästig sein, nicht eklig, ihm keine Angst machen.

Schau ihm nur immer weiter direkt in die Augen.

Es gibt Alterpersonen, die das ausgezeichnet können, aber es kommt auch vor, daß manche schon beim ersten Blick in das nächste Loch im Boden versinken.

Bei den Übungen, in dieser Weise Kontakt aufzunehmen, hat man den Eindruck, alles von diesem anderen zu sehen und viel von sich selbst zu verlieren. Trotzdem lernt man dabei, länger am Gesprächsthema festzuhalten und gleichzeitig zu spüren, daß der Gesprächspartner sehr wohl versteht, was man sagen möchte.

Dann sitzen noch die anderen Teilnehmer um einen herum, die aus sicherem Abstand zuhören. Sie machen sich ihre eigenen Gedanken über das, was gerade erzählt wird, und man denkt: Hoffentlich verurteilen sie mich nicht.

Ich, *Autorin*, fand diese Übung sehr interessant. Ich habe eine Menge darüber notiert. Ich habe festgestellt, daß sich alle viel Liebe und Zuwendung gegeben haben. Wir haben wie die Pferde geackert und die Reaktionen, Vorschläge und Ratschläge, die kamen, erwiesen sich als sehr wertvoll. Sie konnten im täglichen Leben gut umgesetzt werden.

Für diese Arbeit war jeder selbst verantwortlich, zumindest so weit als möglich. Alles geschah in dem Rahmen, den man selbst vorgegeben hatte: dem sogenannten *Problem-Ziel-Aktionsplan.*

Man muß sich darüber klarwerden, *warum* man etwas tut und *wie* man es tut. Es gibt immer einen Ausgangspunkt und ein Ziel. Man soll sich nicht Hals über Kopf in etwas stürzen, auf gut Glück.

Manchmal scheint diese Methode in Haarspalterei auszuarten. Aber sie ist doch sehr wichtig, weil man lernt, diszipliniert zu arbeiten. Man lernt, sich selbst total ernst zu nehmen.

Die Arbeit in der Gruppe brachte es mit sich, daß viele Innenpersonen zu rumoren anfingen. Das war schwierig, weil sich nur einige in der Gruppe zeigen konnten. Wir konnten nicht erwarten, daß die Gruppenteilnehmer auf das oft Chaotische, das in der Welt der Alterpersonen vorkommt, antworten könnten.

Für mich, *Autorin, Rama* und noch einige Objektivere unter uns war die TA-Analyse eine ausgezeichnete Therapie. Aber wie es so geht, wenn etwas gut zu sein scheint, wollen immer mehr Alterpersonen die Nase hineinstecken und sich einmischen. Dadurch wurde es immer schwieriger, unsere Welt für die anderen Teilnehmer übersichtlich und verständlich zu halten. Der Therapeut und die Teilnehmer reagierten jedoch gut und stellten den Alterpersonen, die herauskamen, um sich die Sache einmal anzusehen, ehrliche Fragen.

Mir, *Autorin*, ist die Therapie in positiver Erinnerung geblieben. Ich bin davon überzeugt, daß wir diesen Faden wieder aufnehmen werden, sobald die Alterpersonen gelernt haben zusammenzuarbeiten.

Die Kindpersonen durften herauskommen, und man war sehr lieb zu ihnen. Das konnte ich beobachteten und war sehr beeindruckt. Wie funktionierte das nur in einer Gruppe, in der sich die Teilnehmer gar nicht wirklich kannten? Wie konnten sie trotzdem so offen füreinander sein? Schon nach kurzer Zeit war die Gruppe zu einem der wenigen sicheren Orte in unserem Leben geworden.

Gesprächsgruppe des Vereins gegen sexuelle Kindesmißhandlung

Das erste Treffen mit einer Frauengruppe, die schon soweit war, über ihre Erfahrungen zu reden, hatte es in sich. Wenn

Frauen erst einmal damit angefangen haben, dann steht einem einiges bevor.

Wir hatten in diesem Punkt noch keinerlei Erfahrung und kamen als blutige Anfänger in die Gruppe. Bald stellte sich heraus, daß wir es nicht ertragen konnten.

Ging es zu schnell?

War alles zu ehrlich?

Zu heftig?

Es war eine phantastische Gruppe, vor der wir großen Respekt bekommen haben. Wir haben viel von den anderen gelernt und erkannt, daß alles, worüber sie sprachen, völlig der Wahrheit entsprach. Und wir haben dort entdeckt, daß wir mit derartigen Erfahrungen nicht allein auf der Welt sind.

Aber wir gingen in diesen Wahrheiten unter, weil wir als Alterpersonen noch nicht soweit waren; ganz davon zu schweigen, daß wir uns in dieser derart aktiven Gruppe hätten behaupten können.

Wir ziehen den Hut vor dem, was alles angegangen und verarbeitet wurde, vor der Therapeutin, vor all den Frauen, die den Mut aufbrachten, ihr Leid, aber auch ihre Freude zu zeigen.

Wir erinnern uns noch genau an die »Wochenendseminare zur Verarbeitung«, gestochen scharf wie Fotos. Eine Reihe von uns denkt mit Wehmut an diese Periode zurück, aber wir waren damals noch zu uneins, um alles überblicken zu können. Dadurch kam es zu Unmut unter den Alterpersonen, und Freunde wurden zu Feinden und Feinde dicke Freundinnen.

Das hing natürlich damit zusammen, daß die Gesprächsgruppe nur aus Frauen bestand. Viele Alterpersonen fühlen sich in einer gemischten Gruppe wohler. Manchmal waren Personen ganz vorn, die nur Mütter sahen. Das war eine Katastrophe, nicht weil es um Mütter ging, sondern weil die

Alterpersonen aufgrund eines tradierten Rollenmusters auf die Frauen reagierten, als wären sie Mütter. Daher kamen wir nicht zur eigentlichen Arbeit.

Schließlich gaben wir auf. Nicht nur aus Verzweiflung, sondern auch, weil wir tief in uns wußten, daß wir zu schnell zu hoch hinaus gewollt und uns zuviel zugemutet hatten.

Die vielen Seiten, die ich in dieser Zeit vollgeschrieben habe, zeugen von einer heftigen und fruchtbaren Periode, die uns die Einsicht brachte, daß wir uns zuerst um die Alterpersonen kümmern mußten.

Ich danke allen Frauen, die in der Gruppe so mutig für ihre Heilung gekämpft haben. Wir haben ebenso engagiert mitgekämpft.

Speyer-Therapie

Kerze an, eine Tasse duftenden Tees, ein paar tausend Gulden bezahlt und zehn volle Tage arbeiten und sich mühen, um seiner Vergangenheit einen Raum zu geben.

Ach, ich Ärmste, wer konnte vorher ahnen, was wir dort alle mitmachen würden!

Zuerst ein Orientierungsgespräch, und dann ging's los.

Im Obergeschoß eines Hauses, hinter einer Doppeltür, auf einer Couch liegend, eine Binde über die Augen und dann zurück in den Fahrstuhl deiner Lebenszeit: heruntersteigen vom heutigen Alter auf Null oder noch früher.

Man hat zehn Tage Zeit. War es wie Jahre?

Nein, uns fehlten Jahre. Alles mußte in diesen zehn Tagen nach einem vorgegebenen Schema ablaufen, und wir gaben unser Bestes. Aber wir machten einen Fehler. Durch mangelndes Einfühlungsvermögen zwangen wir fast alle Alterpersonen in eine Lage, die mörderisch war.

Wir taten unser Bestes, wir schlugen auf Kissen ein und schrien aus Leibeskräften. Alles, was in unseren Gedanken schmutzig und grob und widerlich war, kam heraus … Wir dachten, es liefe ausgezeichnet, aber mitten in der Woche mußten wir plötzlich »mal gut zuhören«.

»Wir sind nicht im Zeitplan«, hieß es.

Mein Gott, sollten wir noch härter arbeiten?

»Ich mach' nicht weiter«, sagte der Therapeut.

Die Alterpersonen, die sich fast in die Hosen gemacht hatten vor Angst, allein schon wegen der schwarzen Augenbinde, sprangen in die Luft vor Erleichterung. Aber die Männer unter uns wollten zuschlagen und schreien und kämpfen. Sie hatten Gefallen daran gefunden und waren wütend auf diesen Zwerg, der plötzlich sagte: »Geh nach Hause.«

Sie hätten ihn umbringen können.

Hatte der eine Macht!

Wenn er sagt: »Komm«, dann kommst du. Wenn er sagt: »Geh«, dann gehst du. – So war das.

Mit hundertsechzig rasten die männlichen Alterpersonen über die Straße und schrien immerzu: »Fahr zur Hölle!«

Fahr zur Hölle!

Wir landeten bei Willem, unserem vertrauten Hausarzt. Er mußte uns einen Halt geben. Mit ihm zusammen suchten wir weiter nach dem Weg zur Erlösung und Befreiung.

Nichts ist umsonst. Aufnahmen, Therapien, Teilzeitbehandlungen: Welten des Aufstehens, Aufleuchtens und Ertrinkens. Es war immer wieder dieses flirrende Gefühl im Bauch zu spüren, daß nichts vergeblich ist und sich alles zum Guten entwickelt. Wir ziehen mitten durch die Wüste zu dem Schatten der Bäume, unter denen wir ausruhen dürfen und uns des Lebens freuen, wo wir mit anderen darüber glücklich sein dürfen, daß wir leben, wo wir das Alte hinter uns lassen, auf der Suche nach dem Neuen.

Zu Hause!

Bevor ich anfange, über unser Zuhause zu schreiben, möchte ich zunächst eine Bemerkung vorausschicken. Mein »Zuhause« ist natürlich nicht ein »Zuhause« für jeden. Nicht für alle gilt: »Komm rein, leg ab, und mach es dir gemütlich.«

Die Entdeckungsreise zu diesem Zuhause war sehr wichtig. Ich lernte die Welt unserer Alterpersonen kennen, las später Bücher zum Thema und fand dort phantastische Berichte über das, was Therapeuten so alles im Angebot haben: mit dem Patienten Ausflüge machen, als Therapeut Tag und Nacht ansprechbar sein ... Wenn man so etwas liest, möchte man ihnen am liebsten sofort hinterherlaufen.

Das gilt auch für dieses Kapitel.

Natürlich hoffe ich, daß es Leser ansprechen wird und daß sie etwas davon haben. Aber machen Sie bloß nicht den Fehler, auf der Stelle die alten Schuhe wegzuwerfen, bevor neue da sind. Jede therapeutische Einrichtung hat ihre Grenzen, und Therapeuten können auch keine Wunder wirken. Und Gott sei Dank ist Hilfe nicht an einen bestimmten Ort gebunden. Trotzdem hoffe ich, daß dieses Kapitel zum Nachdenken anregt und zu einer klareren Vorstellung von dem beitragen kann, was adäquate Unterstützung heißt: die Therapie, die für dich wie maßgeschneidert ist.

Nach Hause kommen ist das schönste auf der Welt. Du darfst mit schmutzigen Schuhen hereinkommen. Kummer und Angst, Wut und Panik darf es da geben, und es muß nicht alles ordentlich und sauber bleiben.

Damals hieß mein »Zuhause« noch SKAP (Stiftung für Klinische Anthroposophische Psychiatrie); heute heißt es Bernard-Lievegoed-Klinik. Die Klinik liegt in Bilthoven in der Nähe von Utrecht.

Wir Alterpersonen fühlten sofort, daß wir willkommen waren, das ganze Rudel, einschließlich der Bösen. Endlich wußten wir: Das ist die letzte Station. Ich weiß nicht, woher diese Überzeugung kam. Wir hörten, wie wir es uns gegenseitig versicherten; wir wußten es und glaubten daran: Das ist die *Endstation.*

Der Kabinenkoffer sprang auf, und alles, aber auch wirklich alles, fiel heraus und nichts konnte mehr zugedeckt werden. Hier kam eine klare Einladung an alle Personen, und wir wußten schon bald, daß sich keiner mehr hinter der Befürchtung verstecken konnte, ungebetener Gast zu sein. Alle sollten gehört werden, deshalb konnte niemand auf seinem Hintern sitzen bleiben. Die herzlich ausgebreiteten Arme verblüfften uns, und *Vivian* sagte sofort: Die Liebe äußert sich hier so, daß Geist, Seele und Körper gleich viel wert sind.

Wir vereinbarten den ersten Termin, und Jubel kam auf.

Willkommen also.

Aber *Mutter*, die Tag und Nacht für die neun Kinder zu sorgen hatte, runzelte die Stirn und sah schon Gewitterwolken aufziehen. Einerseits war sie natürlich ebenfalls froh, aber andererseits dachte sie, klug wie sie ist: Wenn alle von uns dorthin kommen dürfen, bleib' ich allein mit der ganzen Arbeit sitzen. Daher wollte sie nicht mitkommen.

Die Kundschafter wurden wütend und unglücklich. Das muß man sich mal vorstellen: Nach endlosen Jahren riechen wir endlich den Stall, und ausgerechnet jetzt will *Mutter* uns einen Strich durch die Rechnung machen. *Mutter* wurde der Boden unter den Füßen heiß gemacht.

Wir bekamen zum ersten Mal richtig Streit. Es wurde ein Aufstand organisiert, und wir sorgten dafür, daß alles schief ging, bis *Mutter*, die nicht mehr aus noch ein wußte – wir hatten unseren Therapeuten bisher noch kaum gesehen –, ihn schließlich anrief und sagte, sie empfinde Mißtrauen gegen ihn.

»Nun, dann schieß mal los, *Mutter*«, sagte er, »was hast du denn für Wünsche?«

Ihre Wünsche?

Sie hatte angenommen, daß er sagen würde: Entweder ihr kommt gern oder gar nicht. Auf Wiedersehen.

Aber Wünsche?

Nicht weit entfernt kriegt sich der *Rooie* nicht mehr ein vor Lachen über das Gesicht von *Mutter* und hört dann zu seiner Verwunderung, daß sie einfach einmal sehen möchte, was für ein Typ der Therapeut ist!

Sie möchte sehen, was der für einer ist? Gütiger Himmel, was denkt sich *Mutter* denn dabei?

Der Therapeut fragt, wie lange sie denn »sehen« möchte.

Mutter antwortet mit glühenden Wangen: »Ungefähr fünf Minuten.«

»Gut«, sagt der Arzt. »Sie darf also fünf Minuten kommen und schauen.«

Der Hörer wird aufgelegt, und *Mutter* ist total verblüfft.

Nicht zu fassen, hören wir sie sagen. Dann nimmt sie das Auto und verschwindet. Wir sind verdammt neugierig, wie sie das so schnell machen will, mit dem Anschauen, und kommen mit. In Gedanken habe ich schon den Stift in der Hand und möchte keine Silbe dieses Ereignisses versäumen.

Da ist der Arzt. Er stellt sich vor. *Mutter* setzt sich, er ebenfalls, und sie mustern sich gegenseitig.

Eigentlich ist es zum Schießen. Aber es wird nicht gelacht,

und der Arzt bleibt todernst. Er versteht *Mutter* schon, glaube ich. Ich wußte nicht, daß fünf Minuten eine Ewigkeit dauern können. Wir waren fix und fertig, als *Mutter* sich wieder auf den Weg machte.

Mutter sah ihn also an. Das war kein Spiel. Sie schaute und schaute und sah ein Gesicht, das leicht distanziert wirkte, aber freundliche Augen hatte. Gerade das Distanzierte flößte ihr Vertrauen ein. Er saß nicht da, als wollte er ihr etwas vormachen.

Er knetete auch nicht nervös die Finger und machte den Eindruck, als wüßte er, was er mit all den inneren Personen anfangen sollte. *Mutter* spürte, wie sie ruhig wurde – ein gutes Zeichen.

Manch eine der Alterperson saß ihr im Nacken oder unter dem Rock. Das ist bei *Mutter* erlaubt, denn sie ist an Kinder gewöhnt. Wir schauten mit und hofften, daß er uns alle sehen würde. *Mutter* konnte unsere Gedanken erraten, ließ sich aber nicht verführen. Nein, sie kam einzig und allein, um einmal zu gucken.

Nach fünf Minuten stand Marko, der Therapeut, auf. Die Zeit war um, *Mutter* hatte sich umgeschaut, und er würde hören, wie es mit den Terminen weitergehen sollte.

»Tschüs, *Mutter*«.

Wir sahen *Mutter* kopfschüttelnd weggehen, und den Rest des Tages war sie in sich gekehrt. Sie verrichtete ihre Arbeit und dachte und dachte nach … Die Tage vergingen, und sie dachte immer noch nach … Es war zum Aus-der-Haut-Fahren, aber ganz unerwartet, ganz nebenbei, sagte sie: Okay, wir machen es!

Diese vier Worte bestätigten unseren Entschluß. Ich möchte hier nicht behaupten, wir hätten kein einziges Mal mehr an Flucht gedacht, während all der Monate und Jahre, die folgen sollten … Aber niemand hat mehr daran gezweifelt, daß wir nun auf der Zielgeraden waren.

Am Donnerstag, dem 22. März 1990, hatten wir unseren ersten Termin. Jetzt kommt der Bericht, den ich über die erste Sitzung geschrieben und gerade erst wieder aus unserem großen Kabinenkoffer herausgeholt habe:

... In uns drin ist es wie in einem unordentlichen Hühnerstall mit kopflosen Hühnern, die verwirrt herumrennen, ohne zu wissen wohin und wozu.

Vloske, unser Pfiffikus, ist ein As im Erfinden von originellen Tests und Prüfungen. Diesmal sind es Blumen, sehr ehrlich gedacht, aber sie haben eine doppelte Bedeutung. Sie werden von *Zusta*, unserer Hoffnungsvollen, überreicht.

Aller Anfang ist schwer, und *Zusta* gefällt es, Marko die Blumen zu schenken, dem Mann, dem Psychiater, der es hoffentlich die nächste Zeit mit uns aushalten wird. Und wir hoffentlich mit ihm. Zu so vielen fühlen wir uns stark; gegen uns kommt keiner an.

Wir zwinkern uns zu und klopfen uns auf die Schultern, und die Bösen verhalten sich ganz ruhig.

Als wir die Klinik betreten, beschleicht uns ein Gefühl, eingesperrt zu sein. Es gibt ja keine Fenster, sagt *Zuil* mit ihrer dunklen, ausgeglichenen Stimme. Nein, keine Fenster, und dann dieses gedämpfte Geräusch unter den Sohlen ... Jeder Tritt möchte uns etwas sagen, etwas sehr Unangenehmes ...

Der Gummifußboden, dieses Linoleum – wird dadurch eine Erinnerung wachgerufen?

Die Stühle und das Sofa in einer dunklen Nische des Warteraums laden uns nicht zum Sitzen ein. Der Ort gefällt uns überhaupt nicht. Nervosität schnürt uns die Kehle zu, und wir denken: Verflixt noch mal, wir sind doch schon an einiges gewöhnt?

Nein, diese Art von Arbeit, zu der jeder von uns höchstpersönlich eingeladen wird, das ist etwas völlig Neues.

Wir Alterpersonen sollen uns gegenseitig vorstellen. Wir

kennen uns aber nicht, ich meine, nicht richtig. Obwohl wir so viele Jahre zusammen verbracht haben, wissen wir nicht, wer wir wirklich sind. Ja, wir wissen natürlich, daß wir einander ablösen. Aber in das Herz und die Gedanken der anderen, in die können wir nicht sehen. Wir kommunizieren nicht miteinander, und genau das ist es, was wir in der nächsten Zeit lernen sollen.

Spook, der Gehetzte, wird ein Stück zurückgeschoben. Denn die Tür geht auf, und wir dürfen anderthalb Stunden lang miteinander arbeiten – was wir als Luxus empfinden. Eine Weile wirklich Zeit haben! Aber wir spüren auch eine große Unsicherheit in uns: Was sollen wir so lang mit einem »Fremden« anfangen?

Wir treten in das Behandlungszimmer, und da ist schon das erste Problem. Wo setzen wir uns hin? Der eine möchte auf den Stuhl, die andere auf das Sofa, und wieder eine andere am liebsten auf den Boden. Na ja, auch wenn der Arzt sagt, daß alle Alterpersonen kommen dürfen – sich auf den Boden zu setzen ist vielleicht ein bißchen zuviel des Guten.

Zusta bittet um eine Vase für die Blumen. Aber er hört sie nicht, oder er tut zumindest so.

Es ist bestimmt keine Bombe drin versteckt, auch wenn einige Alterpersonen Ärzte auf den Tod nicht ausstehen können.

Es gibt keine Vase und auch keine Reaktion. Daher wagt sie es nicht, noch einmal zu fragen. Sie wird von einem Gefühl der Unsicherheit überwältigt: Will der Therapeut nun die Blumen annehmen oder nicht? Ach, sagt *Crisis*, wer bringt denn einem Mann auch Blumen mit, beim allerersten Mal! Unsere kritische *Crisis* sitzt vorn auf der Stuhlkante und spitzt ständig die Ohren.

Zusta ist todmüde, und *Willemijn*, die Einfühlsame, übernimmt die Führung von ihr.

»Hallo«, sagt sie, und die anderen erschrecken. Wir können doch nicht alle der Reihe nach »Hallo« rufen? Dann ist die Stunde um, ehe man es sich versieht. Aber der Arzt antwortet freundlich »Hallo« und blickt beunruhigt auf die Blumen.

»Gleich springt ein Teufelchen heraus«, sagt *Ratje*, unsere argwöhnische Alterperson. Das sagt sie zweimal. Sie sagt immer alles zweimal, für den Fall, daß man es beim ersten Mal nicht verstanden hat. *Ratje* ist eine besondere Alterperson, die überall gleichzeitig sein kann und mit ihrem schnellen Körper überall zwischendurch schießt und Bemerkungen macht.

»Test! Test!« schreit *Ratje*.

»Blumen lieben Menschen«, sagt der Arzt, und er legt die Blumen auf seinen Schreibtisch. Ist er nervös? Fühlt er sich durch die Blumen überfahren? Freut er sich darüber? Oder ist er mißtrauisch?

Ellie, unsere Schuldige, möchte unbedingt, daß die Blumen Wasser bekommen. Sie hört die Blumen sehnsüchtig nach Wasser rufen, aber sie setzt sich dafür nicht besonders ein. Selbst bei solch kleinen Dingen werden die Schuldgefühle in ihr genährt.

Paß nur gut auf, sagt *Suikerspin*, unsere fatalistische Alterperson, dieser Vorfall ist ein Zeichen dafür, wie es mit uns enden wird. Wir sind schön und frisch hereingekommen, stehen aber schon jetzt hungernd und dürstend in einer Ecke.

Lieben wir Menschen?

Wir lieben sehr wohl Menschen.

Wezel, eine ängstliche Alterperson, schreit nach seinem Kuscheltier und will nicht so nahe bei dem Mann sitzen. *Wezel* ist außer sich. Er macht alle verrückt, und einer nach dem anderen bekommt Angst.

Marietje, unser Sonnenschein, kommt nach vorne und schaut heraus, zu den gelben Blumen dort. Narzissen? Sie träumt von großen Feldern mit tausenden von Blüten.

Neben uns ist Geheul, lautes Geheule. Es ist *Klavertje*. Weshalb tröstet der Mann sie nicht ein bißchen? Weshalb sagt er nichts. Aber vielleicht hat er schon alles mögliche gesagt, und wir haben es nur nicht gehört.

Ist die Zeit schon um? Warum sitzt der Arzt noch auf seinem Stuhl?

»Ruhig«, sagt *Vlam*, »wir haben noch jede Menge Zeit.« Und sie tröstet *Klavertje*.

Pien, der Antreiber, warnt und sagt, wir hätten keine Sekunde mehr zu verlieren, keine Sekunde! Aber das Geheul bleibt, und *Erna*, die Genervte, wird wahnsinnig von dem Geheule.

Damit muß jetzt Schluß sein!

Slok, die Strenge, deutet an, daß *Erna*, die Genervte, es auch ein bißchen ruhiger hätte sagen können. *Better* sieht schweigend zu, hinter ihrer Wand …

Wenn man bei einem Fahrrad an eine Rücktrittbremse gewöhnt ist, muß man aufpassen, wenn man plötzlich ein Fahrrad nur mit Handbremsen hat. So kommen wir uns vor: Wir wurden unmißverständlich eingeladen, tun aber nichts anderes, als übereinander zu stolpern – und dadurch ist kein Kontakt mit dem Arzt möglich.

Aber der Arzt beruhigt uns und ist nicht böse wegen unseres dummen Benehmens. *Gene*, die Frostbeule, geht zähneklappernd ab und wir mit ihr. Niemand weiß, worüber wir mit dem Arzt gesprochen haben. *Drab* muß kotzen und gähnen.

Mutter übernimmt die Verantwortung: Los, alle nach Hause, denn die älteste Tochter hat Geburtstag, und es gibt ein Fest, mit Musik und Spaß. Wir fallen also wieder von einem Extrem ins andere. Das wird die folgenden Monate noch oft ein Problem werden: nach einem Arztbesuch ins normale Leben zurückkehren.

Der Fluch des zur Hölle gefahrenen Arztes liegt auf uns,

und der neue Arzt wird hoffentlich alles tun, uns von diesem Fluch zu erlösen. Der tote Arzt ist der Therapeut, der uns vergewaltigt hat und verschwand, als er seine Strafe hätte verbüßen müssen. Er verschwand über die Schwelle zwischen Leben und Tod. Leider. Wie kann man sich davon befreien? Ein Trauma ist hartnäckiger als Kaugummi unter der Schuhsohle.

Apropos Kaugummi:

Scheiterop haßt Hähne, vor allem ihr Krähen. Wenn man gerade mitten im Gespräch ist, krähen die Hähne ständig dazwischen. Er findet auch, daß es unverschämte Biester sind, die auf Hühner springen. Verschiedene Alterpersonen assoziieren den Hahn auch mit Verrat. Wenn ein Hahn in der Nähe ist, wird *Scheiterop* auch giftig.

Um die Klinik herum gibt es massenhaft Hähne. Sie scharren unter dem Fenster und stören das Gespräch.

Lola muß immerzu Kaugummi kauen. Am liebsten Tag und Nacht. Eines Tages sind wir draußen auf dem Klinikgelände, und *Scheiterop* sieht wieder Hähne herumlaufen. Er holt den Kaugummi aus *Lolas* Mund, wirft ihn auf den Boden und hofft, daß ein Hahn ihn aufpickt und nie wieder den Schnabel aufbekommt.

Und tatsächlich: Im Nu hat ein Hahn den Kaugummi aufgepickt.

Prima, denkt *Scheiterop*.

Aber die Frauen finden es sagenhaft gemein von *Scheit*, und es kommt zu einem Riesenkrach. Sie rennen heulend hinter dem Hahn her, der nicht begreifen kann, warum derselbe Mensch, der ihm erst den Kaugummi wie ein Stück Brot vor den Schnabel wirft, ihn dann anfleht, den Kaugummi doch wieder herzugeben.

Hahn, Hahn, komm zum lieben Frauchen.

Vergiß es, denkt der Hahn. Wie es ausging? Das kann keiner nacherzählen. Es entsteht ein enormes Schuldgefühl, vor allem bei *Ellie*, die in Gedanken den Hahn verenden sieht.

So reiht sich ein Vorfall an den nächsten – und wir erleben alles mit, wir, die wir gut sind und schlecht, krank und kräftig, traurig und froh, teuflisch und unheimlich fromm.

Eins

Mit wie vielen
können wir teilen,
mit wie vielen
können wir sein?

Mit wie vielen
können wir leben,
mit wie vielen
ertragen wir Pein?

Mit wie vielen
lernen wir reden,
mit wie vielen
werden wir eins?

Noch immer ist der 22. März 1990. Ich hasse diesen dicken Wurm, den wir von Kind an im Bauch herumgeistern fühlten. Ich grabe Gräber im Wald und will mich lebendig hineinlegen. Ich möchte bei den kleinen Tieren wohnen, mit ihnen reden, für sie sorgen. O Welt der Schatten, Welt der Freunde, Welt der Wahrheit, Welt unserer Personen … In unserer Mitte ist *Elsje*, unser eigenes Ungeborenes. Wir wachen und warten auf die Zeit, in der sie sicher geboren werden kann und wir voller Stolz sagen können: Wir haben ein *Ich* bekommen.

So verlief unsere erste Begegnung, und so sollte es auch weitergehen. Im Zickzack bewegten wir uns zwischen allerlei Wirklichkeiten und erkannten allmählich, daß unsere Welt hart war. Wir merkten rasch, daß die Therapie sich anders entwickeln würde, als *Max* geglaubt hatte. Ein Jährchen? Schnell berichten, eins werden und dann nichts wie weg?

Wir entdeckten, daß wir überhaupt nicht miteinander sprechen konnten.

Die Zeit ging vorbei, und es wollte nicht gelingen, bis ich durch einen dummen »Zufall« in die Patsche geriet. Eine andere Alterperson versuchte, während einer Sitzung mit Marko, einen Zwischenfall zu erzählen, an dem ich beteiligt war. Mit »versuchen« meine ich, daß alles versucht wurde, die Geschichte in der richtigen Reihenfolge und klar zusammenzubekommen.

Ich saß wie üblich still in meiner Ecke und schrieb mit; und auf einmal ging es um mich. Ich hörte meinen Namen. Ich lauschte und vergaß zu schreiben ... Ich hörte, daß ich manchmal Papier verschluckte. Wie konnten sie es nur wagen, das weiterzuerzählen! Wie wagten sie es, mit dem Arzt über mich zu reden!

Ehrlich gesagt, kümmere ich mich im allgemeinen wenig um die anderen. Ich habe meine eigene Welt, mit der ich voll und ganz beschäftigt bin. Ich fand es schrecklich, daß ich einfach so zum Gesprächsthema wurde. Plötzlich schien, was ich hier in diesem Zimmer aufschrieb, nicht mehr sicher zu sein. Ich sah die Buchstaben schwanken und zittern und sprang mit einem ungeheuren Schwung an die Wand, als würde ich gegen sie geworfen. Ich verschlang nacheinander die Papiere, um die Blätter sicher aufzubewahren, wie ich es früher auch getan hatte. Die Arme an der Wand weit ausgebreitet: kauend und schluckend!

Aber da war Marko. Zumindest erkannte ich seine Stimme aus der Ferne.

Autorin, Autorin!

Er hielt mir die Hand unter den Mund und bat mich, das Papier doch bitte auszuspucken. »Es ist nicht mehr nötig, *Autorin*, es ist jetzt nicht mehr nötig, bitte, glaub mir.«

Ich hörte es und ließ mich von seinen eindringlichen Worten aufrichten. Der naßgekaute Klumpen blieb im Mund stecken. War es wirklich nicht mehr nötig?

Aber der Zwang zu schlucken war stark. Ich wollte das Papier zum allersichersten Ort bringen, in den Bauch, wo der Wurm es mit seinen Kiefern weiter zermahlen konnte.

Ich stand da an die Wand gepreßt und versuchte, mich zu einer Entscheidung zu zwingen. *Zusta* war in meiner Nähe, um mich zu unterstützen; in der Ferne sah ich andere Alterpersonen, die ich mag, solche, die den Worten des Arztes Nachdruck verliehen. Ich sah noch immer seine einladende Hand.

Sollte ich ihm das Papier auf die Hand spucken?

Ratje schrie dazwischen, zweimal, ich hätte Angst, seine Hand zu beschmutzen. Da kam der Papierkorb, und ich überwand meine Angst, dieses eine Mal, und spuckte den Klumpen aus. Alterpersonen klatschten Beifall, aber ich brach zusammen und kann mich noch immer nicht erinnern, wie dieser Nachmittag zu Ende ging.

Inzwischen weiß ich – fast jede Alterperson weiß es –, daß wir voneinander abhängig sind, wie unterschiedlich wir auch sein mögen. Wenn wir gesund werden wollen, müssen wir lernen, zu teilen. Ich weiß jetzt, daß ich kein Papier mehr aufessen muß, auch wenn in mir noch manchmal der Zwang dazu hochkommt. Ich weiß auch, daß die Geschichte meiner Vergangenheit noch nicht in allen Teilen erzählt ist, und ich taste noch nach dem Ursprung meiner Existenz. Ich weiß jetzt, daß jede Alterperson ein Anrecht auf mich hat, so wie ich ein Anrecht auf die anderen habe. Es geht darum, die anderen lieben zu lernen, um sich selbst loslassen zu können, um ein gemeinsames Wissen in die Tat umsetzen zu können.

Ich gehöre zu den Alterpersonen, die am liebsten ganz im Hintergrund bleiben. Trotzdem war gerade ich eine der ersten, die auftrat. Dadurch wurde uns klar, daß uns die Körpersprache noch mehr als das Erzählen einer Geschichte die Möglichkeit gibt, uns zu äußern. Wir lernten auch, daß wir diejenigen, die die Geschichten noch nicht ertragen konnten, schützen mußten. Man muß »Halt!« sagen können, wenn alle zusammen das Gefühl bekommen, daß das Zimmer zu klein wird.

Wir entdeckten auch, daß es möglich ist, Alterpersonen einzuladen, und daß wir ihr Erscheinen nicht dem Zufall überlassen mußten.

Dabei denke ich jetzt an *Pik*.

Pik, unser Kerl, saß meist links in der Zimmerecke, groß und kräftig, ungelenk und eckig. Oft belauerte er *Klavertje*, die – genau wie viele Kleine – in den Armen von *Max* ein sicheres Fleckchen gefunden hatte. *Pik* träumte von *Klavertje*, davon, daß er einmal bei dieser Kleinen sitzen dürfte. Aber es durfte nicht sein, keine der Alterpersonen ließ es zu, denn *Pik* konnte man ja nicht trauen. Er war zu stark und konnte *Klavertje* in einer Sekunde zermalmen.

Wie sollte *Pik* je bei Marko erscheinen können? überlegten wir uns.

Die Hölle würde losbrechen.

Dieser Henker!

Scheiterop, auch in der Ecke der Bösen, aß unterdessen rohe Paprika. Es knisterte und knackte zwischen seinen Zähnen.

Boudewijn fragte Marko, wie wir alle zusammen *Pik* helfen könnten.

Marko organisierte das Treffen. *Pik* sollte kommen dürfen, aber wie? Wir trafen gute Absprachen miteinander und schmiedeten einen Plan. Weil die Klinik noch nicht fertig war – es wurde noch gebaut – und die Behandlungen in einem hellhörigen Raum stattfanden, wurden auch die anderen Patienten eingeweiht: es könnte mit viel Getöse einhergehen, wenn *Pik* herauskäme. Es wurde ihnen gesagt, sie sollten sich dann nicht beunruhigen.

Als ich hörte, sah und beschrieb, wie groß die Sorgfalt war, mit der *Piks* Ankunft vorbereitet wurde, empfanden wir alle großen Respekt. Ich fing an einzusehen, daß vieles möglich ist, sobald die Dinge beim Namen genannt werden.

Alle waren informiert, und der Nachmittag war festgelegt. *Pik* durfte aus seiner Ecke kommen und »erzählen«.

Dieses Erzählen wurde ein Brüllen und Sich-Winden auf dem Boden. Er kroch unter den Tisch und brüllte, brüllte. Durch seinen Körper gingen noch einmal alle Elektroschocks, die er früher stellvertretend für uns aufgefangen hatte, damit wir sie nicht spüren sollten. Wir lernten jetzt eine völlig neue Seite an unserem *Pik* kennen.

Wir hörten ihn vor Angst schreien. Wir konnten ihm nicht helfen, weil wir perplex waren. Sprachlos sahen wir ihn leiden. Er hatte einen Draht in der Hand und noch einen, und er beschrieb einen Apparat ... Er zuckte und wandt sich auf dem Boden. Marko unterstützte ihn die ganze Zeit. *Piks* Stimme wurde rauh, und schließlich kam aus seinem Mund ein Heulen und Wimmern, und er konnte weinen.

Idiotisch klang das und sonderbar. Wir hatten Angst vor *Grom*, der vom Heulen *Piks* tief unten in seiner Höhle aufgeweckt werden konnte. *Grom* war ein Wesen in unserem Leben, das sich manchmal rührte und dann seufzte und brummte ... Wir sagten immer wieder warnend zu Marko, er solle doch bitte still sein, denn wenn *Grom* käme ...

Rama machte im Laufe der Zeit viele Fotos und bewahrte sie in ihrem Gedächtnis auf. Sie weiß, daß sie die Fotos nicht zeigen darf und kann.

Ich selbst schreibe zwar über das, was ich gesehen habe, aber miterlebt habe ich es deshalb noch lange nicht.

Und *Grom*?

Grom kam ganz langsam, Schicht um Schicht, nach oben, ob er wollte oder nicht. Wenn Alterpersonen erlöst wurden und hochkletterten, entstand Raum für *Grom*.

Und eines Mittags war er da: groß und voll und mit ein bißchen Schaum vor dem Mund. Die Mitarbeiter der Klinik drückten *Grom* auf den Boden und versuchten, ihn zu beruhigen. Dabei half ihnen ihre physische Kraft und tröstende Worte. Alles war von dem Respekt vor dem Menschen getragen: Nicht *einmal* wurde die Spritze gezückt oder ein anderes Hilfsmittel benutzt. Es gab Geduld und Liebe, Zeit und Anstrengung ... Die Mitarbeiter drückten gemeinsam mit Marko den Kopf nach unten, um *Groms* Kraft dennoch liebevoll im Zaum zu halten.

Ich bin jetzt ganz von dem Bewußtsein erüllt, daß Worte nicht das ausdrücken können, was ich eigentlich sagen möchte. Während ich dies niederschreibe, spüre ich in mir Liebe, Liebe für die Unterstützung, die immer wieder geboten wird und die so anders ist als die standardisierte Hilfe tradierter Instanzen. In diesen Instanzen herrschen oft Paragraphenreiter, denen Regeln wichtiger sind als die tatsächlichen Bedürfnisse eines kranken Menschen.

Wie oft haben wir es nicht miterlebt, daß bei Exaltationen der Alterpersonen sofort zur Spritze gegriffen wurde, daß wir eingesperrt wurden: So, die wären wir erst einmal los, und dann werden wir schon weitersehen. Und daß die Tür sich erst wieder öffnete, nachdem wir versprochen hatten, still und ruhig zu sein – was dann nicht gelang. In diesem Kampf zwischen Macht und Ohnmacht blieb der Teufelskreis bestehen.

Natürlich forderte Markos andere Vorgehensweise auch viel von uns. Wir mußten lernen, wie Probleme anders gelöst werden konnten, aber wir wollten und sollten es auch lernen. Immer wieder faßten wir den Vorsatz. Und jedesmal konnten wir wieder auf das Engagement und die Energie des Klinikpersonals vertrauen.

Es hieß, es würde eine Zeit kommen, in der die Alterpersonen zusammenarbeiten könnten. Aber je freier die Alterpersonen wurden und es wagten, sich zu zeigen, desto größer wurde auch die Gefahr. Irgendwann ging es einfach nicht mehr: Messer und Rasiermesser, Dolche und Scheren wurden in Taschen, Koffern und Hosentaschen mitgebracht. Es wurde ein »Sicherheitsvertrag« mit klaren Vereinbarungen ausgehandelt.

Wir selbst fanden es auch schrecklich, erleben zu müssen, daß offenbar den eigenen Personen nicht zu trauen war. Diese Mistkerle mußten eine Waffe bei sich tragen, um sich sicher zu fühlen. An den verrücktesten Stellen wurde das Zeug versteckt, und wenn wir alle zusammen glaubten, die Luft sei rein, schien eine von uns doch wieder ein neues Versteck für ein Rasiermesser gefunden zu haben – beispielsweise hinterm Ohr oder in einer doppelten Tasche.

Einmal – wir arbeiteten mit Marko und einem anderen Mitarbeiter – wurden wir einer Leibesvisitation unterzogen. Da passierte es zum ersten Mal, daß die Kleinen auf der Stelle in die Hosen pinkelten, aus Erniedrigung, aus Verzweiflung … Aber es war so viel Liebe um uns, daß wir die Hoffnung aufrecht erhalten konnten, alles würde doch noch gut werden!

Nach den Sitzungen: Zeit verloren, Sachen verloren, deine eigene Anwesenheit verloren, nach dem Auto suchen. Mit welchem Auto waren wir gekommen, mit dem roten oder dem schwarzen? Oder mit dem Rennrad oder mit dem Taxi?

Wir suchten das Gelände ab oder setzten uns auf eine Bank und hofften, es würde uns noch einfallen. Es konnte vorkommen, daß es schon dunkel wurde und wir immer noch nicht wußten, woran wir waren ... Aus Angst und falschem Stolz riefen wir nicht zu Hause an, und im Handumdrehen waren viele Stunden vergangen.

Es konnte auch vorkommen, daß wir einfach zufällig mit jemandem ins Gespräch kamen, eine Tasse Tee tranken und danach Ort und Zeit völlig vergessen hatten.

Der Körper wurde im Lauf der Therapie immer kälter, als ob die Haut uns nicht mehr beschützen wollte. Marko riet zu Überwärmungsbädern. Zur Psychotherapie kam nun auch noch die Physiotherapie. Die Bäder nahmen wir einmal wöchentlich bei einem wahren Engel, Marie-José.

Dort gab es eine große hölzerne Wanne, die an einen dieser altmodischen Waschzuber erinnerte, natürlich mit viel mehr Platz, sie war sogar so groß, daß die Kleinen unter uns ein Planschbecken darin sahen. Wenn sie dazu kamen, wurde fröhlich gespielt und geplanscht. Aber meist war es nicht lustig: Das Wasser wurde immer stärker erhitzt und so Fieber erzeugt. Wir kochten im Wasser wie die Krebse im Kochtopf.

Das Bad setzte alles mögliche frei: Erinnerungen, auch Wasserscheu und männliche Alterpersonen, die das Nacktsein und die Nässe nicht leiden konnten ... Die Angst vor dem Ertrinken wurde neu erlebt.

»Schwimmen!« hörten wir wieder Vaters Stimme in den Ohren. »Schwimmen!«

Wir konnten überhaupt nicht schwimmen; uns war jedoch ein Strick um den Bauch gebunden, das andere Ende am Mast des Bootes befestigt. Und schwupp, ins Tiefe, und kein Geschrei, sonst gehst du unter. Dort unter Wasser habe ich die Farben Gelb und Grün kennengelernt.

So habe ich es damals beschrieben, und so zeichnete ich es mit meinem Stöckchen. In diesem Fieberbad sah ich es wieder vor mir und wollte alles, was ich mit meiner Hand gezeichnet hatte, auswischen und aufessen. Aber ich war bei Marie-José ... Sie sah mich tröstend an, wenn ich meinte, in dem tiefen Badewasser zu ertrinken, und sagte mir, jetzt sei es sicher und *Eva* müsse keine Angst haben, durch den Abfluß weggespült zu werden.

Danach durften wir im Bett schwitzen, mit einer weichen Moltondecke zugedeckt und einer Wärmflasche an den Füßen. Es kam oft vor, daß wir uns dann gemeinsam beruhigten und vor uns hin dösten.

Ab und zu gerieten wir während dieses Schlummers in eine Situation des Wiedererlebens. Einmal lagen wir in diesem Bett und kämpften mit der Moltondecke, weil wir glaubten, sie sei ein Körper. Die Kleinen rangen nach Atem und sahen einen karierten Schal, der allmählich immer fester um den Hals zusammengezogen wurde.

Die Gefühle, die dann aufkommen, sind einfach schrecklich: vor Schreck wie gelähmt zu sein, schreien wollen, treten wollen, ohne auch nur einen Muskel anspannen zu können ... Sich dort durchzuarbeiten ist genau so, als versuchte man, mit bloßen Händen die Tür eines Safes aufzubrechen. Aber wir wissen auch in höchster Not, selbst wenn wir zu ersticken drohen: *Bleib ganz ruhig, reg dich nicht auf und warte ab, was kommt.*

Selbsterfundene Kinderlieder gehen uns durch den Kopf. Das macht *Zaïre*: Sie singt uns durch die Situation. Schließlich nehmen wir die Kleinen unter uns sanft hoch und legen sie unters Bett. In die Moltondecke gekuschelt schlafen sie ein. Wenn Marie-José uns so findet, ist es nicht schlimm. Sie beruhigt uns dann und sagt, daß wir nicht bestraft werden, auch nicht, wenn wir den verabredeten Termin nicht einhalten können.

Es ist sehr wichtig, Termine ernst zu nehmen. Zeitverlust hat immer einen Grund, das haben wir inzwischen gelernt. Darüber hinaus muß man seinen Therapeuten mit Respekt behandeln, er wartet ja auf einen. Auch wenn er nachsichtig ist, kann das doch nicht heißen, daß es egal ist, ob du dich an eine Verabredung hältst oder nicht.

Immer mehr Innenpersonen kommen immer schneller heraus, und es wird wirklich der Versuch unternommen, besser auf den anderen zu hören. Die Gefahr, sich gegenseitig zu verraten, ist jedoch immer gegeben. Es kostet viel Energie, das in Liebe füreinander umzusetzen.

Marko erzählt die Geschichte von dem dickköpfigen Vogel, der zu früh aus dem Nest fliegt, um die große Welt zu erforschen. Natürlich verirrt er sich, wird todmüde und begegnet allen möglichen Vogelmüttern, die er um Hilfe bittet. Aber jeder Vogel spricht eine andere Sprache: der erste »Quiek, quiek« und der nächste »Krah, krah», und wieder ein anderer macht »Huhu, huhu«. Der kleine Vogel wird ganz mutlos: lauter Mütter, aber keine von ihnen sagt »Piep, piep«, wie es sich gehört. Er läßt den Kopf hängen; es ist kalt, und die Dunkelheit bricht herein ...

Aber die Mutter ist auch nicht faul. Sie sucht überall und forscht und späht und späht, und sie fliegt immer weiter, ohne sich eine Pause zu gönnen auf der Suche nach ihrem Kleinen. Dann findet sie das zusammengekauerte Etwas und ruft: »Piep, piep!«

Ist dort die Mutter? Ja, es ist die Mutter!

Der kleine Vogel darf auf dem Rücken der Mutter zurück zum warmen Nest. Unter Mutters Bauch geschmiegt, liegt er nun und träumt von der großen, weiten Welt.

Diese Geschichte lieben die Kleinen über alles, und Marko kann sie nicht oft genug erzählen. Sie hängen an seinen Lippen, und jedesmal ist die Geschichte wieder neu. Dann sitzen sie auf dem Boden ganz nah bei ihm und lauschen mit dem Daumen im Mund voller Hingabe.

Die größeren Kinder wollen gerne aus dem Buch »Die Hexen« von Roald Dahl vorgelesen bekommen. Die finden sie herrlich und manchmal auch gruselig. Die Gruppe der älteren Kinder identifiziert sich mehr mit dem kleinen Mädchen, das viele Abenteuer erlebt. Hexen lauern ihr auf; man sieht nicht, daß es Hexen sind; das sieht man nur, wenn man gut hinschaut und weiß, woran man sie erkennt.

Sie finden vor allem die riesigen Füße und die Glatzköpfe interessant.

Diese Annäherung der jüngeren Alterpersonen bringt auch den Erwachsenen viel. Wenn sich die Kleinen immer wohler fühlen, springen sie weniger schnell in Situationen des Wiedererlebens zurück.

Trotzdem gibt es irgendwann zu viele Alterpersonen, die nicht die Selbstdisziplin haben, still auf dem Stuhl sitzen zu bleiben, die Hände bei sich zu behalten und auf Markos Stimme zu hören. An eine sichere Situation ist nicht zu denken, deshalb regeln wir untereinander eine dreiwöchige stationäre Aufnahme.

Dann darf *Niels* kommen, *Loeder, Grom, Ellie, Scheiterop, Gerrit, Harrie* … Zu viele, um jeden beim Namen zu nennen: alle dürfen kommen.

Gemeinsam mit Marko beschließen wir, das im Absonderungsraum zu versuchen. Wir kennen ja die übermenschlichen Kräfte in uns, und es scheint uns besser, uns während der Stunden freiwillig fixieren zu lassen, in denen wir den genannten Alterpersonen die »Freiheit« geben. Die Behandlung wird von Marko geleitet, unterstützt von Wim, dem sozialpsychiatrischen Krankenpfleger. Wim kannten wir damals noch nicht so gut, aber inzwischen ist er ein Freund, vor allem von *Karel*.

Alles wurde sorgfältig vorbereitet. Die Hilfsbereiten unter uns handelten einen guten Vertrag mit dem Therapeuten aus, und die Tage wurden eingeteilt. Wenn auch viele der Alterpersonen während der Vorbereitungen ziemlich verwirrt waren, konnten wir doch durch die Klardenkenden unter uns den Kontakt mit unserem Therapeuten aufrechterhalten.

Schon lange vorher inspizierten wir gemeinsam die Einzelzelle. Wir konnten spüren, riechen und tasten, sehen, wie das Zimmer aussah ... Trotz schlechter Erinnerungen wußten wir, daß wir hier alles anders erleben würden.

Die Bösen trappelten voller Ungeduld, um endlich auch einmal herauskommen zu dürfen.

Ich weiß noch, daß ich aufschrieb, wie froh wir waren, als der Tag anbrach, an dem die Sitzung beginnen sollte.

Wir hatten schon eine ganze Weile alle Therapiesitzungen aufgenommen; ich tippte die Protokolle jeder Sitzung. Das half uns enorm, uns zu bündeln. Monatelang sammelte ich diese Informationen. Weshalb diese Arbeit so positiv für die Alterpersonen ist? Weil jeder in seinem oder ihrem Tempo die Protokolle lesen kann. Den Analphabeten unter uns werden sie vorgelesen. Die Tonbänder können auch gehört werden. Ich lerne dabei immer noch dazu, und es ist sehr schön zu verfolgen, welche Fortschritte wir gemeinsam gemacht haben!

Ich bin davon überzeugt, daß es sinnvoll war, während der heftigen Stunden fixiert zu sein, in denen die »bösen« Alterpersonen herauskommen konnten. Einmal lockerte sich ein Riemen, und ich glaube, daß Markos Hemd daran glauben mußte.

Die Wut über das, was mitzuteilen war, ließ uns verschiedene Male in Krämpfe verfallen. Ich kann mich auch noch erinnern, daß die Kleider vor lauter Angst oft naßgepinkelt waren und daß wir stundenlang nicht aus einem »Schlaf«

erwachen konnten, in den wir gefallen waren, um die Erinnerungen zu vergessen.

Diese Schwitzkammer erwies sich als eine hervorragende Lösung. Wenn ich das heute beschreibe und an das unmenschliche Brüllen denke, an das Heulen und Schreien, den sich windenden Körper, der Schmerzen erleiden mußte, dann laufen mir immer noch Tränen über die Wangen. Tränen des Mitleids und Tränen reiner Freude; wegen der Chance, die uns durch das felsenfeste Vertrauen Markos geboten wurde.

Nach den Sitzungen wurden wir therapeutisch gestützt, um wieder so normal wie möglich mit den anderen Patienten zu leben. Das war ein Aufatmen für uns: im Absonderungsraum die »bösen« Alterpersonen und danach mit den Mitpatienten so harmonisch wie möglich die »guten« …

Die Gruppe der Patienten war wie eine Familie, und wir werden die Unterstützung nie vergessen, die sie uns gaben. Diese Unterstützung war umfassend und human. Und wenn auch vieles vorfiel, was man nicht verstand, war doch eine große Bereitschaft da, verstehen zu wollen. Diese Haltung weckte auch bei uns viele positive Gefühle für die Mitpatienten.

Diese Wechselwirkung war unschätzbar wertvoll, und wir sind stolz darauf, offenbar schon so weit zu sein, daß wir unsere Not und unsere Bedürfnisse dem Therapeuten zu zeigen wagten; so können wir gemeinsam immer schneller durch die Schlammschichten hindurchwaten.

Es gab alle möglichen Arten von Therapien drum herum, wie Kunsttherapie, Physiotherapie, Eurythmie, Ergotherapie, Gruppengespräche, Einzelgespräche, anthroposophische Medikamente, die Ernährung und die Kräutertees, die medizinischen Heilkräuter, die wohltuenden Öle …

Eine neue Welt tat sich einem auf. Bis tief in die Poren war zu spüren, daß diese Behandlungen menschenfreundlich und mit den Absichten der Natur im Einklang waren. Sie haben einen aufgerichtet, nicht um einen schweben zu lassen, sondern um einen für den nächsten Schritt auf dem Weg vorzubereiten, der einen dorthin führt, wo man hingehört.

Unser Platz ist beim Lebensgefährten und den neun Kindern. Wir leben mit ihm, wir leben aber auch als Teil der Gesellschaft, zu deren Entwicklung wir ein kleines Steinchen beitragen möchten, aus Liebe zu den Mitmenschen.

Jeder Patient weiß, daß er nicht ewig in der Klinik bleiben kann, obwohl man die Neigung hat, sich auf die Fürsorge und den Schutz anderer zu verlassen.

Ich habe gesehen, wie alle Menschen um mich herum intensiv an bestimmten Zielen, an der Einsicht arbeiteten. Jeder wußte: Ich arbeite hier an meiner Heilung. Vielleicht, um kurz eine Zwischenetappe einzulegen, vielleicht, um neue Ratschläge zu bekommen .... Aber alle wußten, daß ihnen dafür ungefähr acht Wochen Zeit zur Verfügung standen und sie danach wieder gehen würden. (Natürlich gilt das nicht für diejenigen, die eine längere Therapie brauchen.)

Für danach kann man eine Teilzeitbehandlung von maximal einem Jahr veranschlagen, um seinen Platz außerhalb der Klinik zu finden. Diese Teilzeitbehandlung haben mehrere Alterpersonen in positiver Erinnerung behalten.

Einen Tag in der Woche unternahmen wir etwas mit etwa zehn Gruppenmitgliedern. *Dora*, unsere Powerfrau, war für diesen Tag verantwortlich. Es wurde gesungen, wir nahmen an einer Kunsttherapie teil, es gab warmes Essen, Ergotherapie, Gruppengespräche über praktische Fragen, mit denen man sich auseinandersetzen muß ... Kurzum, es war ein Tag, nach dem wir uns sehnten, weil wir davon stärker wurden.

Natürlich machten sich auch Alterpersonen manchmal bei so einem Gruppengeschehen mit uns aus dem Staub, aber die feste Bindung und das Wissen, daß wir uns und die

Gruppe sich sicher fühlen konnten, trugen zum Gelingen bei. Es löste auch ein Stück Einsamkeit, denn man gehörte dazu, auch wenn wir das nicht immer glauben konnten. Aber *Dora* sagte dann jedesmal: »Komm doch, für uns ist auch noch ein Plätzchen da, dort auf dem Stuhl.«

Über die Therapien und die Arbeitsansätze der Klinik werde ich in einem späteren Kapitel berichten. Jetzt möchte ich noch zitieren, was Marko uns beigebracht und was sich als wahr erwiesen hat:

»Hört mal, ihr sitzt auf dem Pferd, und ich begleite euch wie euer Schildknappe und werde euch die Pfeile reichen!«

So haben wir angefangen, so arbeiten wir noch, und so werden wir ankommen.

»Ganz bestimmt«, würde *Karel* sagen.

»Ich habe gesprochen«, sagt *Wil.*

Die Anthroposophie in unserem Alltag

Therapien gehören zu unserem Leben und nehmen einen verhältnismäßig großen Teil unserer Zeit und Energie in Anspruch. Es hat sich gezeigt, daß es für uns sehr wichtig ist, die Therapie in unsere alltäglichen Lebenssituation einzubinden.

Man muß dazu einen Zeitplan aufstellen, aber auch die unterschiedlichen Interessen der Alterpersonen herausfinden und einbeziehen. Man muß die notwendigen Bedürfnisse dieser Personen unter einen Hut bringen, ohne die eine Gruppe stärker zu berücksichtigen als die andere. Und trotzdem müssen Entscheidungen getroffen werden.

Es gibt so viele Therapien, daß eigentlich für jeden etwas dabei sein müßte. Doch die eine möchte auf sozialem Gebiet weiterarbeiten, die andere kann Therapie und Alltag unmöglich in Einklang bringen, wieder andere möchten überhaupt nichts mehr, nicht einmal leben.

Da wir an so unterschiedlichen Therapien teilnahmen, kamen in einer Woche doch viele Alterpersonen zu ihrem Recht, und *Mutter* konnte so ihre Verantwortung für die Kinder weiter übernehmen, bis auf einige Ausnahmen, die zur Wahrung unserer eigenen Sicherheit, der Sicherheit der Kinder und des Lebensgefährten notwendig waren.

Alltag und Therapien zu verbinden, gelingt nur, wenn man gemeinsam – der Mann, die Kinder, die Freunde, der

Arbeitgeber – den Entschluß gefaßt hat, mit einem Arbeitsplan zu arbeiten und dabei so ehrlich wie möglich zu sein. Wenn etwas nicht gelingt, dann muß geklärt werden, warum es nicht gelingt.

Man muß die Scham überwinden, wenn man respektiert werden möchte. Es ist besser zuzugeben, daß man es momentan nicht mehr schafft, anstatt zu lügen und ständig Ausreden zu erfinden: eine Grippe, ein Schnupfen oder Bauchschmerzen.

Wir sind durch Schaden klug geworden. *Pita*, unsere Lügnerin, schwindelte nur so drauflos, ohne rot zu werden. Immer war die Zugbrücke hochgezogen, die Schranke zu; lange Züge fuhren vorbei, und zu allem Überfluß blieb die Schranke auch hinterher noch geschlossen ... Ampeln standen ewig auf Rot, eine alte Dame war gestürzt und ... was man sich noch so alles ausdenken kann.

Prellungen, blaue Flecken, zerkratzte Wangen, ein blaues Auge, alles hatte eine Ursache, nur nicht die wahre – denn die ging niemand etwas an.

Solange wir uns hinter *Pita*, unserer Innenperson, verstekken (wenn sie uns auch oft aus dem Schlamassel geholfen hat), bleibt es schwierig, ganz normal unter Menschen zu gehen. Gerade wenn dein Gegenüber spürt, daß du ehrlich bist, möchte er dir helfen. Wenn die Leute an dir herumrätseln müssen (und das ist bei Arbeitgebern bestimmt der Fall), gibt es oft Ärger, und es ist dann nicht abzusehen, wie beide Seiten reagieren werden.

Zu seiner Krankheit zu stehen, sich dazu zu bekennen, ein Inzestopfer zu sein – etwas, was immer häufiger Akzeptanz findet –, führt schließlich schneller zur Heilung, weil du lernst, zu dir selbst zu stehen. Das spürt dein Gegenüber, und er oder sie geht lieber darauf ein, als sich von Lügen beeindrucken zu lassen, selbst wenn es sich »nur« um Notlügen handelt.

Wenn du dich in eine Situation manövriert hast, aus der du keinen Ausweg findest, ist es gut, den Mut zu finden, sich von etwas zu lösen, um Abstand zu schaffen und durch ein gemeinsames Gespräch die Sache für eine kleine Weile auf Eis zu legen. Das verschafft beiden Parteien eine Atempause, und sie können dann ihre eigene Situation besser einschätzen. Durch ein ständiges heftiges Bemühen, den anderen nicht zu verletzen, wird die Situation für alle Beteiligten nebulös.

Ich weiß, daß viele Alterpersonen dachten, oder noch schlimmer: fest davon überzeugt waren, der Tod sei für alle Beteiligten die beste Lösung. Sie fühlten sich als Klotz am Bein und meinten, der andere könne wieder frei und glücklich werden, wenn wir nicht mehr da wären.

In der anthroposophischen Welt, für die wir uns entschieden haben, fanden wir nach Rückschlägen einen klar erkennbaren Weg, den wir mit all unseren Personen gehen konnten.

So wie ein Kind nie auf demselben Stuhl sitzen bleibt und, abhängig von Alter und Entwicklung, seine Position innerhalb der Familie stets verändern und anpassen muß, so tasteten wir ständig die Möglichkeiten und Unmöglichkeiten ab, die es für uns in der Bernard-Lievegoed-Klinik gab.

Geist, Seele und Körper sind dort gleichermaßen wichtig. Dadurch wurden auch viele Alterpersonen angesprochen, die die unterschiedlichsten Qualitäten haben. Durch die breite Behandlungspalette konnten sie optimal reagieren und leben.

Gleich am Anfang der Therapie habe ich notiert: Beide Parteien, wir und die Klinik, können voneinander lernen. Ich sah, daß dort die Würde des Menschen einen hohen Rang einnahm. Das wirkte sofort wie Balsam für die Wunden. Nicht nur die Worte klangen gut, auch die Praxis stimmte damit überein.

Wenn dein Arzt nicht nur »Tut mir leid« sagt, wenn ein Fehler gemacht wurde, sondern tatsächlich etwas unternimmt, um es wiedergutzumachen, dann sehen wir, daß wir ihm glauben können. Immer wieder erfuhren wir diesen Respekt am eigenen Leib. Wir fühlten uns ernst genommen.

Die Welt der Widersprüche bleibt draußen, und man muß keine Machtposition innehaben, damit für einen etwas getan wird. Der Motor von allem ist die Achtung des Menschen.

Man hatte uns eingeprägt: Das muß *so* oder *so* sein, sonst... Was *richtig* und was *falsch* war, dieses Bewußtsein hatten wir selbst nie entwickelt.

Macht bedeutet Eigentum, und wir wollten kein Eigentum mehr sein, nicht einmal mehr selbstverständliches Eigentum, wie etwa ein Kind, das von Gott sein soll. Wenn wir diesem Streben nach Macht in der Anthroposophie begegnet wären, wenn wir hätten spüren müssen, daß die Anthroposophie sich selbst als einzig wahre Lehre betrachtete, wären wir schreiend davongelaufen.

Nein, wir waren einfach nach Hause gekommen. Waren wir etwa von Natur aus Anthroposophen?

Ich glaube ja.

Alles stimmte mit der Wirklichkeit in uns überein, alles paßte zusammen ... Ich empfand keinen Fanatismus, sondern Raum. Alles bekam Raum: Feuer und Wasser, Wind und Himmel, die in uns waren, Donner und Blitz, Orkane und sanfte Brisen, der ruhige See, die Brandung in uns ... Wir lernten zu atmen, das Haupt zu erheben und den Ursprung, der Liebe heißt, mit Christus und den vielen Heiligen und Märtyrern zu verbinden, die für die Liebe dem sogenannten Untergang entgegengingen, die starben, gerade um Leben möglich zu machen.

Die Puzzelteile paßten ineinander.

Wie sehr hatten wir um einen guten Lehrmeister gebetet, um einen, der uns ohne Wenn und Aber helfen könnte, mit

Büchern und Weisheiten, mit der Bibel und mit welchem anderen Material auch immer ... Der uns unterstützen könnte durch sein Verständnis für das, was die Stimme in unserem Innersten sagte, die von der Außenwelt zertreten wurde.

Psychotherapie

Elsje wurde in der Klinik geboren. *Elsje*, das Ich, der verborgene Kern. Bis wir nach Hause kamen, war sie behütet worden, bereits im Fruchtwasser schwimmend, wo die Alterpersonen in dichten Reihen um sie herumstanden, um sie zu beschützen.

In der Klinik war der Augenblick gekommen, daß die Alterpersonen, und zwar die Hauptverantwortlichen der jeweiligen Gruppen, Geschenke mitbrachten, um diese Geburt zu feiern. Ganz unterschiedliche Päckchen hatten sie in einer Tasche gesammelt.

Mutter lag auf der Erde und bereitete sich auf die Ankunft von *Elsje*, der Ungeborenen, vor. *Mutter*, sehr geübt im Gebären, war natürlich die geeignetste Person, und keiner zweifelte daran, daß es gutgehen würde.

Marko, uns inzwischen vertraut, war unser Zeuge und sagenhaft neugierig auf sie. *Mutter* preßt und atmet und preßt, und dann ist *Elsje* da, die ganze Zeit behütet, und das Zimmer war voller Liebe und Erwartung. Geschenke wurden ausgepackt. Es gab alles mögliche: von der Musikkassette bis zur Kerze, vom frivolen Slip für später bis zu einem schönen Buch. Lauter wunderbare Dinge, und die Freude war groß!

Wir teilten unsere Freude mit Marko, unserem Freund. Es gab keine Unsicherheit, keine Scham ... Nichts von alle dem. Daß später alle Geschenke und die Kassette zertrampelt in die Klinik zurückgeschickt wurden, war schrecklich und Ausdruck unserer Todesangst vor der Tatsache, daß der Kern jetzt offen dalag und dadurch verletzlich geworden war.

Aber dann folgten tröstende Worte: Das, was geschehen war, könne uns keiner mehr wegnehmen. Alle Alterpersonen bewahrten diese Worte in ihrem Herzen. Die zertretenen Gegenstände wurden weggeworfen, und wir schauten auf *Els*, die *Elisabeth* genannt wurde und nach allerlei Ereignissen und Entwicklungen jetzt in *Liz*, die für den Kern steht, sicher geborgen ist. Wir sind stolz und gehen schonend mit *Els* um, die gleichzeitig verletzbar und stark ist.

Die Halunken unter uns wurden immer mehr, denn auch sie lernten zu leben und zu handeln. Vor allem, nachdem wir unseren Kern einmal offengelegt hatten, kamen sie, um ihre Wachsamkeit zu beweisen. Jeder mußte wissen, daß mit ihnen nicht zu spaßen ist. Diese hektische Phase in unserem Leben werden wir nicht so schnell vergessen.

Diese Alterpersonen können nicht sprechen, wohl aber handeln, und das war nicht zu übersehen. *Gerrit*, *Niels*, *Karel*, sie handelten.

Eines Tages mußten wir wieder aufgenommen werden. Durch bestimmte Umstände ging es nicht in der Lievegoed-Klinik. Also mußte ein anderer Ort gesucht werden.

Eine Woche würden wir es an dem Ersatzort wohl aushalten, obwohl die Mitarbeiter mit absolutem Unverständnis auf uns reagierten. Marko würde uns weiterhin besuchen, und ach, die paar Tage.

Aber nein. Es kam alles ganz anders, und wir fühlten uns im Stich gelassen. Durch diese Situation starb *Zuil*; darüber werde ich später noch berichten. Aus Wut und Kummer über ihren Tod raste *Niels* zur vertrauten Klinik, und die anderen Ganoven hasteten blindlings mit ihm mit.

Sie pinselten alle Außenfenster der Klinik schwarz an. So zeigten sie ihre Verzweiflung darüber, daß der Kern bedroht wurde, den sie beschützen und erhalten wollten. Lieber alle tot, als einer nach dem anderen geknebelt.

In der Klinik wurde ein Topf roter Farbe auf den Boden geschleudert, so daß ein Kreuz entstand. Bei Nacht und Nebel verschwanden die Alterpersonen wieder. Am nächsten Tag gingen andere, die davon nichts wußten, wieder zu Tante Mary und Onkel Hans, der Kunsttherapeutin und dem Physiotherapeuten.

In dieser Zeit war die Not groß, und *Elisabeth*, die zum Kern gehört, stand nachts bei der Stromschnelle an einer Schleuse und dachte, wie herrlich es wäre, vom Wasser mitgerissen zu werden, in die Tiefe, in die bodenlose Tiefe …

Aber die Personen, die leben wollten, läuteten die Sturmglocke.

Hilfe!

Der Ruf wurde gehört, und die unmittelbare Gefahr war gebannt. Während der stationären Behandlung arbeiteten wir an der Befreiung der Alterpersonen, die am meisten Angst hatten. Sie spürten den Schutz der sicheren Stütze der Liebe und des Verständnisses.

Die Machtlosigkeit, so habe ich es in vielen Tagebüchern geschrieben, ist einer unserer ärgsten Feinde.

Trotz allem ist es noch immer so, daß wir meinen, wir würden nicht gehört und nicht verstanden werden, und daß deshalb gehandelt werden müsse. Du kannst dir nicht vorstellen, wie die Alterpersonen das schaffen, aber am hellichten Tag wird ein wunderbares Gemälde aus der Klinik mitgenommen und in die Schatzhöhle gebracht. Dasselbe geschieht mit Kuschelbären, dem Namensschild der Klinik, Schäfchen, der Essensglocke und noch vielem mehr.

Es gab viele Höhlen, um Schätze darin zu verbergen, vielleicht geschah das, um auf diese Weise etwas Positives festhalten zu können. Es ging nicht darum, Dinge zu »haben«. Alles hatte seinen Grund, seine Ursache, seine Folgen …

Eine Frau sitzt auf einer Bank und strickt. Wir stehen unter Hochspannung, weil unser Therapeut in Urlaub ist und wir uns in einer schlechten Phase befinden. Wir setzen uns auch auf die Bank, um auf seinen Stellvertreter zu warten. Die Frau rückt mit ihrer Tasche und dem Strickzeug ein Stückchen weg und macht ein starres, böses Gesicht. Das erschreckt die Alterpersonen, und *Niels* ist im Anzug. *Zusta* rettet, was sie retten kann, spricht das Problem an und fragt, ob die Frau böse ist, weil wir uns zu ihr gesetzt haben.

Zusta trifft ein vernichtender Blick: Was geht sie das bloß an? Die Frau strickt weiter.

Niels schießt genau auf sein Ziel los: das Strickzeug. Und *Gerrit* zieht die Nadeln aus der Wolle und zieht am Faden, unter lautem Fluchen und Brüllen.

Schrecklich!

Die Frau ist schon lange nicht mehr die Frau, die hier saß. Hat sie nicht Ähnlichkeit mit ...?

Dann kommen Ärzte zu Hilfe. Keine Spritze, kein Einschließen, sondern ein Versuch, durch Reden zu einer Lösung für alle Beteiligten zu kommen. Hilfe für die Frau, Hilfe für uns. Keine Verurteilung, keine Strafe. Wohl der Versuch zu verstehen, was vorgefallen ist. Was war der Anlaß? Wodurch wurde all das ausgelöst? Wer, hast du gemeint, sei die Frau? Was hat sie dir angetan?

Das Herz läuft über vor Dankbarkeit über so viel Güte. Gleichzeitig sind Verzweiflung und Scham so groß, daß wir nicht genug weinen können.

Durch das Vorgehen des Klinikpersonals wird uns vieles zuteil, was uns hoffnungsvoll stimmt.

Unser »Status«, das medizinische Dossier, liegt eines Tages ganz offen da, und wir sehen es. Wir können es nicht glauben, daß so etwas, das doch eine ganze Lebensgeschichte beinhaltet, einfach so herumliegt.

Wir machen Zoff. Was früher nicht ging und nicht sein durfte, wovon wir nur träumten oder womit handelnde Alterpersonen sich aus dem Staub machten, das geht jetzt, und zwar anders. Der Status wird mit nach Hause genommen und im Garten in Anwesenheit des Lebensgefährten und der Kinder mit Benzin übergossen. Hopp! Ins Feuer damit!

Die über einen langen Zeitraum gesammelten Daten werden zu Asche. Es tut beinah weh zu sehen, wie wir am nächsten Tag fast stolz dem Therapeuten das Säckchen mit Asche übergeben.

Siehst du, jetzt ist alles in Sicherheit!

Gene spricht ruhig und sucht nach Worten. In dieser Sitzung möchte sie etwas über ihr Stückchen Vergangenheit erzählen.

Wie formuliert man etwas am besten, damit der Therapeut ihr glaubt? Sie konzentriert sich – und plötzlich stehen Männer vor dem Fenster! Normale Gartenarbeiter. Ich meine nicht, daß sie normal sind, weil sie Gartenarbeiter sind, sondern daß es ganz normal ist, daß sie hier und jetzt dastehen.

Hier und jetzt. *Gene* ist nicht mehr im Hier und Jetzt und sieht die drei Männer, die damals durch das Fenster gestiegen waren, als sie in einem Zimmer eingesperrt war.

Sie sitzt jetzt bei Marko, steif, stocksteif. Sie ist wie gelähmt und wird wie von unsichtbaren Fäden auf den Boden gezogen. Sie erlebt aufs neue die Vergewaltigung und reißt sich die Kleider vom Leib. Aber Marko führt uns da hindurch und tröstet sie. Dann sinkt *Gene* in einen tiefen Schlaf.

Niels kocht vor Wut über das erlittene Unrecht und tobt nackt herum. Marko bietet ihm einen Kittel aus seinem Schrank an. Es ist ein Operationskittel, aber was macht das schon? Es ist was zum Anziehen, und damit basta. *Niels* fährt mit dem Rennrad los und hat unheimlich Lust auf ein Bier. Er sucht also an diesem knallheißen Tag ein Gartenlokal auf.

»He, bist du aus dem Operationssaal geflohen?«

Sind es Vertreter? Sie sitzen da in der Sonne und spotten: Hoffentlich war der Patient schon zugenäht, ehe er sich davon gemacht hat. Die Alterpersonen geraten in Verwirrung, denn früher hat ein Teil von ihnen tatsächlich in einem Operationssaal gearbeitet. Durch die Erinnerung entsteht Konfusion, und ein Switch droht.

Durch die Verwirrung wird es *Niels* heiß, und er zieht den Kittel aus. Uffff! Jetzt ist er nackt. Um ihn herum wird gegrinst, und der Ober kommt auf ihn zu.

»Meine Dame, würden Sie bitte Ihre Jacke wieder anziehen?«

Niels dreht sich um und sieht mehrere halbnackte Männer dasitzen, Zigaretten zwischen den Lippen.

In Gedanken hören wir Markos Stimme. Er spricht liebevoll und geduldig und ruft um Hilfe: »Kommt Alterpersonen, helft *Niels*, helft ihm zu begreifen, wo er ist!«

Wir hören es und bündeln uns, so gut es geht. Der Kittel wird langsam angezogen, und die Männer um uns herum kichern über soviel »Freizügigkeit«, die wir uns glauben erlauben zu können. Wir lassen das Bier stehen, denn wir mögen kein Bier, und machen uns auf dem Rad davon.

Welt der Verleugnung.

Welt der Unannehmlichkeiten.

Welt des Vergessens.

Niels wurde beiseite geschoben, und wir Frauen kommen nach Hause. *Mutter* macht ihre Arbeit und hat die Kinder lieb. Und wir sagen zueinander: Wir halten durch, keiner hält uns auf.

Daddy sitzt auf dem Fahrrad. *Sarah* sieht eine wunderschöne Kirche und möchte gern beten. *Daddy* läßt sie lenken, und kurz darauf klingelt sie am Pfarrhaus.

Die Frau des Pfarrers öffnet, und *Sarah* stellt ihre Frage. Die

Frau betrachtet *Sarah* von Kopf bis Fuß und schüttelt ablehnend den Kopf. »So?« fragt sie und zeigt auf ihre Kleidung.

Die Lederjacke von *Niels*, der kurze Rock von *Spriet*, die Netzstrümpfe von *Vrek*: In dem Aufzug kann man nicht in eine Kirche! *Niels* ist in der Nähe und möchte schießen. Und *Sarah* verschwindet, aus Angst vor dem Teufel.

»Frag mal im Haus nebenan«, sagt die Frau noch. »Da wohnt der Küster. Aber der wird dasselbe sagen!« *Daddy*, unser Beschützer und Verteidiger, übernimmt die Regie von *Sarah*. Er ist ja gefahren. Er geht zum Küster, und es kommt zu einer langen Debatte über Kleidung und was Gott davon hält. So hofft *Daddy*, daß die Situation zwischen *Niels* und *Sarah* ruhig bleibt.

Sarah darf schließlich doch nicht in die Kirche, aber sie kann auch auf dem Fahrrad beten, und zum Trost bekommt *Daddy* eine Pflanze für *Sarah* geschenkt. Später wird diese Pflanze das Abschiedsgeschenk für die Heileurythmistin, für all ihre gute Sorge.

Solche Ereignisse werden während der Psychotherapiestunden besprochen. Alterpersonen lernen, einander zu verstehen, zuzuhören und zusammenzuarbeiten. Durch das Verstehen von Situationen, wie ich sie beschrieben habe, lernen sie einen Weg finden, auf dem sie weitergehen können.

Lernen zu fühlen, zu wissen, das Gedächtnis Stück für Stück zurückzuerobern, das ist es, womit wir beschäftigt sind, und das ist es, woran wir glauben.

Kunsttherapie

Unsere Kunsttherapeutin heißt Mary. *Vivian* ist für die Zusammenarbeit mit ihr die Hauptverantwortliche.

Vivian ist eine kreative Alterperson. Mit ihren Händen »übersetzt« sie für viele andere das Geistige in Materie. Ton ist ihr Lieblingsmaterial. In kürzester Zeit formt sie aus Ton die unterschiedlichsten Dinge. Blitzschnell setzt sie Gedanken und Gefühle in Formen und Skulpturen um.

Sie weiß, daß sie eine Freundin Marys ist, und sie genießt es. Die Atmosphäre zwischen den beiden Frauen und dem, was sie miteinander reden, ist eine besondere, warm und heimelig.

Es wird immer hart gearbeitet. Es gibt einen Zusammenhang zwischen dem, was durch die Psychotherapie zum Vorschein gekommen ist, und der Kunsttherapie. Mit den Erfahrungen aus der Psychotherapie wird hier weitergearbeitet.

Die Kinder und die erwachsenen Alterpersonen empfinden die Einrichtung des Zimmers als freundlich. Es gibt Krimskrams, Bären, Puppen, Farben ... Aber *Vivian* hat die anderen Alterpersonen lieber nicht dabei. Eigentlich will sie nicht gestört werden.

Alle Zeichnungen und Arbeitsstücke werden aufgehoben; daran mußten wir uns zu Beginn erst gewöhnen. Solchen Plunder wirft man doch in den Papierkorb?

Wir hatten nie gelernt, Selbstgebasteltes als wertvoll anzusehen. Wir warfen alles weg oder verschenkten es. Aber jetzt lernten wir, daß jedes Stück und jede Arbeit einen eigenen Wert hat. Die Art, wie Mary »Plunder« aufbewahrte und hegte, kam uns zuerst unglaubwürdig vor, und wir dachten, sie wolle uns zum Narren halten.

Mary ist eigentlich die erste Frau, bei der intensiv mitgearbeitet wird und Intimes besprochen werden kann. *Vivian* ist diejenige, die das mit ihr tut. Es waren einige harte Nüsse zu knacken, bevor jeder ein wenig akzeptiern konnte, daß man auch Dinge mit Frauen teilen kann.

»Oh, da kommt wieder diese eigensinnige Mary an!« rief *Karel* dann oft.

Oder: »Laß sie nicht aus den Augen, *Vivian*, ihr Lachen gefällt mir nicht!«

Oder: »Prima, daß du dich bei ihr wohlfühlst, aber laß sie nicht zu nah ran!«

»Wenn zwei Frauen sich küssen, sitzt der Teufel dazwischen!«

»Frauen streicheln, Frauen grapschen.«

»Sie lachen nicht, sie grinsen.«

»Bitter im Mund, ist dem Herzen gesund.«

Diese Sprüche zeigen, wieviel Zeit es gekostet hat, Vertrauen zwischen uns und Mary, der Künstlerin, aufzubauen. Sie gewann Boden durch die Art ihrer Arbeit mit *Vivian.*

Beide Frauen sitzen am Tisch; es ist ruhig. *Vivian* arbeitet mit Hingabe, und Mary ebenso. Sie arbeiten wie eine Art Spiegelbild: Beide stellen schließlich etwas auf den Tisch, das dem ähnelt, was der andere gemacht hat. Die beiden Frauen verstehen sich gut, ohne Worte, beinahe selbstverständlich. Sie sind jedesmal wieder überrascht und verwundert darüber, und so kommt langsam Vertrauen auf.

Spielend entstehen neue Einsichten. Ich erinnere mich an einen sonnigen Morgen. *Vivian* und andere Alterpersonen zeichnen mit einem Bleistift, sowohl mit der linken wie mit der rechten Hand. Die Schatten einer Pflanze zeichnen sich auf dem Papier ab, und *Vivian* lenkt die Hände an den Konturen der Schatten entlang und zieht Linien nach. Und wahrhaftig: kaum sind ein paar Sekunden vergangen, verändern sich die Schatten auf dem Papier, weil die Sonne weiterwandert. Rasch werden neue Linien außen herum gezogen, und so geht es eine Zeit weiter. Immer, wenn der Schatten ein wenig weitergewandert ist, folgen ihm die Bleistiftlinien.

Schließlich ist das Blatt voller sonderbarer Formen, die ich alle zusammen nenne: »Der Zeit hinterherlaufen«. Ich meine das nicht negativ. Für uns, die wir oft Zeit verlieren, war es eine einzigartige Erfahrung, so den Lauf der Zeit verfolgen zu können!

Aber damit sind wir noch nicht fertig. Denn *Vivian* ist *Vivian*, und sie ist felsenfest davon überzeugt, daß diese Formen ihr etwas zu sagen haben. In Windeseile fliegen ihre Hände über das Papier, und sie holt eine Reihe von Figuren heraus und gibt ihnen eine klare Form. Eine wunderbar mütterliche Frau, ein spielendes Kind auf tanzenden Füßen, zwei Kinder Hand in Hand ... Jetzt sagen diese Figuren noch nichts, aber *Vivian* ist sicher, daß ihre Zeit noch kommen wird.

Es ist witzig, aber Mary hat eines Tages einmal *Harrie* gezeichnet. Er war einmal während einer Aufnahme kurz da, um sich diesen Weiberhaufen mal anzuschauen, und dabei zeichnete Mary ihn.

Gute, liebe Mary.

Er betrachtete die Zeichnung immer wieder und sah sich selbst, und ich glaube, daß dies der erste echte Einblick in die Welt der Frauen war, in die sich *Harrie* zuvor nie begeben hatte. Er bot die Möglichkeit zu einem Kontakt. Er saß dort und betrachtete nur sich selbst auf dem Papier.

Woher weiß sie, wer er ist?

Durch die Ruhe, die dort herrschte, fühlte sich *Harrie* nicht bedroht. Er glitt wieder ins Niemandsland zurück, aber wir haben sein Porträt sorgfältig aufbewahrt und können es in unsicheren Zeiten wieder vorholen und ihm damit in Erinnerung rufen, daß es da bei Mary gut ist.

Vivian hat uns die ganze Zeit viel bedeutet. Sie konnte Gefühle, Gedanken und Erlebnisse realistisch darstellen: Den Affen, die Huren, die Integrationen, eine verstümmelte Leiche, eine Gruppe Alterpersonen, die Haltungen von Menschen, Geburten, Umarmungen, Tiere, Henker, Menschen, eine Vagina (die für einen Fotografen ein Engel oder etwas Ähnliches war; er brauchte nämlich eine anthroposophisch vertretbare Abbildung für das Faltblatt einer Versicherungsgesellschaft, und er suchte die Scheide aus, ohne die wahre Bedeutung des Bildes zu erkennen!), die schuldige Frau, spielende Kinder ... Mit Ton geht alles.

Man kann Großes verkleinern, Kleines vergrößern. Weich wird hart, und hart bleibt geschmeidig.

Malen können wir noch nicht. »Naß in naß malen« ist eine besondere Technik: Ein Blatt Papier wird mit einem Schwamm angefeuchtet. Darauf wird vorsichtig ein wenig Farbe geträufelt, und wumm: der rote oder blaue Strich wird plötzlich zu einem enormen Buckel, weil das Wasser die Farbe zerfließen läßt. Das versetzt uns noch immer in Angst und Schrecken. Nach ein paar Versuchen ließen wir diese Technik sein.

Es macht Spaß, mit Holzkohle und Bleistift zu arbeiten. Aber das Leben wird manchmal im Handumdrehen schwarzgalliger, als es einige der Alterpersonen ertragen können. Die Schwermütigen machen sich dann schnell aus dem Staub.

Nein, Ton war für uns bis jetzt das beste Material.

Weißer Ton steht für etwas Ruhiges und Gemächliches. Der graue ist traurig und mutlos. Der rote fällt natürlich auf und fordert heraus. Der gelbe ist fröhlich und stellt Siege dar, etwa die Integration der Alterpersonen.

Manchmal wird mit verschiedenen Farben gearbeitet, in Schichten übereinander. Manchmal muß der Ton liegenbleiben, wenn die Arbeit gelingen soll. Manchmal muß er eine Weile auf etwas stehen. Das »Ungeheuer«, an dem *Vivian* eine ganze Zeit arbeitete, mußte sogar hängen.

Mary, nie um etwas verlegen, hat wie immer eine Lösung parat: ein kleines Netz, schwupps einen Nagel in die Türfüllung, und dort hängt dann das Monster ... Ich sehe tiefe Befriedigung auf *Vivians* Gesicht, die weiß, daß diese Frau sie versteht und sich dahinterklemmt.

Manchmal spielen die Kleinen ein bißchen verwaist mit

ihren Puppen, die in einem Eimerchen Sand stehen. Alles sieht so friedlich aus. Aber dann kommt plötzlich eine große Hand, die die Püppchen tief unter den scheinbar so unschuldigen weißen Sand steckt.

Eine Erinnerung. Wir waren eingegraben ... Wir schnappen nach Luft und wissen nicht, was uns geschieht. Sogar der Kopf muß unter den Sand gesteckt werden ... Aber das ist nicht der Ort, um zu switchen, und *Vivian* hat die Aufgabe, die Alterpersonen zu steuern. Sie sagt, daß wir bei Mary sind und nicht bei Marko.

Bis jetzt ist es wunderbar gut gegangen. In dem Zimmer – einem Raum im Obergeschoß – bekommt alles Form bis in die Materie hinein: Erinnerungsfetzen, Freude und Gefühle, unsichtbare Welten ... Indem allem eine Form gegeben wird, kommen deine Füße auf den Boden.

Die Schwierigkeit besteht darin, Mary jede Woche zu berichten, was sich in den vergangenen Tagen ereignet hat, damit sie weiß, was künstlerisch aufgearbeitet werden kann. *Vivian*, die immer konzentriert arbeiten möchte, läßt sich noch zu häufig von den sprechenden Alterpersonen wegschieben. Eine Stunde ist sehr wenig.

Anfangs hatten wir schon das Gefühl, daß zwar geredet und gearbeitet wurde, wir aber dennoch zu keinem Ergebnis kamen. Mary jedoch lehrte uns zu sehen!

»Nichts getan?« rief sie, »Schau doch mal, was du gemacht hast«, und dann bekam der Gegenstand Kontur. Da konnten wir uns nicht mehr vorstellen, daß wir eine derart schlechte Meinung von uns selbst gehabt hatten.

Vivian will die Zeit so gut wie möglich nutzen. »Wenn ich zu Mary komme und genau weiß, woran ich arbeiten will, hetzt ihr mich gleich wieder«, meint *Vivian*.

Für einige von uns ist Mary eine Art Mutter. Andere wollen mit ihr wetteifern, wieder andere sind inzwischen echte Freundinnen geworden.

»Wenn Mary uns nur einmal alle zusammen sehen könnte«, denkt *Vivian* manchmal und sagt es auch laut. Sie will Zeichnungen machen, durch die Mary uns sehen und erkennen kann. Sie fing mit *Dora* an: den Körper in Lebensgröße aufs Papier, mit Linien und Ecken und Rundungen …

Unsere Wirklichkeit ist so weit von dem entfernt, was die Menschen um uns herum kennen und verstehen. Aber in der Therapie nähern wir uns ihr Schritt für Schritt.

Wir stellen sie dar.

Wir stellen die Personen von früher dar, mit denen nie gesprochen werden konnte, früher nicht und heute nicht. Dort stehen die Figuren aus Ton: in der Gestalt des Vaters, des Priesters, des Schwagers, des Arztes, der Mutter, des Lebensgefährten. Du stellst ihnen Fragen, du weinst um sie, du weinst um dich, um das, was sich Menschen gegenseitig antun, um die Mühen, sich wieder davon zu befreien …

Alles kann sich mittels dieser Therapie umkehren.

Wenn wir nicht dazu kommen, eine psychotherapeutische Sitzung gut abzurunden, kann *Vivian* es wieder in Ordnung bringen, indem sie die Stunde Kunsttherapie gut nutzt.

Früher machten wir manchmal den Fehler, daß wir alles, was nicht sofort gut war und deshalb schmerzte, hinauf in den Himmel werfen wollten: Bitte schön, lieber Gott. Jetzt lernen wir, es zu betrachten. Wir betrachten es noch einmal von der anderen Seite, sagen, was wir noch zu sagen haben, und nehmen dann auf eine gute Art Abschied davon.

Manchmal sind wir in den Wald gegangen und haben dort Figuren begraben, die uns gepeinigt hatten, oder Figuren integrierter Innenpersonen, die ihren Kampf gekämpft hatten. So arbeitest du dich aus diesem verdammten System heraus, in dem du Opfer bist, in das die Täter dich mit ihrer überwältigenden Macht, mit einem großen Mundwerk oder auch durch subtiles Verhalten wieder hineinziehen können.

Einige unserer Alterpersonen, zum Beispiel *Wil*, der Philosoph, haben keinen Körper.

»Gott sei Dank nicht«, sagt *Wil*.

Aber gerade, weil er glaubt, nur einen Kopf zu besitzen, gibt ihm *Vivian* einen Körper, so wie sie ihn sieht. Er ist ein Denker und kein Macher.

»Du hast trotzdem einen Körper, *Wil*«, sagt Marko.

Wil denkt und denkt, und *Vivian* hilft ihm. *Wil* philosophiert endlos drauflos, über alles, was auf der Erde käuflich ist, über alles, was man sich vorstellen kann, die Vor- und die Nachteile … Wenn *Wil* philosophiert, hängen wir an seinen Lippen und können nicht über seinen Kopf hinaussehen.

Purer Zufall: Als *Wil* bei Marko am Erzählen war, fragte ihn Marko, ob er *Wils* Hände festhalten dürfe.

Wil war total blockiert.

Er hatte doch keine Hände, nur Gedanken! *Wil* fand Markos Frage ziemlich banal.

Wer denkt schon an einen Körper …

Vivian versteht Marko vollkommen. Sie findet es sehr gut, gerade für *Wil*, daß diese Frage gestellt wird. In Gedanken ist sie schon bei Mary und arbeitet an *Wils* Körper.

Physiotherapie

Hans war unser Begleiter beim Erkunden unseres Körpers. Wir gaben ihm die Hand, und *Zusta* freundete sich mit ihm an. So entstand eine selbstverständliche Bindung, die so viel Sicherheit als möglich gewährleistete. Wir machten uns mit ihm im Gewirr der Muskeln, die den unterschiedlichsten Alterpersonen gehörten, an die Arbeit: die Muskeln von *Vloskes* Fuß, vom Kopf, der zu *Wil* gehörte … *Wil*, der Hans wieder die Ohren vollquatschte, während die Füße der anderen davon zu Eiszapfen wurden.

Und der Rücken, der Bauch ...

Im Bauch hatten all die schönen Kinder gewohnt. Und wenn Hans dem Bauch einen Moment zu nahe kam, mußte *Zusta* alles daran setzen, die anderen Alterpersonen im Zaum zu halten.

In der Regel ist es am Anfang schwierig, Menschen dazu zu bringen, sich entspannt auf die Liege zu legen. Bei uns war es das reine Gegenteil: die flotten Damen zogen sich mir nichts, dir nichts aus und legten sich lang.

Jetzt fangen Sie mal an!

Das ist fatal. Man hat die Neigung zu denken: Das geht ganz einfach und schnell. Man ist wach und läßt alles über sich ergehen. Oder man denkt auch: Der Therapeut weiß schon, was er tut.

Aber ein Therapeut, der seine Arbeit macht, weil er es nun einmal so gelernt hat, hat bei verschiedenen Alterpersonen schnell schlechte Karten.

Sich der Macht der Gewohnheit zu überlassen ist sehr menschlich. Das trifft offenbar besonders dann zu, wenn es um den Körper geht. Die Alterpersonen denken: Wir setzen uns auf unsere Art ein, und jetzt sieh mal zu! Na denn tschüs! Und sie verschwinden.

Aber bei Hans gab es keinen Grund zur Klage. Tapfer wurde über das gesprochen, was wir gerade taten, wie es weitergehen sollte, welche Auswirkungen die Therapie hatte. Es gab ein intensives, warmes Interesse.

Das Wort »Physiotherapie« verbindet man im allgemeinen mit Kneten, Massieren, Muskeln lockern, schmerzhafte Stellen behandeln. Aber ich möchte über diese Behandlung einmal aus anderer Sicht schreiben.

Wichtig ist dabei nicht das Kneten, sondern der Rhythmus. Und die Wirkung der Öle und der Bäder, die anschließende Ruhe, die immer heiße Wärmflasche an deinen eisigen Füssen, die Gespräche, die Übungen ...

Die Atmosphäre war so sicher, daß sogar die Huren kommen durften. Das will etwas heißen.

Hans war darin gut, ehrlich und aufrichtig. Die Huren entdeckten ihren Körper anders, als sie es bisher gewohnt waren.

Die Kinder unter uns tauften ihn schnell Onkel Hans. Am meisten liebten sie das Planschen im Bad: mit ihm Späße machen.

Ein Körper, liebe Leute, vor dem man sich ekelt und den man nicht liebt, ist ein Hindernis für Seele und Geist. In den unmöglichsten Momenten kommt es zu Blockaden.

Es gibt eine Zeit, in der man versucht, gemeinsam ruhig den Händen nachzuspüren, die über den Körper wandern. Plötzlich werden wir zu einem harten Panzer. Man kann sich den Mund fransig reden, aber den Rest der Stunde kann man dann vergessen.

Zusta übernimmt dann die Regie, um die Situation sicher zu machen.

Es fiel schwer, den unausgeglichenen Körper kennenzulernen. Wir wußten nie, was als nächstes passieren würde und woran wir waren. Der Therapeut muß ab und zu die Neigung gehabt haben, aus der Haut zu fahren. Aber er ist nie explodiert. Er suchte und spürte nach und kehrte immer wieder zum Ausgangspunkt zurück.

Aber es gab auch mehr als genug bewegende Augenblicke. Immer mehr Alterpersonen schenkten Hans langsam ihr Vertrauen. Sie begannen, frei von der Leber weg über den Körper zu sprechen und über alles, was damit zusammenhängt.

Wir konnten ihn manchmal sogar genießen.

Zusta hatte die Verantwortung, was ihr manchmal schwer auf die Seele drückte, denn ständig kamen mehr Alterpersonen und suchten Zugang zu Hans' Arbeitsgebiet. Sie übten Druck aus, weil die Körperarbeit für sie bedrohlich war.

Als einmal ein Ausbruch drohte, wurde vereinbart, vorübergehend nur telefonisch mit unserem Haupttherapeuten Kontakt zu halten. Keiner von uns würde, aus Sicherheitsgründen, die Klinik aufsuchen, bis eine befriedigende Lösung für alle Beteiligten gefunden wäre.

Aber unter uns herrschte große Verwirrung; dadurch konnten nicht alle Alterpersonen informiert werden. Eines Morgens machte sich dann ein kleines Mädchen auf den Weg.

Alle Alterpersonen vermißten die Klinik. Dieses kleine Mädchen – sie war unschuldig wie ein Lamm – spazierte mit dem großen Hund Lessie stundenlang barfuß über die Pfade und Wege um die Klinik und kam schließlich bei Onkel Hans an.

Sie trug einen Badeanzug. Niemand war da. Lessie durfte mit ins Gebäude, und sie redete mit ihm, sagte ihm, daß sie in der großen, braunen Badewanne schwimmen dürfe.

»Schau mal hier, Lessie, schau nur.«

Und Les schaute und schnüffelte, und seine Leine wurde irgendwo angebunden, und dort wachte dann das Riesenvieh auf seinen Hinterpfoten über das kleine Mädchen.

Die war inzwischen ins Wasser getaucht. Ich habe keine Ahnung, ob das Wasser warm oder kalt war … Das kleine Mädchen schwamm und fühlte sich bei Onkel Hans sicher, den sie so lieb fand.

Ich beschreibe diese Erfahrung aufgrund der »Fotos«, die *Rama* davon gemacht hatte. Erst später konnten wir gemeinsam mit Hans den Vorfall rekonstruieren. Wenn die Not am größten ist, leben die Alterpersonen in einem Niemandsland, und dann reagiert die, die zufällig im Vordergrund steht. Das sind oft gerade die Kinder.

Geplansche, untertauchen … Lessie saß brav da und schaute zum Frauchen, und die Kleine fühlte sich wie eine Königin bei Onkel Hans.

So fand unser geliebter Physiotherapeut die Kleine samt Hund. Sie hatte offensichtlich viel Spaß.

»Schau mal, wie hoch die Wellen gehen, Onkel Hans!«

Noch immer begriff keiner, was los war.

Als ich später hörte, wie man sich um die Kleine bemüht hatte, empfand ich eine tiefe Hochachtung und Gefühle der Freundschaft. Dieser gute Umgang liegt in der Anthroposophie begründet, die eine bestimmte Art von Denken und Handeln beinhaltet.

Die Kleine ging dann wieder, mit nassen Haaren und immer noch ohne Schuhe, der Hund Lessie hinter ihr drein, über die Pfade und Wege schweifend, aber ihr Blick war ins Unendliche gerichtet, und in ihren Augen strahlten Lichter, die die anderen vorsichtig herbeilockten.

Wollen Sie wissen, was das Merkwürdige an der Welt der Alterpersonen ist? Das Merkwürdige ist, daß alles gut wird, sobald die Kleinen losziehen! Sie finden ihren Weg wie im Traum. Sie verlaufen sich schon mal, das kommt vor, aber sie finden immer wieder zurück und zeigen der Angst und dem Toben der Erwachsenen unter uns einen Ausweg.

Wenn Alterpersonen einander umzubringen drohen, werfen sich die Kleinen dazwischen, machen einen Scherz und singen und springen. – Unser sonderbares Leben! Wer kann das glauben?

In der Klinik glauben sie uns. Seit dem allerersten Anfang wurde ein Seil gespannt, zwischen ihnen und uns, und das Seil ist noch nie gerissen. Es ist ein Wunder, daß wir uns an diesem Seil festhalten können und dürfen.

Monat für Monat wurde uns geholfen, unseren Körper zu entdecken. Es war egal, ob man dick, groß, klein oder schmal war.

Unser Empfinden wuchs immer ein Stückchen mehr. Sogar die »Bösen« hörten damit auf, einander zu verbrennen und sich Schmerz zuzufügen. Aber der Weg ist lang und ermüdend. Wir waren oft ungeduldig und wollten schneller und immer schneller vorankommen, als gälte es, die Zeit einzuholen.

Der Alltag ließ uns aber keine Zeit, und das Leben war zu kompliziert. Wir hatten nicht die Zeit, die eigentlich nötig gewesen wäre, um den Körper lieben zu lernen. Was aufgebaut wurde, drohte mit derselben Geschwindigkeit wieder im Morast zu versinken.

Gott, hilf uns über die Brücke, dachte ich manchmal.

Thomas, ein krankes und sehr schwaches Kerlchen, baute mit dem Lebensgefährten ein Holzauto, ohne einen einzigen Nagel. Das bekam Onkel Hans geschenkt. *Thomas* kam manchmal mit zu Onkel Hans, weil es ihm dort so gut gefiel, das weiche Öl zu fühlen und die Tiegelchen und die Fläschchen und das warme Wasser und die lieben Augen unseres Therapeuten zu sehen.

Aber eines Tages mußte die Physiotherapie abgebrochen werden. Es hatte sich gezeigt, daß die Grenzen erreicht waren. Durch den Abbruch der Therapie kam bei uns Kummer, Sehnsucht, Wut, Unverständnis auf, und es wurde getobt. Die schweren Jungs unter uns rissen das Auto vom Regal in Hans' Zimmer und warfen eine Skulptur, die *Vivian* von *Elisabeth* gemacht hatte, an die Wand, daß sie in tausend Stücke zerbrach.

Zusta aß tagelang nichts und glaubte, einen guten Freund verloren zu haben. Das Auto ist inzwischen wieder bei Hans. Wir können wieder lachen und miteinander reden.

Und der Körper?

Dem geht es inzwischen auch gut.

Aus ist aus. Auch ein Therapeut kann an seine Grenzen kommen. Das ist keine Schande, und man kann auch offen darüber reden. So ist es letztlich auch gewesen. Die Wahrheit zu akzeptieren ist besser als zehn Lügen.

Marie-José hat inzwischen Hans' Aufgabe übernommen. Ich zitiere *Karel*: »Einreiben und eindösen!«

Es steckt natürlich mehr dahinter, aber ich verstehe schon, was er sagen will. Wir sprechen wenig, legen uns hin, werden phantastisch mit Rosenöl eingerieben, bekommen danach eine Wärmflasche an die Füße und dürfen ganz entspannt wegdämmern.

Der Zeitplan sieht vor, einmal wöchentlich zur Psychotherapie und danach, vor dem Wochenende, als Abschluß zu Marie-José zu gehen. Der Körper reagiert gut darauf, denn die Therapie gibt Wärme. Mehr können wir im Moment nicht ertragen.

Und die Alterpersonen, die mehr wollen? Die müssen warten. Einmal wird der Tag kommen, an dem alles zusammengefügt wird: Glieder, Kopf und Rumpf.

Und *Zusta*? Sie denkt mit Wehmut an die gute alte Zeit mit Hans zurück. Er gab, was er geben konnte, und wir bekamen, was wir bekommen konnten.

Es kommt, wie es kommt, und es geht, wie es geht.

Aber: Nichts bleibt wie es ist, und das gibt Hoffnung.

Ergotherapie

Diese Therapie beinhaltet mehr als ein Nähkränzchen, eine Schreinerwerkstatt oder ein Atelier. Eine Reihe von Alterpersonen hat Weben und Farbenmischen gelernt. Sie haben sich damit auseinandergesetzt, wie sich Wolle anfühlt. Zu Beginn wurde eine Puppe gebastelt, die später mit Schafwolle ausgestopft wurde. Die Wolle mußte mit den Fingern auseinandergezupft werden, dabei dauert es eine ganze Zeit, bis sie weicher wird.

Gütiger Himmel, wer hätte je gedacht, daß man dafür Geduld aufbringen kann?

Aber während wir damit beschäftigt waren, sammelten

sich die Alterpersonen und träumten sich in Gedanken weit weg in die Heide, zu Schafherden und Schäfern in ihrer Einsamkeit. Alle wurden ruhiger. Wir kamen der Natur ganz nahe und rochen und spürten sie ... Einige von uns sehnten sich danach, an einem schönen Fleckchen Erde herumzutollen.

Die Puppe wurde eine wunderbare Schlafpuppe, die nach Schaf roch. Für unsere Kleinen war das gut. Der gewebte Schal landete in der Schatztruhe. Das ist eine Truhe, die wir von Marko bekommen hatten, um uns langsam ein eigenes Domizil zu schaffen, einen eigenen Fleck, etwas, nur für uns allein.

Wir täuschten uns, wenn wir meinten, keine der Alterpersonen könne gut mit Nadel und Faden umgehen. Wir glaubten, wir hätten kein Gefühl in den Fingern und Händen, aber es zeigte sich, daß diese Geduldsarbeit manchmal sehr gut gelang.

Antoinette, die Therapeutin, lehrte uns die vielen Materialien zu bewundern, die uns die Natur schenkt. Wir nähten ein Ledersäckchen, das wir um die Taille tragen konnten und in das allerlei Schätze und andere Sachen gesteckt werden konnten. So können wir sie Tag und Nacht bei uns tragen.

Oder wir nähten Shorts für unsere Sportler oder eine Fee, die das Frühjahr ankündigte ... In unserer Phantasie schenkte die Fee den Kleinsten die schönsten Verse. Aus nichts wurde alles mögliche gemacht, etwas Schönes ...

Ich selbst habe eine schöne Erinnerung an die Pantoffeln. Die Geschichte dazu möchte ich erzählen.

Während eines stationären Aufenthalts mußten wir wegen der Alterpersonen, die vorn in der Reihe standen und daher auch die Regeln vorgaben, ständig Strümpfe, Socken und Schuhe stehen lassen. Wir gingen also barfuß. Es waren Ur-Alterpersonen, die wirklich nichts an den Füßen ertragen konnten. Wenn wir trotzdem Schuhe anzogen, wurde uns so heiß, daß wir meinten, zerspringen zu müssen. Dann mußte auf der Stelle alles ausgezogen werden. Auch wenn wir liebend gern so aussehen wollten, wie alle Leute um uns herum, wir mußten einfach barfuß laufen.

Antoinette hatte den Mut, uns einen gewagten Vorschlag zu unterbreiten: Pantoffeln machen.

Pantoffeln?

Wie kam sie nur auf die Idee! Aber einige von uns waren tatsächlich zu begeistern, und es wurden wirklich Pantoffeln gemacht.

Aus Stoff, Garn, Sohlen und der berühmten Schafwolle.

Diese Wolle hatte offensichtlich eine besondere Anziehungskraft für einige Alterpersonen, denn sie brachte einen Durchbruch. Mit der Zungenspitze zwischen den Lippen, ohne rechts oder links zu schauen, wurde unentwegt gearbeitet, und die Pantoffeln – so nannten wir sie – waren schneller fertig als erwartet. Sie wurden von uns und von den Gruppenmitgliedern feierlich in Augenschein genommen. Das gezeigte Interesse galt nicht nur der Bewunderung für die Pantoffeln. Es wurde auch ganz genau registriert, daß diese Pantoffeln für uns einen inneren Sieg bedeuteten.

Sie wurden zur nächsten Sitzung mitgebracht. Marko betrachtete und betastete sie und fragte, ob er sie uns anziehen dürfe.

An die Füße? An diese schrecklichen Dinger dort am Ende der Beine?

Scham und Verlegenheit wirbelten in unseren Gefühlen durcheinander. Die Alterpersonen versammelten sich im Zimmer, um alles mitzuerleben, unglaublich neugierig darauf, wie die Sache ausgehen würde. An diesem Abend sollten wir nach Hause gehen, und *Elisabeth* durfte als erste spüren, wie sich das anfühlte, Pantoffeln an den Füßen zu haben.

Nun, da saß sie, und Marko begann mit dem Ritual. Es schien, als ob die Beine länger und länger würden. Das kam u. a. durch diejenigen unter uns, die es nicht ausstehen konnten, daß an den Füßen herumhantiert wurde.

Wir sahen, was *Elisabeth* dachte. Zuerst dankte sie Antoinette für dieses Wunderwerk. Etwas, das so einfach war und dennoch jedem von uns das Gefühl gab, er hätte seine Füße wiederbekommen. Danach kam sie sich vor wie ein Jünger Jesu, dem Er die Füße gewaschen hat. Wir alle spürten die Rührung. Nach dem ganzen Theater mit den nackten Füßen empfanden wir es als eine Wohltat, diese weichen Dinger an die Füße zu bekommen.

Auch die Alterpersonen, die davon überzeugt waren, keine Füße zu haben, sahen, wie es passierte. *Elisabeth* hoffte, daß dieses Erlebnis ihnen beim Akzeptieren der Tatsache helfen könnte, daß auch sie Füße hatten.

Es war Winter, kurz vor Weihnachten, und wir reisten mit Kind und Kegel auf die Watteninseln. Während der Strandwanderungen mußten wir darauf achten, daß wir die Pantoffeln nicht verloren. Denn wir standen damit auf und gingen damit ins Bett.

Heileurythmie

Keiner von uns hatte zuvor Heileurythmie kennengelernt. Sich aus seinem Inneren heraus zu bewegen war und ist schwer. Aber in einer Gruppe, gemeinsam mit anderen, war es einfacher. Man konnte sich an den Bewegungen und Gebärden der anderen orientieren.

Das bedeutet nicht, daß wir kein Gefühl für Rhythmus hätten und uns nicht einfühlsam bewegen könnten, aber sobald sich der Körper bewegt, brauchen wir Musik und Freiheit. Wir wollen dann die Kreativität unseren Gliedern überlassen. Heileurythmie zwang einen, aus dem Inneren heraus zu handeln, und für zahlreiche Alterpersonen war das gerade ein Anlaß, völlig aus der Haut zu fahren.

Ich selbst hatte auch damit zu kämpfen. Auch konnte ich mit meinen Gedanken nicht beim Unterricht bleiben. Bei Heileurythmie stellt man mit Armen und Beinen Buchstaben dar: das A, das O, das B ... Gleichzeitig konzentriert man sich in Gedanken auf einen dicken Baum, auf die Wolken, die man vorüberziehen sieht. Das hatte etwas Geheimnisvolles, wie eine Welt, die zu spannend war und zu der wir den Schlüssel noch nicht gefunden hatten.

Die Therapeutin stand selbstbewußt und aufrecht vor uns. Sie gab Anweisungen und ging vor uns her. Wir folgten ihr wie ihr Schattenbild, paßten gut auf und imitierten ihre Bewegungen. Wir haben ihre Anweisungen praktisch umsetzen können, indem wir uns einen Kreis vorstellten und ihn schützend um uns herum zogen: eine Linie, die andere nur überschreiten durften, wenn man sich gegenseitig dazu die Erlaubnis gab. Diese »Methode« wenden wir noch heute an. Sobald Menschen uns zu nahe auf den Leib rücken, denen wir zurufen möchten, »Halt, Moment mal«, ziehen wir den Kreis um uns.

Von innen heraus fühlen und das in Bewegungen umzusetzen ist und bleibt schwer. Das hängt auch damit zusammen, daß unter uns ein Mißverständnis darüber herrscht, was links und was rechts ist; dasselbe gilt für oben und unten.

Wenn wir uns auf die Zehenspitzen stellen, meinen wir, das Gleichgewicht zu verlieren.

Heileurythmie war also eine völlig neue Erfahrung. Inzwischen verstehe ich auch, weshalb uns Tränen über die Wangen liefen, wenn wir uns konzentrieren mußten und Gefühle und Emotionen herauskamen. Es ging ja nicht um die äußere Form – das Geistige, die Seele wurde angesprochen. Und die, die sich ein geselliges Tänzchen erhofft hatten, merkten schnell, daß es gerade darum überhaupt nicht ging.

Ein Therapeut war dazu da, uns zu helfen, den Alltag in den Griff zu bekommen. Es ist eine Hilfe, gemeinsam an ein Problem heranzugehen und darüber zu sprechen, um die beste Lösung zu finden. Aus den Entscheidungen, die sich nachher als falsch herausstellen, wird eine Lehre gezogen. Es sind »Trockenübungen«, um es beim nächsten Mal besser machen zu können. Manchmal muß man bei diesen Übungen lachen; der Humor ist, Gott sei Dank, geblieben, und es muß beileibe nicht immer alles ein Drama sein.

Doch manchmal ist es schon schwierig, vor allem, wenn es um Probleme geht, die mit der Macht der Gewohnheit zusammenhängen, und wenn eine radikale Umkehr für die Alterpersonen notwendig wird, um diese Macht brechen zu können. Dann heißt es, das System der Alterpersonen neu zu definieren.

Untereinander wird verabredet, daß *Zusta Karel* anhalten soll, wenn er angestürmt kommt, um so zu versuchen, durch Nachdenken eine vernünftige Lösung zu finden. Oder daß *Zusta*, wenn eine mundtot gemachte Alterperson erbärmlich friert und sich wieder schurigeln läßt, dieser helfen soll, sich wehren zu lernen.

Es gibt jede Menge solcher Beispiele:

Du parkst dein Auto, und einer kommt wütend auf dich zu und behauptet, du hättest ihm seinen Platz weggenommen. Läufst du weg, greifst du ihn an, verlierst du dich in einem heftigen Wortwechsel, bleibst du vor Schreck schokkiert stecken …?

Es ist das Ziel dieser »Trockenübungen«, auszuprobieren, wie wir uns bündeln können, wenn wir erschrecken. Wim, der Therapeut, mimt zum Beispiel den wütenden Mann. Er stürzt auf uns zu und beginnt eine Schimpfkanonade. Dann konnte es vorkommen, daß wir, nur um uns zu verteidigen, auf den Stuhl sprangen, in der Hoffnung, ihn so loszuwerden.

Durch diese Übung sollten wir lernen, uns klarzumachen, daß es »nur« Wim war.

Welche Alterperson sprang nach vorne, wer übernahm die Regie, und warum?

Der Therapeut war die Ruhe selbst und wirbelte gerade durch diese Ruhe gelegentlich Staub auf, vor allem bei unseren Männern, die ihn dann am liebsten mit einer Nadel in den Hintern gestochen hätten:

»Mann, mach schon, steh nicht so lahmarschig rum, siehst du denn nicht ...«

Oder: »Du wirst doch wohl langsam gemerkt haben, daß ...«

Ausgerechnet *Karel* durfte schließlich Sitzungen bei Wim anfordern. Er, mit seiner enormen Power, bekam nun die Hauptverantwortung. Nicht, daß das immer perfekt lief. Aber weil die beiden Männer so extrem verschieden waren, gelang es ihnen, Freunde zu werden. Darüber sind wir alle sehr glücklich, weil *Karel*, der »Macher«, davon profitieren kann und zu denken lernt, bevor er angreift.

Manchmal murrte er die ganze Stunde über und machte all seiner Empörung gnadenlos Luft. Das senkte für das gesamte System ein wenig den Druck im Kessel. Trotz vieler schwieriger Erfahrungen sind wir uns noch nicht spinnefeind geworden, und gerade weil wir *Karels* Stellung im Leben der Alterpersonen genauer kennen, gelingt es uns besser, ein normaleres Leben zu führen.

Wenn *Karel* kein Land mehr sieht, seinen Paß in Ordnung bringt und seine Siebensachen packt, um mit dem Wohnwagen über die Grenze zu ziehen, und dabei ausruft, er könne mit seinen zwei rechten Händen prima für unseren Unterhalt sorgen und würde »never« zurückkehren, nagelt Wim ihn fest. Er redet auf ihn ein, um ihm dabei zu helfen, ein wenig weiter zu schauen, als seine Nasenspitze lang ist.

In diesem Moment scheint es kein konkretes Resultat zu geben. Aber später, wenn *Karel* auf seinem Rad losrast, denkt er doch über Wims Worte nach, die als Fetzen in seinem Schädel hängengeblieben sind. Dieses Nachdenken hält ihn schließlich von seinem dummen Vorhaben ab.

Gott sei Dank. Ich weiß aus Erfahrung, daß manch eine der Alterpersonen dich weit aus dem normalen Leben wegzerren kann.

Karel ist *Karel*, und wir sind froh, daß der Bursche in der Klinik so ein gutes Plätzchen finden konnte.

Wenn er wirklich den verabredeten Termin nicht einhalten kann, weil er Hölle und Verdammnis erlebt, und *Liz* oder eine andere seine Stunde wahrnimmt, dann sieht *Karel* aus der Ferne voller Bedauern, daß er seine Chance versäumt hat. Er gibt sich selbst das Versprechen, beim nächsten Mal besser aufzupassen.

Beim Betreten oder Verlassen der Klinik kommen wir an dem Raum vorbei – oder wir gehen sogar hindurch –, in dem die Sekretärinnen arbeiten: Elly und Trees, mit einigen anderen, die wir weniger gut kennen.

Diese Frauen bedeuten uns viel. Im Laufe der Jahre hat sich gezeigt, daß für sie der Mensch mehr ist als die Sammlung von formalen Fakten, die sie aufschreiben müssen. Sie legen eine enorme Geduld an den Tag, wenn Termine nachgeholt werden müssen, manchmal bis zu dreimal, weil wir sie vergessen haben. Und das, obwohl sie die Termine bereits für uns auf extra Zetteln notiert hatten!

Sie kochen eine Tasse Kaffee für einen, der völlig außer sich ist, und sprechen ihm herzlich zu. Sie geben Antwort, wenn jemand in Panik geraten ist und nicht einmal mehr weiß, wo er herkommt, und in seiner Not die Klinik angerufen hat.

Es sind, kurz gesagt, Frauen, denen du vertrauen kannst.

Rama sagt, daß uns anfangs dieses Vertrauen noch fehlte. Wenn eine Sekretärin telefonisch einen Termin durchgab, wollten wir ihn vom Arzt bestätigt haben. Denn, bei Frauen kann man nie wissen – sie sagen das und meinen jenes …

Später, als das Vertrauen zwischen uns gewachsen war, kaufte eine der männlichen Alterpersonen für die Sekretärinnen Nylonstrümpfe. Er schätzte ihre Größe und erriet ihren Geschmack. Er schenkte ihnen die Strümpfe, um ihnen zu zeigen, daß er sie für Superfrauen hielt.

Es ist inzwischen Tradition, jeden Freitagmorgen mit Willem, dem Raumpfleger, Kaffee zu trinken. Er sorgt dafür, daß alles sauber bleibt. Es ist eine Gewohnheit, die Wärme schafft.

Ich will mit all dem sagen, daß eine kleine Klinik den Vorteil hat, übersichtlich zu sein und Wärme und Nähe zu bieten. Es gibt auch neben den Behandlungen Kontakte, die trotz Verwirrung und innerer Zerrissenheit Frieden bringen.

Das alles spielt sich eingebunden in unsere Lebenssituation ab. Keiner von uns muß seine Existenzberechtigung in irgendeiner Hinsicht beweisen. Und dennoch, während ich das alles formuliere, kann ich mir kaum mehr vorstellen, daß es wirklich so funktioniert, eingebunden in den Alltag. So viel Energie in alle möglichen Therapien zu stecken und dann noch Zeit für völlig andere Beschäftigungen zu finden wie Schreiben, Hobbies, soziale Verpflichtungen. Und Mutter sein.

Wie das dennoch geht, habe ich bereits in früheren Kapiteln beschrieben.

Krankheit, Opfer und der Tod

Je erfolgreicher die Therapie ist und je mehr alle gemeinsam Anteil nehmen, um so stärker wird auch ein schmerzliches Gefühl.

Bewußtwerdung ist heilsam, aber auch schmerzhaft. Anfangs verschmolzen die Alterpersonen miteinander, nun begann ein Konkurrenzkampf. Ellenbogen kamen zum Einsatz, und die Sitzungen wurden zu einer Art Wettkampf.

Wir sollten doch lernen, einander zu lieben?

Aber die Interessen, deren sich jeder zunehmend bewußt wurde, drifteten derart auseinander, daß ein Kampf ums Rederecht ausbrach. In aller Offenheit fielen die Alterpersonen sich gegenseitig ins Wort, oder sie waren der felsenfesten Überzeugung, mundtot gemacht zu werden. Wir brachten keinen sinnvollen Satz mehr zustande, und wir lauschten automatisch der Gehirnwäsche, deren Band im Kopf abgespielt wurde.

Durch dieses endlose Band, das dein Gehirn indoktriniert, kann es einem ohne aufmerksamen Therapeuten auch passieren, daß Worte und Sätze sinnlos durch die Luft wirbeln, ohne daß es einem selbst auffällt.

Der Mund speit ununterbrochen einen Redeschwall aus, von dem keiner etwas begreift. Der einzige Vorteil besteht darin, daß es keine bedrohlichen Pausen mehr gibt.

Mir fällt es wahrscheinlich als einer der ersten auf, weil ich die Wörter aus der Gehirnwäsche nicht beschreiben kann. Ich sitze dann an meinem bekannten Platz, schräg rechts vor dem, der gerade das Wort hat, und höre die Wörter vom Band. Aber ich kann keinen Sinn darin finden und deshalb auch nicht weiterschreiben.

Dann eingreifen ist etwas, das ich noch nicht gelernt habe.

Ich habe Angst davor und warte so lange ab, bis Marko oder eine Alterperson das Kommando übernimmt.

Ist im Gehirn ein System, das durchdreht?

Ja, ein sprechendes Band, das sich unaufhaltsam weiterdreht. Alles, was je angesammelt wurde, häuft sich auf diesem Band zu einem unübersichtlichen Chaos. Erst wenn der Therapeut uns da rauszieht, wird das System aufgebrochen, und normale Gespräche können wieder ihren Weg nehmen.

Je mehr eine Alterperson fühlt, desto stärker wird auch das Gefühl, krank zu sein. Wenn alle wegen ihres individuellen Traumas ungeheuer traurig werden, muß man auf der Hut sein. Denn wer rettet dann noch wen vor der Entmutigung?

Dabei handelt es sich nicht um eine Depression, sondern um die Hilflosigkeit, nicht zu wissen, wie mit dem gemeinsamen Leid umzugehen ist. Wir hatten das Agreement »jeder kümmert sich um sich selbst«, und die anderen können uns gestohlen bleiben. Das funktioniert nun nicht mehr. Weil aber keiner vor dem anderen schlapp machen möchte und die Alterpersonen so tun, als sei alles in Ordnung – was nicht zum Konzept, gemeinsam das Leid zu tragen, paßt –, entsteht ein Gefühl der Hoffnungslosigkeit.

Dennoch sind Fortschritte zu verzeichnen, weil langsam ein Körpergefühl entsteht. Gleichzeitig jedoch ist es auch ein Rückschritt, weil dadurch ein starkes Gefühl von Kranksein aufkommt.

Alterpersonen krank zu sehen ist ein schlimmer Anblick, und man kann ihnen kaum helfen. Beherzte Frauen essen plötzlich nicht mehr oder lassen alles fallen. Ein verwegener Bursche starrt vor sich hin, und man kann sich nicht in seine Nähe wagen. Andere versuchen, ihre Aufgabe so gut wie möglich anzupacken, aber das aus dem Gleichgewicht geratene System verhindert es.

Um bei meiner Erlebniswelt zu bleiben – bei mir äußert sich das beispielsweise so: Auf dem Computer steht ein ellenlanger Text, den ich kopieren muß, und ich drücke die falsche Taste. Die Arbeit von Stunden ist gelöscht, einfach weg, nirgends mehr zu finden, auf Nimmerwiedersehen verschwunden. Und ich bin mir sicher: Es wird mir nie mehr gelingen, diese tausend Wörter wieder in den richtigen Zusammenhang zu bringen. Großer Schreck und Wut sind die Folge.

Ich finde, ein Computer ähnelt ein bißchen dem System der Alterpersonen. Er arbeitet perfekt und bietet eine breite Palette von Möglichkeiten, aber, gütiger Himmel, wenn du anfängst herumzufummeln ... Du gerätst in alle möglichen Schichten, und dann schau nur, wie du wieder zum Ausgangspunkt zurückfindest.

»Ich kapiere absolut nichts mehr von diesem System«, hört man manchmal, und dann muß ich lachen, nicht aus Schadenfreude, sondern weil ich die Situation kenne. Uns geht es genauso, denke ich dann.

Kranke Alterpersonen neigen dazu, sich völlig zurückzuziehen, wie es Tiere auch oft tun. Meist ist das nicht weiter schlimm, denn es gibt genug andere, die weitermachen. Aber wenn es die inneren Helfer betrifft oder andere prominente Figuren, dann wird es brenzlig, und alle zusammen schlittern in eine Krise. Die Struktur wird geschwächt, und das kann sehr plötzlich gehen.

Am Morgen ist die Welt noch in Ordnung. Aber plötzlich fällt einer um, und wir wissen nicht mehr weiter. Der

Lebensgefährte sagt ab und zu: »Da zieht ein Gewitter auf.« Ein bleischweres Gefühl überwältigt den Körper und macht alle miteinander völlig depressiv. Die Aufgaben der Alterpersonen werden nicht mehr erledigt, und die Kraft schwindet.

Dann muß unbedingt adäquat gehandelt werden: Zuerst zusammenkommen und fragen, was geschehen ist. Wurde etwas gesagt oder getan, wodurch eine Alterperson außer sich geraten ist? Die Hauptregel besteht darin, zuerst zu versuchen, die Lage selbst in den Griff zu bekommen.

Kommt dann die Antwort: »Laß doch, auf mich hört ja doch keiner«, dann ist die Lösung nicht mehr fern, und wir organisieren für den Betreffenden eine Therapiestunde. Oder wir gehen alle gemeinsam. Meine Aufgabe als *Autorin* ist dann wichtig: Ich schreibe Seiten über das Gespräch mit dieser Alterperson voll und beschäftige mich so mit ihm oder ihr. Wenn das selbständige Handeln nicht ausreicht, können wir noch die Klinik anrufen.

Da hängt es davon ab, ob man in der Klinik Zeit hat und ein Raum freigemacht werden kann. Und es kommt auch darauf an, was das Pflegepersonal für nötig hält, um mit der betreffenden Alterperson Kontakt aufnehmen zu können, die nicht mehr ein noch aus weiß.

Es ist jedesmal wieder zu beobachten, daß der Kontakt mit einer Person, die über das Überlebenssystem eines MPS-Patienten Bescheid weiß, Wunder wirken kann. Das Pflegepersonal fühlt sich zwar schnell machtlos, aber wir haben die Erfahrung gemacht, daß die Alterpersonen ein Wort, einen Satz, eine ermutigende Bemerkung der Pfleger sofort aufnehmen. Mit diesen hilfreichen Worten können sie die Nacht überstehen.

Bis jetzt war das Kranksein einer Alterperson überschaubar. Es ist wichtig, nicht zu vergessen, daß die Krankheit der Anfang einer Eskalation sein kann. Wenn die Entwicklung falsch eingeschätzt wird, kann der Druck der kranken Personen so groß werden, daß der Körper aufgibt und uns der Tod droht.

Das Gegenteil ist aber auch möglich.

Eine Alterperson, die in einer Krise steckt, kann glauben, daß sie oder er die anderen retten kann, indem sie sich opfert. Der Tod wird dann gesucht, um die anderen überleben zu lassen. Alterpersonen können glauben, sie seien nicht nur ein Klotz am Bein ihres Umfelds, sondern auch für die anderen Innenpersonen.

»Ich, die die Schuld trage, erkläre, nicht mehr leben zu wollen, und wähle den Tod, um euch zu befreien! Herzliche Grüße und alles Liebe euch allen, *Ellie.*«

Auf die Idee kommt sie natürlich nicht ohne Grund. Wenn etwas Schreckliches vorgefallen ist und Menschen durch das Verhalten einer Alterperson aus der Fassung geraten sind, nimmt *Ellie* alle Schuld auf sich und macht sich damit ganz allein aus dem Staub. Dann sind alle anderen geschützt.

Oder sie hört während einer Sitzung, daß alle unter ihr leiden, ihre Haltung dem Heilungsprozeß schrecklich im Weg steht und daß sie besser endlich verschwinden soll. Wenn sich so etwas regelmäßig wiederholt, siecht sie dahin und hat nur noch einen Wunsch: zu sterben.

Ursache für diesen Wunsch ist natürlich eine Opfermentalität. Aber das ist lebensgefährlich, denn dadurch können Alterpersonen verloren gehen.

Sagt mal, wo ist denn *Ellie*? Wir haben nun schon eine ganze Weile nichts mehr von ihr gemerkt.

Die Alterpersonen müssen dann wachsam sein und dürfen sich nicht von der Ruhe verführen lassen, der Ruhe, von der Schuld erlöst zu sein. Nein, so ein Augenblick der Ruhe ist oft die Stille vor dem Sturm, und *Ellie* muß schnellstens aufgespürt werden.

Ijen, der Wächter, tritt in Aktion. Zum Glück, denn dort

steht *Ellie*, auf den Schienen, klassische Musik in den Ohren, und wartet auf den Schlag, der sie und damit alle erlösen wird … Oder sie steht am Wasser und denkt: »Nichts wie weg aus diesem Jammertal von Schuld und Sühne.«

Durch die Spaltung ist bei den Alterpersonen immer noch kein Bewußtsein dafür da, daß alle sterben, wenn sich eine für den Tod entscheidet. Es fällt uns allen noch immer schwer einzusehen, daß wir in einem einzigen Körper leben.

Im Laufe der Zeit haben wir dreizehn Alterpersonen verloren. Sie sind aus Ohnmacht oder Schwäche gestorben, oder weil sie sich opfern wollten.

Alterpersonen können sterben!

Darüber ist wenig oder gar nichts bekannt. Aber ich habe sie sterben sehen und werde das auch beschreiben.

Sie sind über die Grenze dessen hinausgegangen, was ein normaler Mensch ertragen kann; und wir haben sie verloren. Ich nenne ihre Namen und widme ihnen diese Seiten, aus Dankbarkeit für das, was sie für uns waren, und um die Außenwelt über ihre Existenz und ihr Schicksal zu informieren:

Max, der erste Helfer.
Suikerspin, die Fatalistische.
Elza, die Zynikerin.
Vlam, der Tröster.
Eendje, die Einsame.
Zuil, die Erklärerin.
Zeur, die Enttäuschte.
Lucia, die Friedenstifterin.
Stefanie, die Gastgeberin.
Dina, die Koordinatorin
Pin, der Sammler.
Boudewijn, der Verräter.
Willemijn, die Mitfühlende.

Totsein heißt abgeschnitten werden. Ich glaube an das Weiterleben nach dem Tod, aber nicht in der Körperlichkeit, in der wir hier auf dieser Welt leben. Du hast dann nicht dieselbe Funktion, und du lebst nicht mehr im selben Körper.

Eine quicklebendige Alterperson kannst du genauso sterben sehen, wie Tiere Äpfel essen. Ein Apfel nach dem anderen wird zwischen den Kiefern zermalmt. Ich zweifle keine Sekunde an der Existenz der Äpfel und auch nicht daran, daß ich die Äpfel verschwinden sehe. Sie haben ihre Funktion erfüllt: weg ist weg.

Ich möchte das an *Zuil* erläutern. Nicht, weil sie wichtiger wäre als die anderen, sondern weil nun einmal eine Wahl getroffen werden muß.

Zuil, die Erklärerin, ist eine der alten Alterpersonen, die von frühester Kindheit an zu den sehr Aktiven gehörte. Wenn schwierige Fragen abgefeuert wurden, Alterpersonen Angst bekamen und sich zurückzogen, zu stottern anfingen oder sich in die Hosen machten, sprang *Zuil* heraus und gab in unmißverständlicher Weise Erklärungen ab.

Zuil litt an der krankmachenden Angst, daß man uns nicht glauben würde. Sobald wir irgendwo auf Unglauben stießen, war offenbar etwas nicht ausreichend erklärt, und es mußte noch einmal erklärt werden, diesmal aber deutlicher.

Wurde *Zuil* in ihrer Funktion geschwächt, weil Marko uns in den vergangenen Jahren Glauben schenkte? Er nahm uns völlig ernst, sogar so ernst, daß er uns schneller glaubte, als wir uns selbst. Ruhte *Zuil* daher ein bißchen aus und ließ es sich gut gehen?

Ich nehme es an. Aber wer weiß das schon?

Während eines kurzen stationären Aufenthalts – ein paar Alterpersonen ging es sehr schlecht – passierte etwas mit *Zuil*. Es kam nicht durch den Klinikaufenthalt an sich, auch nicht durch die fremde Umgebung. (Wir waren aus Platzmangel vorübergehend in einer anderen Klinik untergebracht.)

Ihr Sterben war direkte Folge der dortigen Behandlung. Die Alterpersonen wurden dadurch völlig aus der Bahn geworfen.

MPS? Hmm, ja, davon hatten sie natürlich schon gehört, aber man sagte uns von oben herab, wir sollten uns klarmachen, daß es hier nun einmal so zuginge, wie es hier zuging ... Wir wurden wie vom Blitz getroffen.

Wir kamen in eine völlig andere Welt, die überhaupt nichts mit der Welt der Alterpersonen zu tun hatte. Wir konnten nicht mehr tun, als uns Mühe geben. Man war ungläubig und mißtrauisch, und die Alterpersonen mußten klein gehalten werden.

»Diese ... Alterpersonen, oder wie heißen sie noch gleich?«

»Ja, Herr Doktor, Sie haben richtig gehört. So heißen sie!«

Wir wurden zwischen der Erkenntnis, daß wir das Beste aus der Situation machen müßten, und einer großen Sehnsucht nach den vertrauten Helfern hin- und hergeschleudert, nach Helfern, die uns kannten und verstanden.

Ärzte können verletzend sein – das war während dieser Notaufnahme der Fall. Ich gehe natürlich davon aus, daß es in neun von zehn Fällen nicht absichtlich ist. Aber das ändert nichts an der Tatsache, daß es vorkommt.

Wie auch immer, wir wurden getestet, so sah es zumindest aus. Das Aufnahmegespräch war wie ein Kreuzverhör. Kalt und unpersönlich flogen die Fragen über den Tisch. Die Herren fragten sich, mit wem sie es zu tun hätten, und wir fragten uns, was wir tun sollten.

Der einzige Trost, den *Trut* uns bieten konnte – sie fungiert als Wegweiser – war, daß wir nach einer Woche wieder in »unsere« Klinik dürften. Das war uns so versprochen worden.

Die Fragen und die Antworten, die hin- und herflogen, waren geprägt von Ungläubigkeit und Mißtrauen. Selbst die einfache Tatsache, daß neun Kinder geboren waren, mußte erklärt werden. Wie hatten wir das denn nur geschafft? Täuschte sich *Zuil* nicht, und handelte es sich dabei nicht um »Kindpersonen«?

Die aggressivsten und schnellsten Helfer unter uns bündelten sich, um diesem Angriff standzuhalten – *Zuil* war hauptverantwortlich. Aber da war eine tödliche Ermattung, und die kranken Alterpersonen stützten sich schwer auf die gesunden.

Einer der Ärzte sagte, wir müßten uns gut benehmen und daran denken, daß in dieser Klinik richtig kranke Menschen wären, Schwerkranke, und das sollten wir bitteschön berücksichtigen. *Zuil*, unserer *Zuil*, fiel zu dieser harten Haltung nichts mehr ein.

Das gibt's doch nicht – dachte ich beim Aufschreiben. *Zuil* hat doch verflixt noch mal schon heißere Eisen aus dem Feuer geholt?

Das Problem lag darin, daß der Arzt nicht nur nicht begriff, daß wir krank waren, sondern, daß er es uns auch nicht ansehen konnte. Wir haben diesen Mechanismus ja gerade entwickelt, weil die Krankheit versteckt werden muß.

Vor kurzem hat Marko erklärt, wie das System funktioniert. Vielleicht hatte er es schon hundertmal erklärt, aber mir war es vorher noch nie so klar geworden.

»Schau«, sagte er, »MPS ist ein System, das auf der puren Angst beruht, die Kontrolle über sich selbst zu verlieren.« Diese Worte drangen tatsächlich zu mir durch, und erst jetzt verstehe ich es: Die Existenz aller Alterpersonen hat einen Zweck. Der Zweck ist der: den Kopf nicht zu verlieren, um sich nicht aufzulösen, nicht wegzuflattern aus dieser irdischen Welt mit ihren Regeln und Gesetzen, Verpflichtungen und Verantwortlichkeiten.

Zuil fällt in diese Grube.

Sie gibt auf.

Sie saß nicht mehr wachsam auf der Stuhlkante, weil ihr während der letzten Jahre in der Bernard-Lievegoed-Klinik geglaubt wurde. Dadurch hatte sie eine menschenwürdige Existenz bekommen.

Aber dadurch war sie auch keineswegs auf das Verhalten der Ärzte in dieser Übergangsklinik vorbereitet; denn diese griffen an, anstatt über ein für Klinik wie Patient zufriedenstellendes Vorgehen nachzudenken. Ihr Ausgangspunkt war nicht Menschenwürde und nicht Gleichheit.

Nach dieser Woche konnten wir nicht in die Bernard-Lievegoed-Klinik wechseln; dadurch mußte *Zuil* noch mehr von *Zeur*, der Enttäuschten, aushalten. Und *Niels* war dermaßen entsetzt, daß er sich trotzdem zur Bernard-Lievegoed-Klinik aufmachte und dort Tische und Stühle und alles, was zu finden war, durcheinander warf. So zeigte er, was mit Worten nicht mehr zu sagen war: daß alle Alterpersonen daran zugrunde gingen, seit sie wußten, daß die Chefärzte der beiden Kliniken sich nicht einigen konnten. Die beiden Kliniken verwandelten sich in einen Vater und eine Mutter, die miteinander kämpften; und wir standen zwischen den Feuern.

Eine Panik folgte der nächsten, und das ist für das System unerträglich. Es verwandelt sich dann in einen durchgebrannten Roboter, der seinen eigenen Mechanismus zerstört.

Zuil und *Zeur* gingen zugrunde.

Zuil war es gewohnt, alles genau zu erklären und konnte sich sogar mit einem Esel verständigen. Aber nun wählte sie, zusammen mit *Zeur*, den Tod. Bis zuletzt mußten wir immer wieder erklären, was es mit diesem »wir« auf sich hatte und wie der Arzt aus der anderen Klinik damit umging. *Zuil* konnte nicht mehr und deutete an, daß sie das Leben nicht mehr ertragen könne.

Zuil spricht mit den Ärzten. Man fällt ihr zum x-ten Mal ins Wort. Gerade hat sie doch behauptet, daß …

Aber *Zuil* behauptet nichts, *Zuil* versucht zu erklären, und das ist etwas völlig anderes. Behaupten heißt, selbst einen Machtkampf anzetteln, und so etwas möchte *Zuil* auf jeden Fall vermeiden. Sie will nicht den Fehdehandschuh aufnehmen, den dieser Mann ihr immer wieder hinwirft.

Ich denke und dachte es auch damals schon: eigentlich wurde über *Zuils* Kopf hinweg eine Meinungsverschiedenheit zwischen verschiedenen Ärzten ausgetragen.

Der behandelnde Arzt wollte seinem Patienten treu bleiben; auch wenn dieser Patient in einer anderen Klinik untergebracht war, mußten die Sitzungen weitergehen. Die Ärzte der anderen Klinik wollten nicht, daß »Eindringlinge« die vertraute Atmosphäre und die Regeln durcheinander brachten.

Ich glaube, so ist es gewesen.

Arme *Zuil*, arme *Zeur* und ihr armen anderen Kranken. Ihnen konnte so nicht geholfen werden. Das Hickhack war zu groß. Sie dämmerten weg. *Dora*, unsere Powerfrau, und *Zusta* waren die einzigen, die versuchten, einen kühlen Kopf zu behalten und weiterhin nachzudenken.

In solchen Situationen habe ich eine sehr sonderbare Rolle. Ich schreibe und schreibe und sehe, wie das Unheil immer näher rückt, und gleichzeitig sehe ich auch, daß ich ruhig weiter beschreibe. Ich kann Alterpersonen dahinsiechen sehen und schreibe ruhig weiter, als ginge es nicht um meine Brüder und Schwestern. Erst wenn alles notiert ist und ich meine Pflicht erfüllt habe, kann ich darüber weinen, aber nur, wenn keiner zuschaut.

Und so weinte ich eines morgens auf der Toilette um die Alterpersonen, die ich habe sterben sehen. Anfangs versuchte *Roberto*, unsere mutige Alterperson, den sterbenden neues Leben einzuhauchen, und *Vivian* brachte alles Mögliche aus der Natur mit, Blätter, Knospen und Zweige, als Symbole des Lebens. *Karel* ging los, um ein Fahrrad zu organisieren, denn *Zuil* hatte es immer genossen, in der freien Natur zu radeln und jedem zu erklären, was an Bäumen, Zweigen, Blumen, Pilzen und Vögeln zu sehen und zu hören war. Sie konnte stundenlang darüber reden.

Aber nichts drang mehr zu ihr durch. An all das dachte ich, während ich noch immer auf der Toilette weinte ... Natürlich blieb ich dort zu lange, aber es ist nun einmal der einzige Ort, wo man wirklich ungestört ist.

Es wurde gesagt, ich solle rauskommen und mich an den Tisch setzen. Am Tisch – keine der Alterpersonen hatte Appetit, sie trauerten um die Sterbenden – saß dann eine Frau, die Aufmerksamkeit nötig hatte. Sie konnte offenbar nicht einfach darum bitten und versuchte es in einer für die meisten Menschen unüblichen Art. Kurz, sie war einfach lästig.

Wir befürchteten das Schlimmste, denn an den bösen Blikken der Pfleger war abzulesen, daß die Frau in Gefahr kam. *Zusta* versuchte, sich mit ihr abzugeben, weil sie hoffte, daß die Sache gut ausgehen würde; aber es ging nicht gut, und drei Männer schleppten sie vom Tisch weg. Sie mußte in die Zelle.

»Fixieren«, hörten wir die Männer sagen, und die Alterpersonen, die sich in »ihrer« Klinik daran gewöhnt hatten, daß das nicht mehr nötig war, wurden starr vor Schreck. Aber *Niels* raste ihnen nach, um nötigenfalls zu schießen.

»Wenn du dich nicht beruhigst, kommst du auch rein«, wurde ihm gedroht. »Los, mach, daß du wegkommst.« *Niels* wollte schießen, aber *Dora* zog ihn an den Hosenbeinen und weinte und bat um Gnade wegen unserer Sterbenden. Ich kann es nicht beschreiben, aber damals geschah etwas, das noch nie vorher geschehen war: *Dora* drang durch *Niels'* Panzer, und er ließ sich von ihr mitnehmen.

In dieser Nacht, mitten in der Nacht, beschlossen wir wegzugehen. Wir wollten keine der Alterpersonen in dieser

Umgebung sterben lassen. Wir hatten nun alle akzeptiert, daß *Zuils* und *Zeurs* Leben nicht mehr weitergehen konnte. Wir sahen alle, daß es zu Ende war. So gingen wir sang- und klanglos und mußten unterschreiben, daß wir die Klinik auf eigenes Risiko verließen.

Niels war davon überzeugt, daß er Marko ans Telefon bekommen würde, denn er wußte genau, daß Marko sein Freund war. Marko hatte inzwischen gelernt, daß es sich um keine Kleinigkeit handelte, wenn *Niels* ihn rief. *Niels* erzählte also der Nachtwache, sein Freund Marko würde bestimmt ans Telefon gehen.

Der Pfleger schaute ungläubig drein, aber *Niels* zweifelte keine Sekunde und gab nicht nach. Aber Marko kam nicht ans Telefon, und wir mußten nun gemeinsam nach einer Lösung suchen. *Niels* schwor, daß er von nun an keinem Arzt mehr vertrauen würde.

Wir verschwanden in der Nacht, und die Männer tranken mit dem Lebensgefährten in einer Kneipe Bier, und sie tranken auf das Wohl der ewigen Keuschheit, auf das Sterben der Alterpersonen und auf den Untergang, der wie ein grosser, klaffender Abgrund vor ihnen lag, voll kochender Schlammassen und blutiger Szenen, wie in der Hölle.

Die Frauen sorgten dafür, daß *Zuil* von Marko Abschied nehmen konnte, bevor sie starb. *Zeur* ging ihr voraus.

Das Sterben von Alterpersonen weckt gerade bei den Männern unter uns eine enorme Wut.

Tobend stampfen sie auf den Boden.

Ärzte sind Angeber. Arschlöcher. Pisser. Der Blitz soll sie treffen.

Für uns alle grenzt es an ein Wunder, daß kein Arzt von Mord oder Totschlag ereilt wurde. Das ist ein Zeichen einer inzwischen gewachsenen großen Achtung vor der Freundschaft. Die ganze Wut konnte ertragen und die Trauer um die Sterbenden ausgelebt werden, auch wenn die Ärzte dafür wenig Verständnis zeigten. In den gelehrten Büchern war über den Tod von Alterpersonen noch nichts Offizielles vermerkt, und daher meinte man, solche Verstorbenen würden sich einfach eine Weile in höheren Sphären erholen.

Wir haben es aber alle zusammen erlebt. Es hielt *Zuil* nicht zurück, von Marko Abschied zu nehmen, von ihrem Freund, bevor sie ins Land jenseits der Schwelle ging.

Wie ist das mit dem Sterben? Wie fühlt sich das im Innern an?

Schrecklich.

Normalerweise lebt jeder von uns in seinem eigenen Bereich, auf seinem eigenen Terrain. Aber wenn Alterpersonen sterben, werden wir von einer großen Kraft aufeinander zugetrieben. Wir werden aufeinandergepreßt. Ich weiß, daß das unglaubwürdig klingt, aber ich bin ein stocknüchterner Typ und kenne mich mit den sichtbaren und unsichtbaren Welten aus.

Es fühlt sich also an, als ob wir gegeneinandergepreßt würden. Eine eiskalte Luft umgibt uns, und dann zerreißt etwas, als platzte eine Ader. Vielleicht haben Sie es schon einmal erlebt, wie durch eine übergroße Kraftanstrengung eine Ader geplatzt ist. Das fühlt sich wie ein glühend-stechender Schmerz an, der in einer Sekunde beispielsweise durch deine Hand fährt. Danach beginnt sie zu glühen, und kurz darauf wird die Hand blau.

Genauso erlebt man das Sterben von Alterpersonen, gleichgültig, wie sie sterben.

Zuil legte ihren Kopf hin. Wir knallten gegeneinander, und ein glühender Stich tief in uns gab uns die Gewißheit, daß *Zuil* aufgenommen war.

Zeur rannte in den Wald. Als wir wieder einen glühenden Stich spürten, versammelten wir uns und sahen, daß *Zeur* nicht mehr war.

Boudewijn warf sich vor ein Auto und schubste gleichzeitig *Elisabeth* im letzten Moment zur Seite; sie hatte nur ein paar Schürfwunden. Durch einen scharfen, durchdringenden Stich sammelten wir uns und wußten, daß *Boudewijn* sich für *Elisabeths* Leben geopfert hatte. Ihre Zunge war zerbissen und der Körper wie gerädert, aber sie lebte!

Alterpersonen können also sterben. Aber sie werden uns auf der anderen Seite erwarten, wenn wir gemeinsam sterben werden. Dann werden sie sich wieder mit uns vereinen, davon bin ich überzeugt. Geist und Seele können aufhören, hier auf Erden zu existieren, aber das heißt nicht, daß sie vergehen.

So etwas bewußt mitzuerleben tut weh. Aber nimm einmal an, daß du das Sterben einer Alterperson nicht bemerkst und nicht siehst, daß *Zuil* keinen Lebensatem mehr hat, ihr Blut nicht mehr zirkuliert … Dann ist plötzlich ein Schwebezustand da. Wir würden es nicht glauben; und wir würden uns wenig Mühe geben, daraus zu lernen und zu erforschen, was es nun mit Alterpersonen auf sich hat, die sterben.

Mehr noch, ich glaube, daß auch Menschen, die nicht an MPS leiden, derartiges erfahren und Geisteskraft und Teile ihrer Persönlichkeit verlieren können. Diese Teile sterben durch Traumata, durch Leid, durch ungeheuren Kummer über den Tod von geliebten Menschen … Es wird ihnen nur nicht bewußt, daß das Sterben bereits begonnen hat. Bei mir als Multipler fällt es jedoch sofort auf, weil wir wissen und sehen, aus welchen Personen wir bestehen und woraus wir leben.

Multiple sind im allgemeinen wache Menschen, die nicht nur erleben, was sie sehen, sondern schon sehr jung, eventuell seit der Zeit im Kinderbettchen wissen, daß um sie geistige Kräfte sind, wie Ströme, die sie in gutem und im schlechten Sinn beeinflussen – mehr als ihnen lieb ist.

Weil der Mensch nun einmal die Neigung hat, nur das zu akzeptieren, was sichtbar ist, und er nur äußerliche Beweisführungen nachvollzieht, dringt er nicht zur geistigen Welt vor, deren simples Schattenbild die Natur ist. Der Zyklus der Jahreszeiten versucht uns zu zeigen, daß Sterben gerade Leben bedeutet und daß Leben zum Sterben hinführt.

Wenn die Zeit des Sterbens gekommen ist, sollte man weinen. Was stirbt, ist die Maske. Wenn eine Alterperson stirbt, stirbt das Gesicht, der Herzschlag, die Energie und die Kraft, aber nie kann eine für immer von uns Abschied nehmen. Freilich werden wir missen müssen, was er oder sie für uns bedeutet hat.

Man möchte dem Verstorbenen neues Leben einhauchen, sich auf ihn legen in der Hoffnung, daß die eigene Wärme den Kalten und Leblosen wieder erwärmen kann. Aber das Herz einer solchen Alterperson hat aufgehört zu schlagen. Das Leben fordert seinen Zoll.

Durch den Streit der Menschen untereinander drohen andere plattgewalzt zu werden. Dieser Prozeß beherrscht die ganze Welt, im kleinen wie im großen. Oft gibt es Einsicht, aber keine Bereitschaft zur Zusammenarbeit. Der Sinn und Zweck wird aus dem Auge verloren, und es fallen Tote.

Ganze Weltteile gehen daran zugrunde. Der Krieg wütet heftig, gerade an Orten, deren man sich noch nicht bewußt ist: im Innern der Menschen. Seelen verkümmern, obwohl die Außenseite vermuten läßt, daß alles in bester Ordnung ist, daß die betreffende Person ganz schön was darstellt. Aber im Grunde weiß er oder sie nichts von dem Kampf, der da wütet und tobt.

Wie traurig wir Alterpersonen oder wir Menschen auch sein können, unsere Erfahrung lehrt, daß alles herausgeweint werden muß. Dann muß man seinen Mantel nehmen und weiterleben. Man darf keine Bitterkeit zulassen.

Die Gefahr bei der Hypnose

Ich bin mir darüber im klaren, daß ich nun ein heißes Eisen anpacke. Aber ich will trotzdem Kopf und Kragen riskieren und unsere Erfahrungen nüchtern zu Papier bringen.

Muß ich etwas verteidigen?

Keineswegs.

Ich rate dem Leser, alle Vorurteile einen Augenblick beiseite zu schieben, damit er unsere Freude über die Befreiung so mancher Alterperson mit uns teilen kann.

Hypnose wird oft mit Trance verwechselt. Diese beiden Dinge muß man auseinanderhalten. Wir haben mit beiden Techniken Erfahrungen gemacht und erlebt, daß zwischen ihnen ein himmelweiter Unterschied besteht.

Beide Techniken sind und bleiben Hilfsmittel.

Zunächst möchte ich die Hypnose darstellen, um danach auf die Trance einzugehen. Ich werde den Unterschied zwischen den beiden Methoden so deutlich wie möglich machen.

Ich sah und beschrieb die Gespräche, die Alterpersonen während früherer Therapien führten. Dabei fiel mir auf, daß monoton gesprochen wurde. Alles wurde in derselben Tonhöhe gesagt. Die Stimme blieb flach und gewann nie Tiefe.

Natürlich haben wir *Filter*, der für die Stimme sorgt. Früher hatten wir unterschiedliche Stimmen. Unsere Umwelt konnte das nicht leiden, weil die Menschen das Gefühl bekamen, sie würden zum Narren gehalten. Leider.

In der Schule wurde ich oft gefragt, ob ich vielleicht einmal »normal« sprechen könnte.

Dieser Ärger und die Wut wurden von *Filter* aufgefangen, der irgendwann einmal auftrat und gut funktionierte. Er machte unsere Stimmlage eindeutiger. Er filterte sozusagen die Stimmen der Alterpersonen. Er übernahm sofort eine wichtige Stellung im System.

Ich weiß, daß zahlreiche MPS-Patienten nichts von ihren Alterpersonen wissen. Es kann Monate dauern, ehe allmählich akzeptiert wird, daß in einem Körper mehrere sind. Bei uns war das anders. Schon im Kindergarten – eigentlich schon früher – wußten wir, daß wir mehrere waren.

Wir hatten eine panische Angst vor dem Mond, der brennend auf uns fiel und uns immer wieder auseinanderfallen ließ wie glühende Einzelteile. Es endetete aber jedesmal damit, daß wir einander dann doch wiedererkannten.

Der Mond war weit weg, kam dann näher, kam über uns und in uns ... Es hörte nicht auf. Dennoch waren wir immer präsent, während dies geschah ... Ich bin mir ganz sicher, denn ich habe uns gesehen.

Der Mond kam näher, näher ... Es wurde heißer und immer heißer ... Dann wurden wir verschlungen und fingen an zu glühen. Danach wurden wir eiskalt.

Wir waren damals vielleicht zwei oder drei Jahre alt. Von der Zeit an erinnere ich mich, daß wir zu mehreren in unserem Bettchen lagen.

Zaïre gab es bereits, sie sang für uns, und *Lava* tanzte für uns. Ich machte damals schon Zeichnungen, und da saß *Better* hinter ihrer Mauer. Die eine wollte schreien, und *Moria*, unser Clown, machte komische Sprünge, so daß wir trotz der entsetzlichen Angst lachen mußten.

Und *Eva* schrie, aber *Max* legte ihr schnell die Hand auf den Mund, und *Rooie* erzählte Witze, und *Telstar* schlug auf einen Piepton den Rhythmus einer Musik, und *Sabina* sagte lauter Wörter, die einander ähnlich waren, etwa Rauch, Bauch, Schmauch, auch – und sie fragte, ob wir ihr helfen wollten, solche Wörter zu suchen.

Waren wir damals schon in der Trance des Auseinanderfallens?

Wir standen bereits unter Hypnose. Selbsthypnose.

Wir saßen stundenlang mit zwei Töpfchen in dem roten Kinderstuhl, in jeder Hand eines. Ich konnte natürlich noch nicht schreiben, aber ich machte schon Zeichnungen, die ausdrückten, was ich eigentlich alles sagen wollte. Es ist sonderbar, wie der Mensch funktioniert: Ohne etwas gelernt zu haben, kann er offenbar doch schon etwas.

Ich beschrieb die gläsernen Töpfchen und wie grüne Erbsen von dem einen Topf in den anderen kullerten, hin und her, her und hin, von links nach rechts und von rechts nach links. Ich kann das leise Geräusch noch hören: rrrtttssschhh und rrrtttssschhh ...

Die Erbsen bewegten sich alle gleichzeitig und dennoch eine nach der anderen und hintereinander her. Sie konnten nicht ohne einander auskommen und waren doch Einzelgänger. *Wil*, unser Philosoph, war von dem Vorgang fasziniert und versuchte herauszufinden, wie die Ordnung in diesem perfekten System des Gleichmaßes erhalten blieb und weshalb die Erbsen keinen Streit bekamen. Keiner war dem anderen im Weg, die Erbsen kullerten einfach ...

Und wir waren ein liebes Mädchen, tief in Selbsthypnose versunken.

Irgendein äußerer Anlaß brachte uns in die »normale« Wirklichkeit zurück. Aber doch nicht ganz, denn was wir auch unternahmen, ein Spiel im Freien oder etwas anderes, wir hörten immer den Klang der Erbsen, als ob sie sagten: Wir bleiben in der Nähe. Wenn die Erbsen da waren, war alles gut.

Als viele Jahre darauf Hypnose angewendet wurde und wir

im Namen des Gesetzes den Willen des Psychiaters ertragen mußten, als wir uns seinen Regeln und Lügen, seiner Macht und Kraft unterwarfen, und wir, wenn er es wollte, noch bei ihm blieben, auch wenn wir inzwischen in die Stadt gegangen waren oder nach Hause oder in die Kirche oder Gott weiß wohin, wenn er sogar dann immer noch bei uns war, dann wußten wir: In diesem Fall ist Hypnose von Übel!

Der Wille der Alterpersonen wurde durch diese Praktiken an seinen Willen gefesselt. Und wir, die wir in dieser Hinsicht schon eine Menge mitgemacht hatten, erwiesen uns als leichte Beute.

Wir sollten lernen, schmutzige Wörter zu sagen.

»Sag ficken! Ganz langsam ... Es ist nicht schlimm, los, sag's, sag's, zuerst leise, dann lauter, nein, nicht flüstern, lauter, du darfst es sagen, von mir aus darfst du es sagen, los, komm schon ... Komm schon, ich werde ganz glücklich, wenn du dich traust, das Wort laut zu sagen. *Nun?* Kommt's noch?«

Wir sanken immer tiefer. Diese Sprache kannten wir gut, und wir waren eifrige Schüler, aber wir sagten das Wort »ficken« immer noch nicht laut genug und, während wir in Hypnose waren, verzweifelten wir über den Unwillen der Alterpersonen, die ihren Mund mit Absicht zukniffen. Er wollte, daß wir noch tiefer sanken und rief plötzlich: »Sag *ficken*, jetzt aber laut, verdammt«, und plötzlich hörten wir ein Brüllen aus unserem Innersten kommen: *»Ficken, ficken, ficken.«*

Es hörte nicht auf, und der Therapeut lobte uns. Ich glaube, er konnte nicht genug davon bekommen und wir taten, was er wollte. Etwas tun, was ein anderer möchte, das war uns nicht fremd. Er tat uns sozusagen einen Gefallen und wir ihm. Aber auf die Weise wurde das aufrechterhalten, von dem wir doch gerade geheilt werden sollten. Sein Wille erwies sich jedoch als der stärkere.

»Zieh jetzt ganz vorsichtig deinen Rock herunter, ja, so ist es gut, und immer tiefer und tiefer ... Du machst das, nicht ich, nein, ich mach' es nicht, sondern du ...« Und wir hörten nach so vielen Jahren die Erbsen von einem Töpfchen ins andere kullern: rrrtttssschhh, rrrtttssschhh ...

Der Rock wurde ausgezogen, und wir hörten ihn sagen: »Ausgezeichnet, gut so«, und wir glaubten, daß wir ein ganz großes Mädchen wären. Es mußten noch mehr Kleider ausgezogen werden, und wir hörten nur, daß wir es sehr gut machten und dadurch geheilt würden. Wir mußten uns auf einen kleinen Tisch legen, und dann würde alles sehr schön werden. *Eva* mußte sich übergeben und sagte zu dem Therapeuten, ihr würde ganz übel, aber wir mußten ein großes Mädchen sein, und er faßte *Eva* an: Wir mußten noch tiefer und tiefer hinab; und die Kleider waren jetzt alle ausgezogen, und wir waren noch immer ein großes Mädchen und hatten nun eine Belohnung verdient.

Aber *Elza* war zynisch. Sie wollte nichts Schönes von dem Mann, sagte sie noch ... Oh, aber trotzdem mußten wir immer tiefer und tiefer hinab, und es würde schön werden, so schön!

Einige bekamen durch das, was er mit seinen Fingern machte, einen Orgasmus, und noch einen und noch einen ... Er lobte uns über den grünen Klee und fand uns ungeheuer gut.

O Gott, ich verabscheue diese teuflische Methode.

Trauma wurde über Trauma gelegt, Wiederholung über Wiederholung. Dann mußten wieder Alterpersonen geschaffen werden, und tatsächlich nahm ihre Zahl zu. Später sagte ein Arzt zu *Zuil*: »Du hättest diesem Mann eine runterhauen sollen, ihm die Augen auskratzen, die Haare in Büscheln ausreißen, ihm die Eier in den Bauch treten sollen ...«

Ja, ja, ja. Hätten wir es nur getan. Wir sind Pfuscher gewesen, untertänige Schafe, Hornochsen.

Das eine kam zum anderen, und der Therapeut wollte weiter- und immer weitermachen, und die Monate gingen ins Land. Plötzlich saß *Roberto* mitten in der Nacht auf der Polizeiwache und wollte alles sagen, aber *Ellie* und die Taubstummen standen Todesängste aus vor den Polizisten, genau wie *Ruth*, *Anita* und *Niels*. Ihre Vergangenheit war nicht ganz fleckenlos, und das war der Polizei noch nicht bekannt. Man soll keine schlafenden Hunde wecken.

Die Polizisten konnten fragen, was sie wollten, es kam kein Wort heraus. Nur der Name des Psychotherapeuten wurde genannt, nicht mehr. *Roberto* dachte: Jetzt oder nie, aber der Mund blieb geschlossen. Der Therapeut wurde mitten in der Nacht gerufen und wollte wissen, was wir um Himmelswillen bei den Herren Polizisten suchten. *Er* war doch der Mann! *Er* hatte uns doch in Behandlung! Wenn wir nicht täten, was er sagte, würden wir nie gesund werden.

Vergewaltigung war die Krönung seiner Methode, der Methode eines Mannes, der seine Hände nicht bei sich behalten konnte und uns mitzerrte ins Tal dieses Schreckens.

Hypnose auf diese Weise – ist schlimm!

Es gibt auch positive Behandlungsmethoden. Ich kann sie beschreiben, weil wir in der Praxis den Unterschied kennengelernt haben.

Alterpersonen können endlos davon berichten und dabei ihren Zuhörer fesseln, ohne selbst in Emotionen oder Gefühle zu verfallen. Ihre Einsicht ist wie ein Fisch ohne Kopf oder Schwanz.

Eine andere Technik besteht darin, alle Gemeinheiten aus der Welt zu wünschen, etwa so: »Christus nimmt in seiner Liebe alles zu sich.« Aber am nächsten Tag bist du wieder ernüchtert, und dann sagen die Gläubigen: »Dein Glaube ist nicht stark genug« – und der Kreis schließt sich wieder.

Ich glaube fest an Christus als Symbol der Gnade. Aber nicht alles, was wir erlebten, läßt sich in die Schublade des Glaubens wegpacken.

»Also, Augen schließen und beten. Dann tut er alles für dich.«

O nein, du wirst da selbst hindurchgehen müssen, Schritt für Schritt. In der Bibel steht, daß du dein Kreuz auf dich nehmen sollst, und nicht, daß du das Kreuz ihm aufbürden sollst. Nimm dein Bett und wandle, obwohl du noch lahm bist.

Es hat jahrelang gedauert, bis uns das klar wurde. Aber das Leid ist auch groß, und es sind viele Erfahrungen notwendig, um dem ins Auge sehen zu können. Das geschieht nun langsam, Schritt für Schritt.

Es gibt Methoden, die dir helfen, unter die Oberfläche der kalten und dürftigen Sprache zu gelangen. Dadurch erlebt man alles noch einmal.

Sich trauen, dafür Zeit aufzubringen.

Sich in stiller Verwunderung fragen, was denn in Gottes Namen alles über einen gekommen ist und was Menschen einem angetan haben.

Sich auf die gewaltigen Ängste konzentrieren, die dabei entstanden sind.

Auf den Schmerz, den du ganz tief weggesteckt hattest und der diese oder jene Alterperson nichts angeht ...

Auf den Schmerz, von dem du glaubst, er habe nichts mit mir zu tun.

Das denke ich noch immer. Ich habe meinen Stift, und der macht mich selig. Ich habe mein Blatt Papier, meine Schreibmaschine und meine Bücher, meine Aufgabe ... Ich stehe zu Diensten und sehe, daß viele Alterpersonen mir dafür dankbar sind, daß ich aufschreibe, wie das alles vor sich geht. Sie sind auch dankbar dafür, daß ich sogar so weit gehe, ein Buch zu schreiben und es zu publizieren, um bei anderen Verständnis für den Tanz zu wecken, den wir miteinander tanzen. Die Alterpersonen fühlen sich durch mein Handeln bereichert. Das ist für mich eigentlich genug: Ich brauche nicht mehr.

Die Trance führt dich in die Tiefe. Gleichzeitig spürst du, daß dein eigener Wille, dein eigenes Bewußtsein, dich nicht im Stich läßt. Das unterscheidet Trance von Hypnose.

Die Ereignisse, denen man sich in der Tiefe aussetzt, überrumpeln einen nicht, und man verliert nicht das Bewußtsein. Daß man sein Bewußtsein nicht aufgibt, ist das Charakteristische der Trance.

Ich empfinde es als abartig, wenn ich Bilder von Menschen sehe, die plötzlich zum Hund werden, weil der Hypnotiseur es ihnen befiehlt. Man kann Menschen sogar Kot essen lassen – und sie denken noch, es sei ein Stück Sahnetorte.

Natürlich sind es auch die Opfer selbst, die so etwas möglich machen. Die Täter spüren quasi die Bereitschaft der Opfer, unbewußt natürlich.

Die Opfer sind dazu bereit. Das haben sie gelernt. Sie mußten sich anpassen, sich anbieten. Aber sie haben in Körper und Geist ein System geschaffen, um zu entfliehen, ein System, durch das die Außenwelt sie nicht ganz in Besitz nehmen kann.

Die Opfer haben nicht gelernt, sich zu wappnen. Laß dir also nie von jemand tadelnd vorwerfen: Weshalb hast du dich nicht gewehrt? Oder: Du bist jetzt ein erwachsener Mensch, zieh endlich mal einen Schlußstrich!

Da kann ich nur antworten: Nein!

Wenn du dich als Opfer nicht zu wappnen lernst, wirkt das Gesetz der Wiederholung fort. Erst wenn du den Mechanismus erkennst, kann die Gesetzmäßigkeit durchbrochen werden.

Ohne Einsicht handelst du wie ein Roboter – der steht auch auf der Liste der Alterpersonen –, du handelst, wie es dir aufgetragen wurde. Wenn sich ein guter und zuverlässiger Therapeut findet, kommt auch der Mut, sich in Trance zu begeben. Findet man ihn nicht, wird man so lange suchen, bis einer gefunden ist, der dich Schritt für Schritt zu den Lebensgeschichten der Alterpersonen und zum Wiedererleben zurückführen kann.

Trance heißt: zur offenen Wunde gehen, sie ruhig zu betrachten und zu lernen, über die eiternde Wunde, die zuerst mit leichten desinfizierenden Mitteln gesäubert werden muß, zu weinen.

Eine Wunde heilt nicht von allein.

Wir dachten manches Mal: Schütte eine Handvoll Salz darauf, dann werden die Tierchen schon von alleine sterben. Aber so geht das nicht. Nein, du betrachtest die Wunde, und du versorgst sie wie eine Brandwunde, die einer speziellen Behandlung bedarf.

Um die Wunde betrachten zu können, mußt du erst lernen, dich zu konzentrieren, etwas, für das in der Rastlosigkeit des heutigen Lebens kaum Zeit und Raum ist.

Die Verbrechen Mißbrauch und Vergewaltigung werden von der Außenwelt durchaus ernstgenommen. Aber die langen Nachwirkungen kosten Millionen Gulden. Es ist ungerecht, daß die Opfer dafür schief angesehen werden, während die Täter häufig ungestraft bleiben. Dann wird gesagt: Die Vergangenheit muß endlich einmal vergangen sein, und wenn du zurückschaust, bezahlst du dafür mit dem Leben, denn du wirst zur Salzsäule und hast keine Zukunft mehr.

Das stimmt. Wenn du nur zurückschaust und ein Wiederkäuer der Vergangenheit bleibst, verwandelst du dich in eine Salzsäule.

Salz ist widerlich im Mund; es brennt auf der Zunge, es kratzt auf der Haut und gleitet dir zwischen den Fingern durch. Wenn du Salz auf eine Nacktschnecke streust, löst sie sich in ein matschiges Häufchen Schleim auf. Uns wurde einmal gesagt: »Genauso wirst du werden, wenn ihr den Mund aufmacht!«

So kriecht die Schnecke weiter, langsam und verwundbar. Trotzdem traut sie sich, die Straße zu überqueren. Aber eine Handvoll Salz darauf, und es ist vorbei.

Also: Mund zu, für alle Ewigkeit!

Wenn du diesen Fluch nicht von dir schüttelst, verwandelst du dich tatsächlich in eine Salzsäule oder in das Häufchen Schleim. Aber nicht, weil du auf deine Vergangenheit zurückgeschaut hast, sondern weil du an dieser Vergangenheit erstickst.

Das Schöne an der Trance ist, daß du nicht mehr auf deine Worte achtest, gleichgültig, wie sie herauskommen. Die Tränen dürfen fließen, das Haar darf in Unordnung geraten, deine Kleider dürfen verrutschen, der Rotz darf dir aus der Nase laufen, dein Make-up darf in Streifen zerfließen. Alles ist nicht schlimm, nicht einmal, wenn dein Körper vom Stuhl auf den Boden gleitet. Denn eines ist klar: Du bleibst dabei bei Bewußtsein, du hörst und siehst und spürst weiterhin, was vor sich geht!

Durch die Trance durchbrichst du den Panzer deiner Außenseite und stößt zum Weichen vor, zur Wärme, zur Empfindung dessen, was *in* dir ist.

Das sehe ich bei den Alterpersonen. Ich selbst denke immer öfter: Ich möchte auch einmal mit in die Tiefe. Aber ich habe keine Ahnung, wie das vor sich gehen soll mit dem Stift und dem Papier. Eines Tages wird auch meine Zeit kommen, und ich werde mich dazu entschließen, mich von den Alterpersonen leiten zu lassen, die mich dann ermutigend an die Hand nehmen und sagen werden: »Komm, *Autorin,* jetzt bist du an der Reihe.«

Es ist sonderbar, daß gerade in religiösen Kreisen diese Techniken angegriffen werden, obwohl sie in Gruppen zu Hunderten von Menschen das gleiche tun. In Trance rollen sie sich über den Fußboden, wiegen sich mit erhobenen

Armen im Rhythmus der Musik und geben unverständliche Laute von sich. Im Namen Jesu sind sie stundenlang in Trance. Und das ist dann in Ordnung.

Diese Menschen bilden Gruppen, die man Sekten nennen könnte. Wir hatten auch mit Sekten zu tun, worauf ich noch zurückkommen werde.

Das Prinzip einer Sekte ist einfach: Wenn einem von außen vorgeschrieben wird, was man zu tun und zu lassen hat, was wahr ist und was Lüge, dann handelt es sich um eine Sekte. Wenn man nicht befolgt, was vorgeschrieben wird, fliegt man sofort raus. Der Wille des einen fällt dem Willen des anderen zur Last. Die Kehle wird sanft, aber mitleidlos zugedrückt, ohne daß die betreffende Person es bemerkt. So etwas kann man nicht gesunde Trance nennen, sondern Massenhypnose oder auch Massenhysterie, und die ist fatal.

Sowohl in religiösen Kreisen wie bei den Medizinern gibt es durch diese Praktiken immer wieder Opfer. Die Opfer sind immer Menschen, die in Umständen leben, in denen sie nicht lernen dürfen, nicht lernen können oder nicht lernen wollen zu denken. Denken ist ja zu kompliziert, zu schmerzhaft, zu schlimm …

Gott, der Teufel und alles, was schwebt

Gott ist allmächtig, der Teufel mächtig, und zwischen den beiden fliegt und schwebt alles mögliche durch den Himmelsraum. Es ist völlig gleichgültig, was oben ist und was unten: Man sieht die Dinge in Abhängigkeit von seinem Standort. Auch die Zeit ist relativ. Das spürt man, wenn bei langen Flugreisen ein timelag, eine Zeitverschiebung auftritt. Wenn es nach dem eigenen Empfinden dunkel werden müßte, geht gerade die Sonne auf, und wenn es hell werden sollte, sitzt man im Flugzeug im Dunkeln und versucht sich zum Schlafen zu zwingen.

So ist das auch mit Glaubenserfahrungen. Plötzlich scheint Gott sehr böse zu werden, und er schickt Blitz und Donner vom Himmel herab.

Der Teufel erscheint wie ein Luzifer, ein Engel des Lichts, und man folgt ihm, obwohl eine innere Stimme warnt: Geh weg von ihm! – Er hat sich ja vermummt, und tatsächlich sieht man plötzlich in Augen, die einen vernichten wollen. Dann ist es ganz offenkundig der bekannte Wolf im Schafspelz. Man gibt dem Schaf ein Stück Brot, und ehe man es sich versieht, heult es furchterregend auf, statt blöde und unschuldig »Mäh« zu blöken.

Tiere kann man noch erkennen, genau wie Menschen.

Aber Gott? Wie erkennt man ihn? Vor allem als kleines Kind besitzt man noch kein Unterscheidungsvermögen.

Gott war überall, und sein Auge sah alles! Er wußte, wo man sich versteckt hatte, und wenn man etwas Verbotenes getan hatte, zog er sich zurück und überließ einem dem Teufel oder den Teufeln.

Das hast du dir selbst eingebrockt.

Er hörte sogar die Gedanken, die schon gedachten und die, die man vielleicht einmal denken wird.

Weil er vollkommen war und man selbst natürlich nur ein nichtiger Erdenwurm, lag eine unüberbrückbare Kluft zwischen ihm und einem selbst. Und als du noch nicht einmal das Wort »Gewissen« kanntest, gab es dennoch schon ein Bewußtsein seiner Existenz, ein Wissen, das wir mit ihm teilten und das ein »gemeinsames Wissen« war.

Aber er wußte natürlich alles viel besser; alle Väter wissen immer alles besser. Das soll nicht heißen, daß wir nicht unser Bestes gaben: Wir versuchten das Allerbeste daraus zu machen und erkauften ein zustimmendes Nicken von ihm oder wenigstens ein kurzes Blinzeln ... Wir suchten nach einem sichtbaren Kompliment von ihm, dort ganz oben.

Wir hörten von Erscheinungen, von Heiligen, die einfach kamen und etwas Nettes zu einem Menschen sagten.

Bernadette auf den Bergen

Zu Lourdes auf den Bergen,
erschien in einer Grott',
voller Glanz und voller Pracht,
die Mutter von Gott.

Sie sprach: »Bernadette,
du demüt'ges Kind.«
»Wer bist du«, frug 's Mädchen,
»die mich liebt so blind?«

»Ich bin die Unbefleckte, Reine,
die Mutter von Gott,
und bringe dir eine
Botschaft in diese Grott'.«

Zaïre sang dieses Lied oft und hoffte dabei, daß auch wir eine Botschaft empfangen und hören dürften, daß wir unsere Sache gut machten in dieser Welt. Aber sie hatte das Lied nicht gut verstanden und sang nicht »zu Lourdes«, sondern »Er lurt auf den Bergen« (das heißt auf Niederländisch »er lauert«) – zur großen Belustigung der Erwachsenen.

Wir verstanden vieles nicht. Wir strebten immer nach dem Tieferen oder dem Höheren, oft ohne zu begreifen, um was es in Wirklichkeit ging. Was wir in der Schule lernten, war verwirrend: Der Teufel glich Gott, und Gott glich dem Teufel. Alles schien genau umgekehrt zu sein. Und in der Nacht, wenn wir wach lagen, warteten wir auf die Erscheinung einer Heiligen.

Vielleicht heute nacht?

Es kam schon jemand, aber kein Heiliger.

Und Gott sah alles und alles an, und wir konnten nicht glauben, daß wir immer und immer noch lebten und das Feuer der Hölle uns nicht verbrannte. Von den Groschen, die wir bekamen oder stibitzten, opferten wir eine Kerze nach der anderen. *Sarah* hat es sich einmal geleistet, alle Kerzen, die in der Kirche vorrätig waren, anzuzünden und aufzustellen. Wir wollten so gern zeigen, wie sehr wir uns Mühe gaben.

Denn es gab da einiges, was uns bedrückte.

Wir wollten am liebsten dreimal am Tag beichten. Der wunderbare Moment, wenn der Pfarrer sagte, daß jetzt das Herz wieder rein sei, gab uns ein Gefühl, als ob wir fliegen könnten.

Rein? Fast rein, denn …

Der Herr Pfarrer fragte immer zum Abschluß der Beichte, ob ich vielleicht unkeusche Dinge getan hätte?

»Nein, Herr Pfarrer!«

Denn verpetzt wurde nicht, das schien eine größere Sünde zu sein als die Tat selbst. Den Vater nicht, die Mutter nicht, die Geschwister nicht, die Welt nicht, überhaupt niemand.

Aber Gott blickte grimmig wegen der Lügen des Kindes. Ich sah es, wenn wir durch den Hinterausgang, am großen Kreuz vorbei, die Kirche verließen ... Seine Augen verfolgten uns, kalt und böse, und wir rannten vorbei, ganz schnell, damit er uns nicht packen konnte. Draußen angekommen, atmeten wir erleichtert auf. Wir hatten es wieder einmal geschafft.

Meine Aufgabe bestand darin, ihm Briefe mit Fürbitten für uns alle zu schreiben und Geschichten, wie sich die Sache meiner Ansicht nach wirklich verhielt ... Aber sie waren zu gewagt, und ich aß sie wieder auf. Das sah er allerdings auch, denn er konnte das Innere nach außen kehren, so daß das Äußere nach innen kam.

Je älter wir wurden, desto größer wurde der Abstand zwischen ihm und uns. Und wenn wir von ihm auch alles wissen wollten und fragten – der Himmel gab uns keine direkte Antwort. Aber wir bekamen immer mehr fromme Alterpersonen, die uns in unserem Glauben unterstützten.

Der Teufel war auch da, und er lachte und knirschte mit den Zähnen, genau wie wir mit den Zähnen knirschten.

Mensch und Teufel waren sich sehr ähnlich, vor allem im Dunkeln. Wer war dann Mensch, wer Teufel? In der Einsamkeit, unterm Bett, im Schrank, in der Schule, beim Spielen und beim Vergnügen?

Wir schufen Alterpersonen, die unabhängig voneinander lebten, als Lösung für unser Leben in Extremen. Einige gefielen dem Teufel, andere entschieden sich für Gott. Und beide Parteien wurden für ihre Schlauheit gerühmt.

Je öfter wir in den Spiegel schauten, desto mehr Alterpersonen sahen wir, die wir noch nie zuvor gesehen hatten. Aber ihre Handlungen und Haltungen waren uns komischerweise gleichzeitig sehr vertraut.

Fragen Sie mich nicht, wie die Alterpersonen zu ihren Namen gekommen sind. Ich weiß es nicht. Aber ich weiß, daß nie eine neue Alterperson ohne Namen zu uns kam. Wie das in so einem Kinderhirn und Kinderherzen vor sich geht, das weiß ich nicht, aber es geht jedenfalls.

Die Existenz von zwei Gruppen innerer Personen, eine für Gott und eine für den Teufel, war eine große Hilfe für den Erhalt des Friedens. Wurde der Teufel böse, arbeiteten wir mit dem Bösen zusammen; wurde Gott böse, fielen wir ständig auf die Knie und beteten immerzu und sagten, daß wir ihn sehr lieb hätten.

Gruppen von Alterpersonen wuchsen und gediehen. Es gab welche für die Schule, für daheim, für die Kirche, für unkeusche Spiele, solche, die mit den »toten« Seelen, und solche, die mit den lebenden Geistern, mit den Engeln umgehen konnten, sowie solche, die als Botschafter fungierten und uns oft warnten.

All diese Mächte und Kräfte haben ihre eigenen Ziele, und wir paßten uns ihnen blindlings an.

Zum Beispiel die Seelen:

Wir bekamen schon als kleine Kinder Kontakt zu vielen Seelen. Einmal im Jahr war Allerseelen. An dem Tag hatten die Kinder schulfrei und gingen meist zum Fischen oder Fußballspielen. Wir jedoch waren an dem Tag vollauf beschäftigt, denn der Tag war für uns gedacht.

Nach dem Frühstück gingen wir in die Kirche und knieten nieder, um für die erste Seele zu beten, die im Fegefeuer brennen mußte.

Himmel, Hölle und Fegefeuer: das sind die drei Seinsmöglichkeiten nach dem Tod, so hatten wir es gelernt. Der

Himmel ist nur für wenige bestimmt, das Fegefeuer für die meisten Menschen, und die Hölle ist von vornherein ohne Hoffnung. Was für eine Gnade, daß es das Fegefeuer gab! Wie gut hatte Gott das eingerichtet! Bedeutete das Fegefeuer nicht Hoffnung?

So lautete die Lehre, und wir glaubten daran.

Allerseelen war für die Seelen da, die im Fegefeuer jammerten und weinten. Wir hörten das Jammern in unseren Ohren. Es war unerträglich, und deshalb fingen wir von dem Moment, in dem die Kirchentür aufging, an, für sie zu beten, und wir wagten erst wieder, damit aufzuhören, wenn der Herr Pfarrer die Kirche wieder abgeschlossen hatte.

Wie kommt ein sechsjähriges Kind zu so einem Verantwortungsgefühl? Auf die Knie, beug dich tief ... *Sarah* hörte eine Seele jammern und betete sich die Seele aus dem Leib. Wenn das Jammern in den Ohren dann ein bißchen nachließ, hoffte sie, daß die Seele jetzt über die Schwelle in den Himmel eintreten durfte. Dann empfand *Sarah* in ihrem Herzen ein tiefes Glück.

Es war schade, daß sie sich nicht um mehrere Seelen gleichzeitig kümmern durfte. Aber das war die Regel, also mußte sie aufstehen, die Kirche verlassen und für die nächste Seele wieder hineingehen. Und je mehr sich *Sarah* anstrengte, desto mehr Seelen meldeten sich bei ihr. Sie meldeten sich aus der Verzweiflung, die eine Seele spürt, die vom Bitten und Flehen eines Menschenkindes abhängig ist, um am ewigen Hochzeitsmahl teilnehmen zu dürfen.

Wenn man nun glaubt, nach diesem einen langen Tag unablässigen Betens sei für ein Jahr wieder Ruhe eingekehrt, täuscht man sich. Wir hatten begriffen, daß die Seelen nicht nur an diesem einen Tag im Jahr von uns abhängig waren, sondern daß man ihnen Tag und Nacht helfen mußte, das ganze Jahr über.

Wil ist unser Denker. Er philosophierte drauflos und holte seine Information aus der Welt der Seelen und nicht aus der Welt der Lebenden. Durch sein Philosophieren wurden die gläubigen Alterpersonen zur Treue gegenüber den Seelen erzogen. Sie übernahmen für manche Seele die Verantwortung.

Engel, Mächte und Kräfte, die guten wie die bösen, lebten mit uns zusammen, genauso konkret wie der Vater, die Mutter, die Geschwister. Auch die Engel waren eingeteilt in gute und böse, aber wir konnten sie kaum unterscheiden. Wenn wir selbst überzeugt waren, etwas Gutes zu tun, die Leute aber sagten, es wäre falsch, dann bekamen wir gnadenlos eins drauf.

Die Bücher sagten uns das eine, die Erwachsenen das Gegenteil.

Weil wir uns schon längst von unserem Körper distanziert hatten, war es einfach, zu allem, was »schwebt«, Kontakt aufzunehmen. Es konnte vorkommen, daß wir schon im voraus wußten, daß ein bestimmtes Ereignis eintreten würde. Wir hörten *Zusta* zu einem Klassenkameraden sagen: Du wirst ins Wasser fallen, dort am Wald ... Ein paar Tage später fiel er mit seinem Fahrrad und allem Drum und Dran in den schlammigen Bach. Solche Vorgefühle sind den Leuten unheimlich, und aus Angst schicken sie einen weg: »Mach, daß du wegkommst!«

Die erste Bekanntschaft mit dem Tod, über die heute geschrieben werden kann, ist der Tod der Schwester. Das plötzliche Verschwinden einer geliebten Schwester hat uns einen großen Schock versetzt.

Plötzlich?

Zwei Tage zuvor hatte unsere Innenperson *Klazina* einen deutlichen Traum. Sie träumte von viel Blut und von der Schwester, die rief. Zuerst war das Rufen laut, wurde dann aber immer leiser, bis es nur noch ein Flüstern war. Dann war alles vorüber, und ein Baby weinte. Wir standen mit den Schuhen im Blut, und ich berührte die Schwester und schrieb darüber. Im Traum standen wir um sie herum und fühlten uns eins mit der ganzen Familie. Wie konnte das sein? Als wir aufwachten, war unser ganzes System durcheinandergeraten, was etwas Furchtbares ist.

In der nächsten Nacht hatte *Dora* im Krankenhaus Nachtwache (wir arbeiteten damals als Krankenschwester), und sie machte alles verkehrt. Wenn sie etwas vorbereitete, etwa die Spritzen, fielen sie ihr aus der Hand. Sie war so zerstreut wie jemand, der seine Gedanken nicht mehr zusammenhalten kann. Eine Kollegin fragte, was denn mit ihr los wäre; denn auf *Dora* war sonst immer absolut Verlaß. *Dora* erzählte von dem abscheulichen Traum, und sie ließ *Wak* schrecklich weinen. *Wak* weint für uns, wie ich schon gesagt habe. *Wak* weint für jeden, der es sehr nötig hat.

Dora wurde getröstet, und keine zwei Stunden später, beim Morgengrauen, klingelte das Telefon. *Dora* stand wie angenagelt und sagte sofort: »Laß nur, der Anruf ist für mich.« Und wirklich, es war für *Dora*. Ihre Schwester sei nach der Entbindung am Verbluten, und sie solle doch kommen.

Sie kam zu spät.

Wir wollten noch so viel sagen und erzählen und fragen und zuhören, aber sie war nicht mehr da. Nur noch konsternierte Menschen und ein kerngesundes Baby, ein ganz niedliches Mädchen.

Tote können sprechen. Wir sprachen mit den Toten und auch mit der toten Schwester; *Zusta* und *Vivian* führten lange Gespräche mit ihr und anderen, aber wieder andere sagten, daß das mit dem Teufel zuginge, und so wurden wir immer mehr zu Kindern der Hölle – was wir sowieso schon von uns glaubten.

Dann kam die Zeit der Sekten. Eine Sekte ist eine Gruppe

von Menschen, Herdentieren, die ein großes Bedürfnis nach Führung haben. Sie möchten am liebsten gar nicht selbst denken: nicht nach links, nicht nach rechts, sondern geradeaus im Gleichschritt mit allen anderen.

Der Anführer hat im allgemeinen eine herausragende Stellung und zieht Menschen mit Minderwertigkeitsgefühlen an. Das System funktioniert so: Honig um den Mund schmieren, den Anführern in den Hintern kriechen, sich lieb Kind machen und so der Verdammnis entkommen und schließlich Streicheleinheiten bekommen.

Gott ist im Himmel, und der Sektenführer sitzt zu Seiner Rechten. Der Anführer hat die Ehre, im Namen des Höchsten zu sprechen, zu verurteilen, zu handeln, abzuweisen. Er hat die Vollmacht, Menschen direkt dem Satan auszuliefern, während Hunderte von Menschen zuhören und dem Opfer im selben Moment den Rücken zukehren.

Es muß Blut fließen, geschrien werden, da müssen Feinde jubelnd geschlagen und unverständliche Töne produziert werden ... Denn, es geht um diesen einzigen Gott, der nur noch die allerbeste Gruppe liebt, zumindest, wenn die Gruppe ...

Je williger sich die Gruppe zeigt, um so deutlicher spricht Gott und desto schneller flieht der Teufel.

Und wie steht es dabei um den Teufel? Alterpersonen, die ihn gut kannten, sagen, daß er sich ins Fäustchen lachte; er lachte sich krank und kugelte sich auf dem Boden vor Freude.

Die Menschen mußten sich verneigen, verneigen und noch einmal verneigen. Gott will Einheit, will den Geist der Masse bündeln ... Und die Gläubigen gehen über Leichen. So beten sie sogar den Tod von Menschen herbei.

Völlig kopflos rannten die Alterpersonen durcheinander. Sie widersprachen einander heftig. Einerseits wollte man gerne dazugehören, andererseits aber dem Zustand entfliehen, nur traute man sich nicht.

Die Fluchtpersonen haben es schließlich doch geschafft: Wir haben die Sekte verlassen.

Es werden noch ziemlich viele Therapiesitzungen nötig sein, um den Erfahrungen mit der Sekte Raum zu geben.

Man muß den Mut haben, mit leeren Händen dazustehen und einen neuen Anfang zu machen. Wenn man sich dazu entschlossen hat, ist schon die Hälfte des Problems gelöst. Der Mensch kann dann offen Fragen stellen, zuhören und Einkehr halten.

Durch die aufkommende Ruhe – alle Last, auch die Panik, fällt von einem ab – entsteht Übersicht, und man läuft nicht mehr allem hinterher. Man traut sich, sich bedenklichen Praktiken zu verweigern.

Die Inspiration durch die Welt der Seelen darf nicht unterschätzt werden. Sie beeinflußt einen – und umgekehrt. Der Abstand zwischen Menschen muß keine Kluft sein: für geistigen Kontakt ist körperliche Nähe nicht unabdingbar.

Das Leid der Opfer in fernen Ländern, das durch das Fernsehen in den Wohnzimmern zu sehen ist, macht viele Leute machtlos. Warum?

Man überweist Geld auf die Konten, die unmittelbar nach den Bildern eingeblendet werden, und fühlt sich gut, wenn man hört, daß von dem Geld Mehl, Käse und Eier gekauft werden können.

Aber in deinem Kopf sind die Menschen nicht so weit entfernt. *Zusta* ist so eine Person, die beim Abwaschen oder Staubsaugen – den typischen Arbeiten, bei denen man nie nachdenken muß – sich im Geist an die Arbeit macht.

Man liest in der Zeitung von einem verstorbenen Kind, einem Mann, einer Frau und kann sich an den zehn Fingern abzählen, daß dort eine große Trauer herrscht. *Zusta* denkt dann ganz intensiv an diese Person oder an die Gruppe und übermittelt ihnen positive Gedanken und Trostworte. Sie nimmt Kontakt mit ihnen auf, ohne zum Beispiel in ein Flugzeug zu steigen, und gibt die gute Botschaft weiter. Weil sie davon überzeugt ist, daß es ankommt, kann sie nach einer Weile wieder an etwas anderes denken.

Dasselbe geht auch genau umgekehrt: Alles ist ruhig, und plötzlich hat sie einen Geistesblitz, und ihr fallen gute Worte ein; da ist sie dann inspiriert, als sei sie auf eine bestimmte Wellenlänge eingestellt. Solche Ereignisse geben dem Leben einen tiefen Sinn.

Früher wollten wir solchen Anstößen sofort folgen und handeln. Wir haben jetzt gelernt, damit umzugehen und lassen uns nicht mehr davon überfahren. Es gab auch andauernde Alpträume, die einen zum Rennen und Weiterhetzen bringen wollten, als ob einem einer im Nacken säße. Wir haben gelernt, eine Kehrtwendung zu machen, um den Fluchtneigungen Einhalt zu gebieten, um zuerst einmal zu überlegen und um nicht länger Opfer zu sein, nicht mehr Wachs in den Händen anderer.

Wir trauen uns jetzt, jedem in die Augen zu schauen und zu sagen, daß schließlich alles ein gutes Ende finden wird, trotz allem, was krumm und schief gewachsen ist, trotz unseres nächtelangen Rennens, barfuß durch die Straßen, unter lautem Rufen, der Satan solle uns holen.

Ich glaube an Gott, an Christus, an das Gute im Menschen, aber auch an das Böse. Ich weiß, daß zwischen der sichtbaren und der unsichtbaren Welt Krieg herrscht und daß der Machtkampf unablässig weitergeht. Ich weiß auch, daß das Schwache in uns durch allerlei Umwege lernen muß auszuharren, oft wider besseres Wissen.

Ich weiß auch, daß aus vielen Richtungen neue Töne zu hören sind:

»Nehmt euch an den Händen, schließt den Kreis, seid tapfer, treu und mild in eurem Urteil und habt keine Angst vor der Übermacht, die euch überfällt, seid nicht müßig und traut euch, gegen den Strom zu schwimmen. Gesteht euch zu, klein zu sein mit den Kleinen und stark mit den Starken. Wisset, daß nichts dem Zufall unterworfen ist und alles auf Ausgleich und Gleichgewicht zustrebt.«

Integration, Teilnahme und Ruhe

Integration ist mein Lieblingsthema. Ich habe mich sehr danach gesehnt, darüber schreiben zu können. Es ist ein Thema, das mich tief aufrührt, und ich hoffe, diese Rührung auf den Leser übertragen zu können.

Alterpersonen ... Männer, Frauen, Kinder. Große Figuren, kleine Figuren, Denker, Spinner, Geschwätzige, Mundtot-Gemachte, Huren, Helfer, *Mutter* – alles Alterpersonen, die in verschiedenen Schichten der Seele biwakieren, die ihren Platz kennen, ihre Aufgabe im System. Personen, die höchst unterschiedlich sind und dennoch diesen gemeinsamen Körper zu nutzen wissen.

Es ist seltsam, für mich wie für die Personen, die mir dabei über die Schulter geblickt haben, dieses Buch abzuschließen. Die Alterpersonen sind ein gemischtes Publikum, und es gibt die unterschiedlichsten Reaktionen auf die bizarren Linien und Konturen der anderen.

Versuchen wir mal, *Karel* an die Hand zu nehmen.

Nein, das möchte er nicht. »Lauf nur hinter mir her«, sagt er.

Wird gemacht. Dann gehen wir eben hinter *Karel* her. Er hat den Körper ausgeliehen – oder gestohlen – und ist wegen irgendeiner Sache unterwegs. Er geht davon aus, daß die Menschen ihn sehen, wie er sich selbst sieht: blonde Locken, große Augen, hochgewachsen und kräftig, riesige Füße. Er weiß, daß er jung und kräftig ist, kein Denker, sondern ein Macher.

Die Menschen sehen aber *Liz.*

Es ist etwas vorgefallen. Irgend etwas hat uns weh getan, und *Karel* will uns verteidigen. Das geht etwa so:

Wir haben beim Autofahren die Orientierung verloren, und alle wissen, daß unsicheres Fahren in der Hektik des Verkehrs nicht geduldet wird. In kürzester Zeit blinkt und hupt es hinter dir. Du sollst dich ein bißchen beeilen. Im Spiegel siehst du den Fahrer hinter dir heftig gestikulieren, und er zeigt dir tatsächlich einen Vogel. (Frauen tun das übrigens weniger schnell.)

Leider gibt es noch viele Alterpersonen mit einer solch passiven Einstellung wie: Wie möchten Sie es denn gern haben? Wir fahren also stur weiter und wissen schon lange nicht mehr, wo wir sind. Anderen zur Last fallen und nach dem Weg fragen ist verboten.

Aber wenn *Karel* kommt, stellt er sofort den Motor ab und tobt schon beim Aussteigen. Zuerst hat er uns aus dem Körper geworfen, damit er keinen Widerstand von seinem eigenen Fleisch und Blut bekommt. Dann geht er mit langen Schritten auf den Fahrer hinter uns zu, und wenn er schlecht drauf ist, schüttelt er den Fahrer derart, daß dem der Schädel brummt.

Meist ist der Fahrer so verdutzt, daß es glimpflich abgeht und er sich sogar noch bei *Karel* entschuldigt. Aber es ist auch schon vorgekommen, daß die Sache in ein Handgemenge ausgeartet ist.

Schließlich steigt *Karel* wieder ein und tritt einen Schritt zur Seite, damit wir wieder in Ruhe herausfinden können, wo wir sind. Aber er bleibt wachsam, bis wir wieder losfahren.

Weil die Alterpersonen in ihrem Verhalten extrem verschieden sind, fällt bei MPS schnell das Wort Schizophrenie. Dabei handelt es sich jedoch um etwas völlig anderes.

Wir spalten uns nicht – wir sondern uns in eigenständige Fragmente ab, von denen jedes eine Seele und einen Körper hat. So empfinden wir es, und so handeln wir auch. Der Sinn liegt darin, andere Innenpersonen zu schützen. Die Alterpersonen sind also keine Einzelkämpfer, sondern es gibt ein gemeinsames Bemühen, das mit Hilfe separater Leben umgesetzt wird. Eine endgültige Heilung kann erst erreicht werden, wenn die Sicherheit umfassend gewährleistet ist; dann kann das System aufgehoben werden.

Jeder Mensch, der nicht mißhandelt wurde, kennt Charakterzüge, Stimmungen, verschiedene Interessen … Das erlebt er als eine gesunde Einheit, die in einem einzigen Körper untergebracht ist. Die verschiedenen Stimmungen und Charakterzüge zwingen jeden Menschen, Entscheidungen zu treffen, die ihm leichter oder auch schwerer fallen.

Einem Multiplen fallen solche Entscheidungen schwer, und in seinem jeweiligen System gilt das Gesetz des Schnellsten. Wer am schnellsten ist, gewinnt. Weil wir einander besser kennenlernen, wodurch unsere gegenseitige Achtung wächst, und weil wir uns um Kooperation bemühen, entsteht allmählich, aber unaufhaltsam, der Wunsch, eins zu werden. Die Integration kommt nicht durch einen Therapeuten, der sagt: Langsam wird es Zeit, daß ihr integriert werdet. Nein, der Wunsch und das Verlangen nach Integration, nach dem Aufgehen im Kern, der *Liz* heißt, wächst in uns selbst.

Bei *Liz* ist der Kern, der Stein, das Herz, die Basis, der Grund. Die Alterperson, die wirklich mit sich selbst im Reinen ist und alle anderen, die in der Therapie die Lebensgeschichte mitangehört haben, empfinden ein selbstverständliches und tiefes Verlangen, die entsprechende Funktion oder Position an *Liz* abzugeben. Früher bestand die Nowendigkeit, diese Alterperson zu schaffen, heute kann sie wieder im Ganzen aufgehen.

Früher war früher, heute ist heute.

Integrieren bedeutet, die Verkörperung dessen aufzugeben, was diese Alterperson vorher war, getan hat usw. Der Körper, mit dem sie immer gelebt hat, wird abgeliefert, um es einmal platt auszudrücken. Dazu braucht es viel Mut und klare Erkenntnis. Die Alterperson weiß, daß sie oder er natürlich im Kern weiterleben kann, jedoch nie mehr selbständig.

Jede Alterperson, die sich integriert – und im Laufe der Jahre sind das sehr viele gewesen –, trifft ganz allein für sich diese Entscheidung. Ich möchte die verschiedenen Möglichkeiten, wie das vor sich gehen kann, beschreiben.

Die vollständige Integration, die zu einer totalen Verschmelzung führt, habe ich bereits angedeutet: Eine Alterperson ist dazu bereit, und die anderen sind darüber sehr froh, auch wenn sie gleichzeitig traurig über diesen Abschied sind. Du wirst der Person nie mehr in der Form begegnen, wie sie oder er ausgesehen hat, mit ihren Eigenschaften und Spinnereien. Stärker als die Trauer ist jedoch die Freude über den Sieg.

Zur teilweisen Integration kommt es, wenn Alterpersonen völlig erschöpft sind, ihre Geschichte ausspucken und nichts weiter wollen, als im Kern bei *Liz* Ruhe finden. Wie es dann weitergeht, warten sie erst mal ab.

Liz ist liebevoll und nimmt sie mit viel Wärme in sich auf. Sie können noch ein- und ausgehen, das funktioniert ausgezeichnet. Für *Liz* ist es jedoch ermüdend, weil es sich für sie anfühlt, als ob in ihrem Bauch Sechslinge herumzappelten.

Dann gibt es noch die Notintegration. Eine Alterperson gerät tief in ein Wiedererleben einer Situation aus der Kindheit. Das Erlebnis ist jedoch zu entsetzlich, als daß sie es preisgeben möchte oder könnte. Deshalb möchte sie nicht mehr weiterleben. Es kommt zu einem »persönlichen Gespräch« zwischen *Liz* und dieser Person, in dem sie *Liz* und allen anderen Alterpersonen verspricht, eines Tages – wenn die anderen soweit sind, daß sie die Geschichte ertragen können – davon zu berichten.

Der oder die Betreffende flüstert *Liz* die Geschichte ins Ohr. Sie ist dann tage-, oft wochenlang völlig aufgelöst, nimmt jedoch ohne Zögern die Alterperson in sich auf. In ihr rumort und wütet es tage- und wochenlang, manchmal sogar über Monate. Es kann vorkommen, daß die Alterperson nicht den richtigen Platz in *Liz* finden kann und *Liz* weiterhin voll und ganz die Verantwortung für sie trägt.

Eine Integration ist ein Grund zur Freude, eine Art bestandene Reifeprüfung. Es ist auch wie ein Abschiednehmen von deinen Klassenkameraden, mit denen du jahrelang umgegangen bist. Jeder geht jetzt seinen Weg.

Wie muß man sich dieses Integrieren vorstellen?

Zuerst bereitet sich eine Alterperson vor; das heißt, er oder sie fragt sich:

Wer bin ich eigentlich?

Weshalb habe ich diese Aufgabe übernommen?

Wie bin ich entstanden?

Wie sehe ich die anderen, die um mich herum sind?

Vertraue ich meinem Therapeuten?

Traue ich mich, in meine Seele zu schauen, oder fliehe ich lieber vor meiner eigenen Wirklichkeit?

Wie sorge ich dafür, daß alle Alterpersonen einigermaßen auf meine Geschichte vorbereitet sind und nicht zu sehr davon schockiert sein werden?

Der Leser wird verstehen, daß ich hier auf die Tatsache hinweise, daß die Alterpersonen ihre gegenseitigen Lebensgeschichten zunächst nicht kennen. Das Leid der Erinnerungen war ja zerrissen und untereinander verteilt! Sobald endlich eine Alterperson das Schweigen bricht, muß sie auch die Verantwortung dafür übernehmen.

Es ist wichtig zu lernen, Verantwortung für das zu übernehmen, was man sagt. Eine Vorbedingung für die Integration besteht darin, daß die Situation sicher bleiben muß, für einen selbst, für die anderen Alterpersonen und für die, mit denen man lebt. Erst danach kann man entscheiden, welche weiteren Entwicklungen das Leben nehmen wird.

Sobald eine Alterperson einmal von sich selbst erzählt hat, ist eine völlig neue Situation da. Er oder sie selbst und auch die anderen wissen jetzt von seiner oder ihrer Anwesenheit und von den Gründen, die zu ihrer Entstehung geführt haben. Das impliziert zum einen, daß man nie wieder weggeschoben werden muß, aber auch, daß man sich nie wieder verstecken muß, sobald andere Alterpersonen das Wort haben.

Alterpersonen, die sich aussprechen, sind im allgemeinen zunächst sehr erleichtert und fühlen sich befreit. Aber die meisten fallen doch für eine Weile zurück wie ein Kind, das einen Schrecken bekommt, wenn es zum ersten Mal seine Stimme hört, sich umschaut und nicht begreift, daß es selbst derjenige ist, der dieses Geräusch hervorgebracht hat.

Dieser Schreck und der Rückfall gehen oft mit körperlichen Beschwerden einher. Plötzlich kann ich wirklich nicht ohne Brille schreiben, und es ist noch die Frage, welche Brille im Augenblick die richtige ist. Wenn ich in den Schrank schaue, sehe ich fünf Brillen nebeneinander liegen, mit unterschiedlich starken Gläsern.

Ich kann mich noch gut an die Zeit erinnern, in der ich den Augenarzt zur Verzweiflung brachte. Das eine Mal waren es Plusstärken, dann wieder Minusgläser …

Das Gehör kann aus einem völlig normal klingelnden Telefon das Läuten von Kirchenglocken machen. Kindergeschrei kann bis tief ins Gehirn dröhnen, selbst mit Echoeffekt, so daß ein einziger Ruf viermal widerhallt.

Es hat keinen Sinn, sich gegen diese lästigen Nebenwirkungen zu wehren. Dann ist es sinnvoller, darüber nachzudenken, wie der Alterperson geholfen werden kann, die so zeigen will, daß sie Probleme hat.

Eine Integration kann problemlos verlaufen oder mit großen Schmerzen und Mühen verbunden sein. Das hängt natürlich von der besonderen Konstitution des Fragments ab. Alterpersonen, die aus tiefen Schichten nach oben steigen, sind natürlich abgebrüht und dickhäutig. Wenn sie zur Integration übergehen, kämpft der Körper einen unglaublich harten Kampf, und man kann von Kopf bis Fuß sehen und erleben, wie Stückchen für Stückchen des Körpers erobert werden muß. Das Hinuntersteigen in den Körper kann dabei sehr schmerzhaft sein.

Krämpfe, starke Beklemmungen durch das Stagnieren des Atems, Hirnkrämpfe, Herzrhythmusstörungen, Taubheitsgefühle in Armen und Beinen: das alles sind Reaktionen, die wir kennengelernt haben.

Typen wie tanzende Schneeflocken gehen dagegen fast schwebend ein. Sie sitzen, liegen oder stehen neben *Liz'* Körper, reichen ihr die Hände, schmiegen sich an sie und lassen sich leise wie Blätter, die auf dem Wasser schwimmen, vom Kern mittragen.

Alle Alterpersonen, die integriert sind, sagen, daß für sie alles übersichtlicher und sicherer geworden ist.

Das größte Problem für jede Innenperson liegt darin, daß sie oder er die eigenen spezifischen Eigenschaften abgegeben hat. Sie oder er hat Schwierigkeiten damit, daß diese Eigenschaften nun allen gehören. So etwas kann mit keiner Alterperson vorher besprochen werden, das ist eine Sache, die selbst erlebt werden und akzeptiert werden muß.

Gerrit, unser Hasser, der seinen Dolch als Garant der Sicherheit und als besten Freund an der Hüfte trägt, läuft in der täglichen Bemühung fest, lieben zu lernen. Er muß einsehen lernen, daß nicht einmal der ärgste Feind sofort erstochen werden muß. Das leuchtet ihm nicht ein, und er entwickelt sich de facto genau entgegengesetzt.

Je besser sich die Zusammenarbeit anläßt, desto öfter werden Dolch und Messer gezogen. Denn *Gerrit* ist davon überzeugt, daß jeder, außer ihm, sich von Marko van Gerven hinters Licht führen läßt. Dadurch ist er wachsamer denn je.

Darunter leidet jeder, und eines Tages fixieren wir uns selbst aus Angst, *Gerrit* könne den Therapeuten, aber auch die Kinder und jeden anderen, mit seinem abgrundtiefen Haß über den Haufen rennen.

Aber vor allem die weiblichen Alterpersonen und Markos ständig ausgestreckte Hand können ihn jedesmal wieder von seinen festgefahrenen Gefühlen abbringen.

Einmal konnte ihn der stellvertretende Arzt, Dr. Minne, in einer Krise ablenken, indem er ihm die Sterne zeigte.

»Sieh dir die Sterne an, *Gerrit*, und erzähl mir, was du siehst.«

In dieser Nacht konnte *Gerrit* den Drang, zu töten und zu verbrennen, in ein vorsichtiges Hinaufschielen zu den glänzenden Sternen dort oben am Himmel umlenken. Alles, was sich bewegte und Farben hatte, war für *Gerrit* eine Zielscheibe. Aber was dort oben glitzerte, war zu weit weg, um bedrohlich zu sein. Und trotzdem bewegte es sich. Das Betrachten der Sterne erwies sich als Möglichkeit der Öffnung für eine neue Erkenntnis: Es gibt Dinge, die niemand bedrohen.

Zusta und *Vivian* kauften für ihn Bücher und legten sie an verschiedenen Stellen unauffällig hin. Daraus wurde vorgelesen, und so wurde seine Aufmerksamkeit gefesselt. *Gerrit* selbst konnte nicht lesen.

Als sich die schlimmsten Zustände *Gerrits* ein wenig beruhigt hatten, konnten wir anfangen, ihn für die Integration zu erwärmen.

»*Gerrit*, wenn du in *Liz* bist, kannst du lesen, schreiben und gut sehen ... Du bist dann nicht mehr zwei Meter groß, nicht mehr so mager, daß man all deine Knochen zählen kann ... Du brauchst nie mehr mit dem Dolch loszuziehen und kannst ganz allein alles über Sterne und Monde und die Sonne lernen.«

Zuerst konnte er seinen Ohren nicht trauen. Mit *Gerrit* war kein normales Gespräch möglich, aber er hörte schon zu, und weil er gern alles glauben wollte, wuchs in ihm leise der Wunsch nach Integration.

So wurde die Urgewalt des Hasses aufgeweicht, für die *Gerrit* steht und die sich mehrfach in blinder Messerstecherei geäußert hatte. Schließlich konnte sich *Gerrit* sogar vorstellen, Dr. van Gervens Freund zu werden.

Wir bereiteten uns auf *Gerrits* Integration vor, aber er war zwei Meter groß – ja noch größer, wie sich herausstellte –, hart und schmal wie eine Zaunlatte. Wir entschieden uns gemeinsam für die Einzelzelle. Dort wurde, indem wir die Kräfte der Alterpersonen gut bündelten, die Situation so sicher wie möglich gemacht: wir stellten vorher klar, wer für die Kindpersonen sorgen sollte – das wurde Markos Aufgabe – und wie *Liz* am besten diesen Körper auffangen konnte. Niemand sollte vor unvorhergesehene Situationen gestellt werden. So eine Vorbereitung wirkt wie ein Bett aus Rosenblättern.

Ich las einmal einen Aphorismus über einen Optimisten:

Ich muß wohl auf einem Bett von Rosen liegen,
denn ich spüre die Dornen in meinem Fleisch!

An diesen Spruch mußte ich während *Gerrits* Integration in *Liz* denken.

Liz liegt schon gespannt und mit hoffnungsvoller Erwartung, während *Gerrit* noch unruhig auf und ab läuft. Marko hat seinen Platz eingenommen und wartet geduldig, bis *Gerrit* sich wieder in der Hand hat. Die Nervosität heult durch *Gerrits* Kehle: Er muß jetzt loslassen und Mut bekommen und glauben, daß das Leben auch ohne Dolch möglich ist und daß Liebe stärker ist als Haß, wie man das so schön zu ihm gesagt hat ... Und daß er gleich wahrscheinlich kaum mehr etwas zu sagen haben wird und daß *Liz* bestimmen wird, was zu geschehen hat ... Aber was soll denn von nun an geschehen, wenn Alterpersonen bedroht werden und *Gerrit* nicht mehr da ist?

Hunderte von Fragen rasen durch *Gerrits* Kopf, und er sieht hin und sieht *Liz* da liegen, und er sieht Marko ruhig dasitzen, und ihm wird kotzübel vor sich selbst, und er möchte weglaufen und schreien, daß alle außer ihm im Unrecht sind. Ihm fehlt schon jetzt sein Dolch, wie soll das dann später werden?

Als er ihn noch bei sich hatte, hat er da nicht alle gerettet?

»Du weißt es, *Gerrit*«, sagt Markos ruhige Stimme. »Richte die Augen auf *Liz*, vertraue ihr!«

Er sieht *Liz*, und er blickt in ihre Augen, und plötzlich will er durch diese Augen sehen, die es ertragen können, wenn sich etwas bewegt, die nicht verrückt werden von all den unruhigen Menschen, Kindern und Farben.

Er versucht vorsichtig, sich hinzulegen, aber es paßt überhaupt nicht. Nur gut, daß Marko *Gerrit* darauf vorbereitet hat, sonst wäre er jetzt noch schreiend weggelaufen.

»Wir messen und versuchen es. Zuerst die Füße, leg die Füße auf die von *Liz, Gerrit.*«

Gerrit wird jetzt ruhig und will sich einfinden. Er richtet den Blick auf *Liz*, und die nickt ihm freundlich zu. So mies ist sie gar nicht.

»Die Füße sinken jetzt langsam in die von *Liz, Gerrit.*«

»Verflucht, meine Füße, sie versinken, sie versinken!!!! Hilfe, ich kann nicht mehr laufen, ich hab' sie verloren, Marko, *Marko!!!*«

Aber die inzwischen entstandene Freundschaft zwischen den Männern hilft, und schließlich läßt sich *Gerrit* leiten.

Sein Kopf ragt weit über den von *Liz* hinaus; *Gerrit* thront weit über ihr.

Und was empfindet *Liz*?

Liz spürt die zaunlattenschmale, harte, große Gestalt. Es hagelt, und dicke Hagelkörner drohen ihr die Haut zu zerreißen. Sie will schreien und weinen, tut es aber nicht, denn sie weiß, daß *Gerrit* dann völlig aus der Fassung geraten würde. Sie atmet kurz und flach, und je näher *Gerrits* Kopf durch Markos Unterstützung kommt, desto größer wird ihre Angst und ihre Trauer. Sie fühlt etwas, was sie noch nie zuvor gefühlt hat: einen immer stärkeren Haß auf all das Leid. Sie hat nie von dem Haß gewußt, den *Gerrit* mit sich herumtrug, den Haß, der einen verzehrt ...

So muß sich *Gerrit* also gefühlt haben.

Und sie weint, und *Gerrit* sagt, daß er auf halbem Weg steckenbleibt, als ob er in einen Sumpf gezogen würde, in dem es weder vor- noch zurückgeht. Von beiden Personen wird jetzt das Äußerste gefordert. *Liz* konzentriert sich auf *Gerrit*, und *Gerrit* wird zu *Liz* geführt, die wie eine Mutter ihr Kind gebärt.

Letzteres sagt *Elisabeth*, die weiß, was es heißt, während der Schmerzen des Gebärens das Kind vor sich zu sehen, das Kind, das geboren werden möchte und das den Wunsch hat, frei zu sein.

Diese beiden Impulse betasten sich gegenseitig, stoßen sich ab, ziehen sich an, und Zelle für Zelle begegnen sich die beiden Körper und werden eins. Ich, *Autorin*, schaue in stiller Bewunderung und mit äußerster Spannung diesem Schauspiel zu und fühle, daß meine Worte nicht einmal den Schein der Wirklichkeit wiedergeben können. Aber ich vertraue auf das Einfühlungsvermögen des Lesers und belasse es dabei.

Gerrit ist nicht mehr und ist dennoch vollständig da. *Liz'* Kopf und vor allem ihre Lungen haben ziemlich viel auszuhalten, denn alles steht jetzt kurz vor dem Bersten. Während sich

Gerrit klein und kleiner machen mußte, hat sich *Liz* gestreckt, als ob sie durch eine Wäschemangel gedreht würde. Sie hatte den Eindruck, wieder lernen zu müssen, wie man atmet.

Ihre Gefühle waren widersprüchlich, und sie konnte nur mit den Armen in der Luft gestikulieren, um anzudeuten, wie es sich anfühlt, Unmengen von Haß in sich zuzulassen. Dann trat eine tiefe Verwunderung in ihre Augen. Dieser Blick war der *Gerrits*. Er hatte den Blick eines Neugeborenen, befreit von einer tonnenschweren Last. Ihm wurden viele Möglichkeiten in den Schoß gelegt.

Diese vollkommene Umkehr beider »Seelen«, die von den entgegengesetzten Polen der Welt zusammengekommen waren, ist in meinen Augen ein Wunder.

Vivian, die still in einer Ecke saß und alles beobachtete, bewegte ihre Hände und modellierte in Gedanken *Gerrit* und *Liz*, wie sie sich ineinanderflochten und ineinanderflossen. Immer, wenn ihre Hände tätig sind, entsteht Ruhe. Unbewußt beruhigte sie *Liz*, die verzweifelt kämpfte, um dem Haß einen Platz anzuweisen, um den Haß aufnehmen und annehmen zu können.

Der harte Körper und die enorme Größe *Gerrits* geben ihr das Gefühl, sie hätte einen Eiszapfen in sich aufgenommen. Die Alterpersonen, die einigermaßen mitbekommen haben, was geschehen ist, spenden Hilfe, Trost und Wärme. Die Liebe, die sie umgibt, und das Verständnis und Einfühlungsvermögen Markos und des Pflegepersonals, die sie in ihrem Wagen herumfahren, weil sie eine Zeitlang nicht auf den Beinen stehen kann ... die Wärme der Mitpatienten, die noch nicht einmal ansatzweise begreifen, was da genau vor sich gegangen ist, die sich aber mit den Jubelnden freuen können und mit den Trauernden weinen ... die Flöte und die Gitarre und der Gesang für *Liz* ... Das alles gibt so viel Trost ...

Solche Wunder geschehen jeden Tag aufs neue. Um sie zu erkennen, muß man ein Auge dafür haben.

Das Wunder, daß …
der Lahme wieder gehen kann,
der Blinde wieder sehen kann,
der Taube wieder hören lernt,
der Haß in die Liebe aufgenommen wird,
die Liebe erhalten werden kann,
die Wunde der Vergewaltigungen wieder heilt,
das Leiden nicht mehr nötig ist.

Wie es *Gerrit* jetzt geht? Ausgezeichnet. Der Dolch liegt als Erinnerung da, als ein Beweis für angstvolle Tage, und glänzt im Tageslicht. Die Nacht wird ihn nicht mehr brauchen.

Viele Alterpersonen sind ihm in diesem Integrationsprozeß vorangegangen, viele werden ihm noch folgen, und immer wieder ist es wie beim ersten Mal: neu, fremd, aufsehenerregend, voller Angst, traurig, voller Freude … Es ist immer wieder ein Sieg, wenn jede Alterperson, unabhängig von ihrem jeweiligen Trauma, dann einen Platz findet.

Alterpersonen können auch aufeinanderzu wachsen, vor allem die jüngeren, die »unterwegs« auf Erden geboren wurden.

Wenn *Vloske* die großen Erwachsenen um sich sieht, hat sie im allgemeinen keine Probleme damit. Aber bei Marko lernt sie spielen. Umgekehrt hat sie übrigens auch Marko spielen beigebracht. Ich weiß, daß die beiden auf dem Steinweg hinter der Klinik Himmel und Hölle gespielt haben und dabei den größten Spaß zusammen hatten. So etwas weckt bei erwachsenen Alterpersonen natürlich Neid. Aber ich kann versichern, daß sich *Vloske* ihrerseits immer mehr wünschte, auch erwachsen zu sein.

Marko und *Vloske* kamen einmal nach dem Hüpfspiel mit rosigen Wangen wieder ins Zimmer und Marko sagte: »Tschüs, *Vloske*, es hat Spaß gemacht, aber jetzt werde ich wieder mit den anderen reden.« Sie mußte immer öfter schlucken, weil sie in die Welt der Kinder zurückverwiesen wurde. Und dabei dachte sie bei sich: Ich weiß mehr als all die Großen zusammen!

So fragte sie einmal, ob sie auch größer werden kann. Sie wollte einen Sprung von 10 auf 18 Jahre machen.

»Das geht, *Vloske*, mach die Augen zu und bewege dich mit allem, was in dir ist, von 10 auf 18.« Das hat angenehme, aber auch weniger angenehme Seiten. Denn Dinge, die ein Kind erlebt, können es plötzlich von gesund zu krank verändern oder umgekehrt.

So geht *Vloske* an der Hand der Innenpersonen durch die ganzen Jahre dorthin, wo sie sein möchte. Dabei kann ihr nichts geschenkt werden. Jede Alterperson muß das, was sie sich wünscht, ganz persönlich durchstehen.

Wir halten bei jedem Jahr inne, und *Vloske* sieht sich selbst und entdeckt in ihrer Erinnerung, wo sie damals gestanden hat. Sie lebte ja im Vergessen: Sie war in ihrer »inneren Person« steckengeblieben. Aber jetzt erzählen ihr die anderen Alterpersonen, wie sie ausgesehen, was sie erlebt, wo sie gewohnt hat ... Seele und Geist haben die Möglichkeit, alles noch einmal zu erleben und zu erleiden. *Vloske* durchlitt alles und wurde eine Reihe von Jahren älter. Ältere Innenpersonen zogen sie zu dem Alter hinauf, das mit der realen Welt übereinstimmt.

So etwas nenne ich »Teilnahme«.

Hochgezogen werden, dafür einstehen, sich trauen, zu sich selbst stehen ... die Frage stellen, warum wir so oft so vieles verlieren: Dinge, Zeit, Übersicht.

»Fragt einander, vielleicht weiß einer, wo die Uhr geblieben ist oder die Brille, das Auto, die Bücher.«

Zuerst meinst du, daß der Arzt verrückt ist, aber später siehst du, daß es funktioniert! Du hast nämlich nicht ohne Grund etwas vergessen, es steckt ein System dahinter. Wir haben es alle gemeinsam erfahren, auch wenn wir viele Widerstände überwinden mußten.

»Fragt, Alterpersonen, *fragt* nur«, sagte Marko.

»Weiß jemand, wo die soundsovielte Uhr geblieben ist?« Es war schon die sechste, die wir angeschafft hatten.

Stille.

»Der Betreffende soll sich bitte melden. Wir wollen nämlich gern wissen, was für ein Problem vorliegt. Wir versprechen auch, nicht böse zu werden.«

Einer fängt an zu lachen.

»Wer lacht denn da, und was ist daran so komisch?«

Stille.

»Will sich derjenige nicht melden?«

Ich sitze ein wenig abseits und höre zu. Mein Gewissen ist rein. Aber plötzlich wird mir glühend heiß, das ist nicht normal. Ich fühle glühend rote Wangen und weiß nicht, wie mir geschieht! Ich soll schreiben, blinzle aber nach links und nach rechts.

Keiner zu sehen?

Ich weiß, daß ich nichts mit dieser Schrottuhr zu tun habe, und trotzdem bekomme ich rote Wangen, sogar glühend rote.

Dann warst du es! Denn rote Wangen bedeuten, daß du der Übeltäter bist.

Ich versinke.

Switch.

Das Klassenzimmer in der Grundschule.

»Wer war es? Keiner verläßt das Klassenzimmer, und wenn wir hier sitzen, bis es dunkel wird. Wir bleiben so lange sitzen, bis sich der Übeltäter gemeldet hat!«

So donnert es, und ich gerate in Panik. Ich versuche, ganz schnell zu schreiben.

»Was machst du denn da?!«

Stampfende Schritte kommen auf mich zu, und alles wird

mit einem Schlag vom Tisch gefegt. Ich sehe große, aufgesperrte Nüstern und muß an einen Stier denken. Der Lehrer ist zum Stier geworden, und die Alterperson *Yvette*, die sieht, was ich denke, fängt an zu lachen und kann sich nicht beruhigen ... Ich gerate jetzt richtig in Panik, und ein Kleines fängt an zu weinen und ist nicht zu trösten. Ich sage, daß ich es war, daß ich alles getan habe, alles, was irgendwie nicht erlaubt ist, das alles war ich.

Ich werde von *Ellie* weggeschoben. Sie ist es, die es sagt. Sie schluchzt und gesteht.

Die Klassenkameraden dürfen nach Hause, und ich bin ganz stumm geworden wegen *Ellie*, die sagt, daß sie es getan hat, obwohl ich weiß, daß es nicht stimmt ...

Rote Wangen bedeuten, daß man der Übeltäter ist.

Der wahre Schuldige meldet sich nicht, und weil du sowieso schon längst daran gewöhnt bist, daß dir kein Erwachsener glaubt, gibst du es eben zu. Du bist dann auf jeden Fall noch vor der Dunkelheit zu Hause.

Aber die Klassenkameraden sind jetzt gegen dich aufgebracht. Und der Lehrer ist wütend. Und du kommst viel zu spät nach Hause, denn du hast dich verirrt, und keiner glaubt dir, daß du dich in deiner eigenen Umgebung verlaufen hast. So rollen oder switchen wir von der einen Alterperson zur anderen, und ich habe schon lange vergessen, daß ich bei Marko bin. Der Therapeut hat sich in den Lehrer verwandelt und das Zimmer ins Klassenzimmer.

Als ich vorsichtig in die Wirklichkeit zurückkomme, in Markos Zimmer also, habe ich total vergessen, daß es um die Uhr ging. Die verflixte Amnesie!

Ist das Wiedererleben nutzlos?

Ganz und gar nicht! Das Wiedererleben sorgt dafür, daß die Löcher des Nicht-mehr-Wissens sichtbar und erkennbar werden. Wenn man sich auf das Wiedererleben einläßt, kann man herausfinden, wo wirklich das Problem liegt.

Ohne die Spur eines Tadels darüber, daß man vielleicht zu wenig Interesse zeigte, kann einen der Therapeut wieder zu dem Punkt bringen, wo einem die Situation entglitten ist.

Die roten Wangen!

O ja, die roten Wangen, die ich immer bekomme und die andere glauben machen, ich sei die Schuldige.

Die unverdienten Strafen, in der Schule und zu Hause.

Dein Gefühl, daß alles schief geht, wenn du mit deinen blutroten Wangen auftauchst.

Ist noch Zeit übrig in der Sitzung, dann nimmt man gemeinsam den Faden wieder auf. Aber wenn die Zeit fast abgelaufen ist, ist das weniger gut. Denn wie trennt man sich?

Im Durcheinander von Gegenwart und Vergangenheit muß eine Sitzung gut und sicher abgerundet werden. Dafür nehmen wir uns immer zehn Minuten Zeit. Auch wenn jetzt noch offene Fragen da sind, wir werden jetzt abrunden! Es ist unbedingt notwendig, sicher von der Behandlung ins Alltagsleben überzugehen.

Die Uhr ist noch immer verschwunden, und wenn die bösen Alterpersonen beim Abschied vorne stehen, kann man Gift darauf nehmen, daß die erstbeste Uhr daran glauben muß, die sie auf dem Heimweg sehen.

Ich weiß es.

Was ich hier schreibe, finde ich zwar sehr schlimm, aber es ist die Wahrheit. Wenn ich auch dazusagen muß, daß es in letzter Zeit weniger heftig zugeht.

Wenn das Weggehen sehr schwer fällt und großen Kummer macht, wandern wir noch herum. Wir irren durch die Straßen auf der Suche nach Stille und Ruhe und nach einem Ort, wo dich keiner finden kann, wo keiner wohnt, wo die Bäume dir zuhören und ... wo es inzwischen dunkel wird. Dort löst sich alles in Vergessen auf, und Träume von schönen Bildern mit tanzenden Menschen sind zugelassen. Die Menschen singen und tanzen und sind fröhlich. Und *Zaïre* singt im Wald mit, und *Lava* tanzt für uns, und unsere Kleinen machen auch mit – und so wird alles wieder gut!

Das ist eine geheime Welt, die sich jetzt langsam nach außen öffnen darf.

Die Gesellschaft hat uns lange Zeit nicht anerkannt. Lange glaubten unsere Mitmenschen, wir wollten sie auf den Arm nehmen. Genau das Gegenteil war der Fall.

Wer, o wer ergründet das Lied eines Kindes,
dessen Unvermögen in der Wahrheit liegt,
die es verkündet, die man aber für Lüge hält?
Wer kann die Lügen sehen, die es erzählt,
weil es weiß,
daß die Großen das glauben,
was sie hören wollen?
Wer kann seine Welt der Hilfe verstehen,
die es um sich versammelt,
um all dem standhalten zu können?
Wer, o wer lindert seinen Schmerz?
Es selbst!
Die inneren Personen,
die eigenen Leute tragen es,
werden mehr unter Druck und
Übermacht,
so viele sind's, daß sie fast übereinander stolpern.
Sie sorgen dafür, daß es nicht verrückt wird,
sie, die glauben, allein auf der Welt zu sein,
reagieren auf die Signale der Not.
Aktion!
Als wäre es tot
und dennoch quicklebendig!

Ich umarme die Zeit, in der ich heute lebe. Ich umarme die Gegenwart, weil ich erfahre, daß immer mehr unserer Mitmenschen auf uns hören, wenn sie auch noch nicht einmal ansatzweise etwas begreifen. Sie erweisen uns Respekt, Liebe, und sie glauben an uns. Wir versprechen, damit gut umzugehen, indem wir unsererseits lernen, ihnen zu vertrauen.

So sind wir beim Vertrauen angekommen, und ich nehme den Erzählfaden von der verschwundenen Uhr wieder auf. Wir haben inzwischen gelernt, dem Arzt zu vertrauen: Anfangs hielten wir ihn für verrückt, aber jetzt wissen wir es besser.

Wenn die Mutlosigkeit die Oberhand gewinnt, wird zum Trost schnell noch eine Uhr gekauft, die soundsovielte.

In der nächsten Sitzung wurde die Uhrengeschichte wieder aufgenommen. Wir versammelten uns um den Therapeuten, und er fragte, wer etwas über die verschwundene Uhr sagen könne?

Wieder Lachen, aber jetzt viel nervöser!

Es klang fast wie Weinen.

Marko fragt nach, und da ist die Antwort, klar und deutlich:

»Im Wald weggeworfen!«

Hören wir richtig?

Ja, wir hören richtig.

Das System reagiert direkt: Das muß bestraft werden. Aber Marko kommt uns zuvor. Keine Strafen. Und er fragt: »Weshalb hast du das getan, und wie heißt du denn?«

»*Loeder*. Ich kann nie die Uhr lesen, und keiner glaubt mir, wenn ich das sage.«

Wir sind von Ratlosigkeit geschlagen.

Übrigens: die Uhrzeit abzulesen, ist für mehrere Alterpersonen eine heikle Angelegenheit. Entweder können sie die Zeiger nicht zu den Ziffern fügen, oder alles verschwimmt vor den Augen, oder es erscheint ein Spiegelbild, oder es ist nicht klar, ob der Zeiger vor oder nach zeigt oder ob nach unten oder nach oben gezählt werden muß ...

All das hat mit Alterpersonen zu tun, die ein Trauma haben, das sich auf die richtige Zeit bezieht.

Erinnerungen steigen hoch: »Weißt du denn, wie spät es ist? Was hatten wir ausgemacht? So, und? Was glaubst du? *Es ist zu spät!* – Also, geh nach oben!«

Zeit: Stunden, Wochen, Tage, Monate, Jahre, Jahrhunderte. Einfach weg. Lehrstoff verloren. Verabredungen verloren, Zeit verloren, Menschen verloren.

Dich selbst verloren.

Uhr verloren. Und dicke Tränen rollen, als *Loeder* Geschichten über diese bescheuerte Uhr erzählt und die bescheuerte Zeit und die bescheuerten Zeiger.

»Wer kann ihr in Zukunft helfen?«

Wer ihr helfen kann?

»Ja, es muß natürlich einer sein, der prima die Zeit ablesen kann.«

»Ja, ja, dann bekommt der wieder die Schuld, wenn er es nicht richtig macht!«

»Nein, keine Schuld, gemeinsam versuchen!«

Telstar bietet sich an und streckt den Finger hoch.

»Ich will helfen«, sagt sie, und wir sind von dieser einfachen Lösung beeindruckt.

Von dem Moment an ging keine einzige Uhr mehr verloren.

Und die Uhr? Die haben wir tatsächlich im Wald gefunden.

Die Ruhe bedeutet nicht, sich auf seinen Lorbeeren ausruhen zu können. Nein, diese Ruhe ist keinem Menschen auf der Welt gegeben. Die Ruhe, die wir kennengelernt haben, ist die Ruhe, sich etwas bewußt zu machen.

Es ist die Ruhe, die man braucht, um zu akzeptieren, daß man an MPS leidet, beispielsweise. Daß dieser Arzt einfach recht hat und du dich trauen mußt, deinen Kampf auf andere Ebenen zu verlagern. Daß du aufhören mußt, deinem Therapeuten ständig zu beweisen, daß du nicht krank seist, daß alles prima funktioniere, daß das, was er sagt, nicht zutreffe.

Übrigens hat es letzten Endes doch keinen Sinn, denn es gibt immer Alterpersonen, die verraten, wie der Hase läuft, und die verlieren sich nicht in schöngefärbten Träumen.

Die Wirklichkeit ist, wie sie ist. Das mußt du dir nicht beweisen, denn sonst machst du es dir nur noch schwerer, sie zu akzeptieren.

Ist es eine Schande, multipel zu sein? Nein. Aber wenn du es schon jahrelang geschafft hast, mit Hilfe des Systems der Alterpersonen den Kopf über Wasser zu halten, und nun durch die Behandlung das System durcheinandergeschüttelt wird – dann mußt du einen Augenblick heftig schlucken. Ist es dann verrückt, daß es einem schwerfällt zu akzeptieren, daß sich alles um hundertachtzig Grad drehen muß?

Ich kann schreiben und es auch sagen, daß sich die ganze Mühe gelohnt hat, hundertprozentig: die Arbeit mit den Alterpersonen und den therapeutischen Mitarbeitern. Wir haben aus den Fehlern gelernt, das Gute genossen ... Wir haben Freundschaft schätzen gelernt, haben mit eigenen Augen gesehen, daß wir nicht im Stich gelassen wurden ... Wir haben gelernt, mit der Wut umzugehen, auch wenn es noch immer nicht leicht fällt ... Wir haben gelernt, Fragen zu stellen, haben angefangen, an Gleichheit und Menschenliebe zu glauben. Es wurde Vertrauen geweckt, wir haben Achtung vor dem Körper bekommen und, auch wenn das noch neu ist, vor dem Leben. Wir haben die Todessehnsucht bewältigt und ein gutes Fundament gelegt, auf dem wir unser Haus bauen können.

Es war nicht zu spät. Wer wagt es zu sagen, daß wir zu spät kommen?

Niemand, denn wir sind einfach pünktlich.

Nachwort der *Autorin*

Ich sehe *Karel* dasitzen, hinter dem Lenkrad des Wohnmobils, mit rotverbranntem Gesicht und hochgekrempelten Ärmeln. Er lenkt den Wagen mit sicherer Hand. Im Auto hört man Kinderstimmen, das Schnarchen des Hundes, im Hintergrund leise Musik.

Neben *Karel* sitzt der Lebensgefährte.

Die Abendsonne steht schon niedrig und scheint durch das Rückfenster des Wohnmobils. Sie erzählt vom Tag, der hinter uns liegt. Ein Tag voller Sonne, Wind, Sand und Meer, vom Drachen-steigen-Lassen, Ballspielen, Raufen, von Spaß und Freude.

Ich sehe, wie *Karel* die weiten Wiesen betrachtet, die Schafe mit ihren ersten Lämmern, seine Lieblingsbäume, die Weiden, die in langen Reihen beisammenstehen.

In diesem letzten halben Jahr, was hat sich da nicht alles ereignet? Der Moment, in dem ich anfing, das Buch zu schreiben … Und jetzt, ein halbes Jahr später, werde ich am Ostermontag mit Hilfe Jelle van der Meulens letzte Hand anlegen …

Jelle. Wie sehr haben ihn einige der Alterpersonen in der kurzen Zeit schätzen gelernt, in der wir wegen der unterschiedlichsten Dinge miteinander zu tun hatten. Wir haben mit ihm Gespräche über die einzelnen Kapitel geführt, über unsere Vergangenheit, unser heutiges Leben. Und er vertraute uns vieles über sich selbst an.

Er philosophierte mit *Wil*, unserem Philosophen, über die Zeit, in der wir leben und darüber, was in der Welt um uns vor sich geht. Darüber, wie der Krieg im Unsichtbaren tobt, wo Seelen verkümmern, weil sie verletzt wurden, und die meisten merken es nicht einmal. Und wenn es doch bemerkt wird, scheint die Masse, dieses Gemenge, alles Kleine und Liebenswerte in Staub zu verwandeln.

Kriege in Krankenhäusern, Schulen, Unternehmen … Kriege im Gesundheitswesen, der Altenarbeit, der Politik … Oft werden ungewollt und von oben aufoktroyiert ganze Menschengruppen in Systeme gezwängt, aus Kostengründen. Das alles droht die Liebe und die Weisheit zu vertreiben.

Die Alterpersonen haben mit Jelle schnell Bekanntschaft gemacht, weil er offen war und problemlos mit ihnen umgehen konnte.

Vloske, mit ihrer Puppe, *Flap*, der ihm ein Stück Schokolade mit auf den Weg gab.

Vivian, die eine kleine Skulptur für ihn machte, die er liebevoll annahm.

Karel, der seine Wut bei ihm loswerden konnte und der das Faxen mit Jelle als eine phantastische Beschäftigung erlebte und dadurch begreifen gelernt hat, daß er auch jemand sein darf.

Ich erinnere mich vor allem an ein Fax, das *Karel* an Jelle schickte: »Von heute an sitze ich aufrecht in meinem Wagen und sause mit einem stolzen Gefühl über die Straßen, vor mir die wutschnaubenden Pferde, und ich weiß: Jelle hat mich gehört – *Karel.*«

Roberto, der eingreift, wenn Alterpersonen allzu begeistert von Jelle sind, oder umgekehrt, wenn Jelle in seinem eigenen Chaos versinkt und sich begeistern läßt von den Alterpersonen.

Zusta, mit ihrer Hoffnung und ihrem Einfühlungsvermögen, die viel von Jelle gelernt hat und auch ihm viel geben konnte in Angelegenheiten, die ihn bewegten.

Anita, die sich ein bißchen in ihn verliebt hatte, und ihre Freude und Geselligkeit mit ihm teilen konnte, einfach weil sie *Anita* ist, und nicht wegen ihrer Arbeit.

Ich, *Autorin*, der das Wunder widerfuhr, einem Menschen zu begegnen, der sich in jedes Wort vertiefte, das ich aufgeschrieben hatte. Er nahm die Worte in seine Hände, betrachtete und befühlte sie und sagte dann unverblümt, was sie bei ihm bewirkt hatten und wie er sich dabei fühlte, als er meine Texte las.

Er erzählte, was er selbst vom Thema wußte, und behandelte mich wie eine Kollegin. Letzteres war mir neu, weil ich selbst es noch nie gewagt hatte, mich »Autorin« zu nennen, zumindest nicht vor Fremden.

Davon hatte ich zwar schon seit meinen Kinderjahren geträumt, aber ich hatte es nie gewagt, die Eigenschaft eines Schriftstellers für mich in Anspruch zu nehmen, auch wenn ich mein Leben lang geschrieben habe. Ein größeres Geschenk als diese Ebenbürtigkeit hätte man mir nie machen können.

Dafür danke ich Jelle.

Es sind noch 27 Alterpersonen übriggeblieben; alle anderen sind im Lauf der letzten vier Jahre integriert worden. Am 1. Januar 1994 hat diese Gruppe gemeinsam beschlossen, um *Liz* herum und in dieser Position mit der bewußten Überzeugung weiterzuleben, daß wir uns nicht integrieren wollen.

Diese 27 Alterpersonen, zu denen auch ich gehöre, sind so starke Persönlichkeiten, daß die Integration für uns dasselbe wäre, wie sich lebendig begraben zu lassen. Nächstes Jahr werden wir noch hart daran arbeiten, unseren Ursprung herzuleiten. Für uns alle wurde eine Art Schema entwickelt, so daß jeder weiß, wann er oder sie an der Reihe ist, zu einem für sie oder ihn festgelegten Zeitpunkt.

Um zehn Uhr ist Sitzung, für dich allein, zwei Wochen lang.

Diese Zeit ist ganz allein nur für dich als Alterperson, um mit Hilfe des Therapeuten zu dem Zeitpunkt zurückzukehren, zu dem du entstanden bist, damit du verstehst, was du alles durchlitten hast … Dadurch kannst du Frieden mit der Person schließen, die du bist. Der Unterschied zu den früheren Alterpersonen besteht lediglich darin, daß wir uns nicht integrieren werden.

Sich selbst hören, ohne von anderen Alterpersonen weggeschoben zu werden, das ist jetzt endlich möglich!

Bei dieser Therapie sollen alle verbliebenen Alterpersonen soweit wie möglich mit zuhören, wenn die jeweilige Person mit sich selbst beschäftigt ist.

Die Alterpersonen wählten mich als erste – und auch ich entschied mich dafür –, um meiner Vergangenheit einen Platz zu geben. Am Anfang dieses Buches habe ich geschrieben, daß ich eigentlich nichts anderes bin als *Autorin* und daß das Schreiben meine eigentliche Existenzform ist. Ist jetzt die Zeit gekommen, in der ich noch mehr sein darf? Wird es gelingen? Werde ich es schaffen?

Die allgemeine Vereinbarung zwischen den Alterpersonen und dem Therapeuten heißt, daß alle Gespräche auf Band aufgezeichnet werden, damit sie später in aller Ruhe und zum selbstbestimmten Zeitpunkt noch einmal abgehört werden können – gleichgültig von wem von uns.

Meine Therapiesitzung verlief wie folgt:

Ich schloß die Augen und landete auf einer Brücke, zusammen mit dem Therapeuten. Die Brücke war hoch, hatte keine Seitenwände, und der Boden hatte Löcher. Dadurch mußte man sich sehr konzentrieren. Das Wasser unter mir strudelte und schäumte auf. Ich hatte Höhenangst. Die Brücke stieg bis zur Mitte schräg an und führte von dort aus wieder abwärts. Ich hatte große Angst, aber die ruhige Stimme des Therapeuten führte mich zu dem Punkt in der Zeit, an dem ich sein wollte: dem des Vergessens. Ich ging über die Brücke darauf zu.

»Mein erstes Buch!« hörte ich mich sagen. Ich spürte, daß mir *Rama* dabei half, die Person, die fast alles weiß. Ich hörte die Worte in meinem Kopf.

Mein erstes Buch?

Wo war es nur geblieben?

Um was ging es dabei?

Und: Warum aß ich das Papier auf?

Wie alt war ich damals?

Warum wußte ich keine Antworten auf all die Fragen?

Langsam aber sicher sah ich mich, jung und klein, und Rührung überkam mich. Ich war jetzt weit weg und dennoch in der Wirklichkeit der Gegenwart. Ich hörte zumindest noch immer deutlich die Stimme des Therapeuten.

Die Stimme führte mich. Er stellte Fragen, ohne Antworten zu geben.

Die gab *ich selbst.*

Die Stimme regte mich höchstens zum Nachdenken an, um so die Angst zu überwinden.

Darüber nachdenken, was ich mir selbst zu sagen hatte.

Bei jedem schwierigen Puzzle kommen die Teile Stück für Stück an den richtigen Platz. Das ist auch so mit meiner Geschichte.

Ich sah wieder mein Buch.

Ich konnte die Kerben sehen, die ich am Rand gemacht

hatte, die Zeichnungen, die ich als Randverzierung gezeichnet hatte. Ich erinnerte mich an meine Schlauheit: mein Buch war nie zu Ende, weil ich einfach immer wieder neue saubere Blätter dazuklebte.

Die Erinnerungen, die vollkommen verschwunden schienen, sickerten zuerst in einem dünnen Strahl herein, dann strömten sie allmählich immer mehr. Ich spürte eine neue Liebe, die Liebe zu dem Kind in mir.

Ich konnte um das kleine Mädchen weinen, es umarmen, es immer wieder ansehen. Ich wußte wieder, wie ich ausgesehen hatte, früher.

Ich konnte nicht wütend werden, und einen Moment spürte ich *Karel* ganz nah, der fast erstickte an seiner Wut über das, was er hörte, über das, was ich erzählte, und darüber, daß ich selbst nicht wütend wurde.

Aber die Regel lautet, daß die anderen Alterpersonen sich nicht mehr einmischen dürfen.

Ich verstand, daß dieser Moment mir nur einen kleinen Eindruck von meinem Ursprung geben konnte und daß ich das noch weiter werde ausarbeiten müssen.

Gemeinsam mit Mary habe ich damit angefangen, mit Holzkohle.

Bei der zweiten Sitzung knie ich am Rand einer Grube mit schwarzer Erde. In der Grube liegt die kleine *Noortje*, hilflos, kalt und nackt.

Ich habe immer gespürt, daß *Noortje* meine kleine Schwester war, für die ich auch geschrieben habe. Sie war damals in der Erde zurückgeblieben, und deshalb schrieb ich auch in die Erde. Sie hat mein Kindsein erhalten.

Letzteres verstehe ich erst jetzt, beim Aufschreiben.

Meine Arme streckten sich nach ihr aus, und meine Hände umfaßten ihren kleinen Körper.

Das ist die Wirklichkeit, nicht mehr und nicht weniger.

Ich habe *Noortje* noch nicht herausgezogen.

Ich bin aber auch froh darüber, daß ich gerade keinen Stift in der Hand halte.

Einen Moment lang nicht.

Mit dieser Wirklichkeit im Kopf nehme ich Abschied von diesem Buch. Ich lege es aus der Hand und übergebe es den Lesern. Ich bin glücklicher als damals, als ich zu schreiben begann.

Denn: Ich weiß jetzt auch ohne Stift, wer ich bin!

Ostern 1994

Autorin

Zaïres Kampflied

Der ewige Kreis des Menschen,
er lebt sein Leben und kämpft für diesen einen Wunsch:
so zu sein, wie du es wirklich bist.
Fasse Mut, auch wenn du es lange nicht versucht hast.

Dann auf, heb den Blick, stell dich aufrecht hin.
Dann auf, schau nach vorn und rede nun.

Wir wissen, wer wir sind: voller Jubel, doch mit blutendem Herzen.
Wir kämpfen für unser Recht und fangen immer wieder von vorne an.
Und auch, wenn da die Schmerzen sind, wir singen neue Lieder.
Und auch, wenn du im Netz gefangen bist,
dein Herz wird nicht zu Stein.
Wir säen neues Leben aus,
Und unser Innres gibt uns ein neues Maß,
wir machen etwas aus dem Nichts,
Etwas!

Dann auf, heb den Blick, stell dich aufrecht hin.
Dann auf, schau nach vorn und rede nun.

Die Antwort auf all die Fragen ist, wieder wie ein Kind zu sein;
es glaubt noch an die Liebe und läßt sich treiben mit dem Wind.
Darin suche Gottes Lebensquell. O … gelänge dies,
keiner müßte dann zugrunde gehn
an seinem Schicksal.

Also … auf, heb den Blick, stell dich aufrecht hin,
Dann auf, schau nach vorn und rede nun.
Trau dich, was zu sagen … Das hat die Kraft zu heilen!

Ein Wort zum Schluß

Zuallererst möchte ich unser aller *Autorin* aus tiefstem Herzen danken!

Meiner Ansicht nach ist diese Arbeit, die sie für uns und auch für einen breiten Kreis Interessierter geschrieben hat, zu einem Meilenstein geworden, den sie jetzt hat aufrichten können zum Zeichen und Beweis dafür, daß es möglich ist, auf eine solche Weise zusammen an einer Sache zu arbeiten.

Die zusammengetragenen Geschichten, die sie Stunde für Stunde mit Sorgfalt und Aufmerksamkeit niedergeschrieben hat, haben die Alterpersonen manche Träne gekostet.

Autorin hat eine Geschichte nach der anderen aus der Vergessenheit zurückgeholt und damit Liebe bewiesen und uns zugleich die tiefe Gewißheit vermittelt, daß alles gut wird.

Ich hoffe aus ganzem Herzen, daß Sie alle eine ähnliche Leseerfahrung wie wir haben. Und damit meine ich die Hoffnung, die Ruhe und das Geheimnis, das *Leben* heißt.

Liz

Nachwort des Lebensgefährten

Dann bleibe ich stehen. Meine Augen sind naß. Weinen ist nicht meine stärkste Seite. Für mich ist der Inhalt des Buches klar. Der Leser urteile selbst!

Nachwort! Das bin ich selbst.

Das Buch ist wie ein Spiegel.

Beim Lesen kann ich mich selbst erkennen, sehe ich mich durch das, was ihr gelitten habt.

Der Lebensgefährte wurde mit Respekt beschrieben. Aber auch durch ihn habt ihr gelitten.

So bekommt das Buch das Gewicht, das ihr ihm geben wolltet. Freude, Kummer und Respekt erhalten einen neuen Stellenwert in meinem Leben.

Danke für das Buch,

Der Lebensgefährte

Naarden
12. November 1993
Autobahn A1
Parkplatz »Ronduit«

Liste der namentlich genannten Alterpersonen

Anita	gehört zur Gruppe der Sexuellen
Autorin	hat dieses Buch geschrieben
Better (Besser)	unmittelbar zum Ich gehörig; die Unerreichbare; in *Elisabeth* integriert
Bloem (Blume)	sorgt für den Körper
Boudewijn	der Verräter; inzwischen gestorben
Crisis	die Kritische
Daddy	Beschützer und Verteidiger; inzwischen integriert
Deborah	Prostituierte
Diana	gehört zu den Gerechten und arbeitet eng mit *Daddy*, *Wieke*, *Trudy*, *Dina* und *Pin* zusammen; inzwischen integriert
Dina	Koordinatorin; inzwischen gestorben
Dool (Irrende)	Fluchtperson, die sich mit *Liz'* Körper auf und davon macht
Dora	die Powerfrau, Krankenschwester
Drab	»muß kotzen und gähnen«
Eendje (Entchen)	die Einsame; inzwischen gestorben
Elisabeth	auch *Els* genannt; die Liebe; unmittelbar zum Ich gehörig; der *Mutter* nahe
Ellie	die Schuldige, die die Schuld stumm macht; inzwischen integriert
Elsje	»unser eigenes Ungeborenes«; wurde

	während der Therapie in der Klinik geboren
Elza	die Zynikerin; starb durch die Umstände nach dem Mißbrauch durch einen Arzt
Erna	die Genervte
Eva	die Ratlose; eine Kindperson
Filter (Filter)	bringt die verschiedenen Stimmen der Alterpersonen auf eine Höhe
Flap	tritt zusammen mit *Vloske* auf; Kindperson
Gene	die Frostbeule
Gerrit	sorgt für »Ordnung«; »unser Hasser«; tritt zusammen mit *Niels* auf; inzwischen integriert
Grom (Knurr)	tritt zusammen mit *Niels, Karel, Loeder, Gerrit* und *Scheiterop* auf; sitzt tief unten in seiner Höhle, rührt sich nur selten
Harrie	schießt im Falle der Gefahr; ähnlich wie *Karel* und *Niels*
Hol	Fluchtperson, die sich mit *Liz'* Körper auf und davon macht
Ijen	der Wächter; gehört zu der Kundschaftergruppe; gibt das Signal zur Selbstverteidigung in bedrohlichen Situationen
Joy (Freude)	tanzt mit *Lava*
Karel	der Rausschmeißer; kein Denker, sondern ein Mann der Tat
Kittie	Inzestopfer; die Kräftige; Prostituierte
Klavertje (Kleeblatt)	Mädchen; heulend
Klazina	Nachtperson
Lava	die Tänzerin, aus der Musikantengruppe; Prostituierte
Liz	die Grundperson, bestehend aus *Elisabeth, Better* und *Stef*

Lize	Prostituierte
Loeder (Luder)	tritt mit *Gerrit* und *Karel* zusammen auf
Lola	immer Kaugummi kauend
Lucia	die Friedensstifterin; inzwischen gestorben
Marietje (Mariechen)	»unser Sonnenschein«
Max	der erste Helfer; bietetet den Kleinen Sicherheit; inzwischen gestorben
Mirthe	die Starke; gehört zur Gruppe der Friedensstifter
Moria	tanzt mit *Lava*; Clown
Mutter	sorgt sich um alle; ist inzwischen integriert
Niels	der Jäger; hat Schutzfunktion
Noortje	kleines Mädchen
Pin	der Sammler; inzwischen gestorben
Pik (Kerl)	sitzt meist links in der Zimmerecke, groß und kräftig, ungelenk und eckig
Pien	der Antreiber
Pita	die Lügnerin
Rama	ist bei allem dabei; macht innerlich Fotos
Ratje (kleine Ratte)	die Argwöhnische; ist überall gleichzeitig und macht Bemerkungen
Roberto	ein Rechner; mutig
Rooie	lustige Alterperson
Ruth	hat Angst vor der Polizei wegen ihrer nicht ganz sauberen Vergangenheit
Sabina	sucht Wörter, die sich reimen
Sarah	die Gläubige; die Gutgläubige
Scheiterop (Scheißdrauf)	tritt zusammen mit *Niels* auf; kommt aus der Ecke der Bösen
Slok (Schluck)	die Strenge
Spook (Gespenst)	der Gehetzte
Spriet (Bohnenstange)	gehört zur Gruppe der Sexuellen

Stef	unmittelbar zum Ich gehörig; die Frau mit dem Überblick; in *Elisabeth* integriert
Stefanie	die Gastgeberin; inzwischen gestorben
Stronk (Strunk)	Prostituierte
Suikerspin (Zuckerwatte)	fatalistische Alterperson; inzwischen gestorben
Suzette	Prostituierte
Telstar	schlägt den Rhythmus zur Musik
Thirza	Beschützerin der Kinder; gehört zur Gruppe der Friedensstifter; sensibel
Thomas	»ein krankes und sehr schwaches Kerlchen«
Tolk (Dolmetscher)	der Übersetzer, aus der Gruppe der Helfer
Trudy	Staatsanwältin
Trut (Zicke)	die Wegweiserin
Vivian	Beschützerin der Kinder; hat viel im »Unsichtbaren« gesehen; sensibel und kreativ
Vlam (Flamme)	der Tröster; ruhige Alterperson; inzwischen gestorben
Vloske	weiblicher Pfiffikus, daumenlutschend, fröhlich; wird aber schließlich erwachsen
Vrek (Geizhals)	gehört zur Gruppe der Sexuellen
Wak (Heulsuse)	diejenige, die für alle weint
Wezel (Wiesel)	ein Ängstlicher
Wieke	diejenige, die die Fragen stellt; inzwischen integriert
Wil	der Philosoph
Willemijn	ging mit den Prostituierten, um sich mit ihnen zu opfern; sensibel; inzwischen gestorben
Yvette	fängt einmal an zu lachen, als *Autorin* in Panik gerät
Zaïre	die Sängerin

Zeur (Nörglerin)	die Enttäuschte; inzwischen gestorben
Zuil (Säule)	die Erklärerin; gestorben in Folge des Unverständnisses in einer fremden Klinik
Zusta (»Schwesta«)	die Hoffnungsvolle; Beschützerin der Kinder; hat viel im »Unsichtbaren« gesehen; sensibel